마중물

Priming Water

마중물 *Priming Water*

2015년 2월 10일 1판 1쇄
2018년 2월 10일 1판 2쇄

저 자 : 서승직
펴낸이 : 이정일

펴낸곳 : 도서출판 **일진사**
www.iljinsa.com

04317 서울시 용산구 효창원로 64길 6
대표전화 : 704-1616, 팩스 : 715-3536
등록번호 : 제1979-000009호(1979.4.2)

값 14,000원

ISBN : 978-89-429-1434-0

서승직교수의 오피니언논집

마중물

서승직 지음

일진사

Priming Water

 이 오피니언 논집은 필자가 대학교수의 삶을 살면서 흔히 대학교수의 3대 사명이라고 말하는 「교육자」, 「연구자」, 「봉사자」로 대학과 정부기관을 비롯한 공공기관이나 각종 단체 등에서 활동하면서 직면하고 겪었던 많은 일들에 대한 그때그때의 생각을 때로는 정통한 전문가의 관점에서, 때로는 당사자의 입장에서, 때로는 일반 국민의 입장에서 주요 언론 등에 기고했던 내용을 장르별로 묶어 편집한 것이다.

 오피니언 논집은 프롤로그와 에필로그를 제외하고 1부 기능선진국(봉사자), 2부 교육론(교육자), 3부 친환경건축(연구자), 4부 잊을 수 없는 일(희로애락의 삶) 등 모두 4개 분야의 장르로 구성 편집하였다. 이는 대학교수의 3대 사명을 실천한 봉사자, 교육자, 연구자의 역할을 수행한 작은 목소리의 기록일 뿐이다.

 오피니언 논집의 내용은 최근 10여 년 동안의 각종 언론 기고문과 기타 글 등 116편을 정리하여 총 4부의 장르로 편집한 것으로 일부가 다소 중복된 부분이 있다. 그러나 정부정책 변화에 따라 그때그때 일관되게 발언한 의미 있는 목소리로 사료돼 원문 그대로 실었다. 본질적으로 같은 내용이 있는 것은 정부정책의 잦은 변화에 기능인과 능력중심사회실현 등 일관된 신념을 갖고 대응해 기고를 해야 했기 때문이다. 각 부의 서두에는 개요와 핵심어(Key Words)를 실었다.

언론 기고의 시작은 교육, 연구, 봉사자로서의 충실하기 위함과 또한 선진국가로의 발전에 작지만 그래도 보탬이 될 수 있는 기여를 하기 위한 신념에서 비롯된 일이다. 신념은 우리 모두를 위한 공의 (公義)로 자신만을 위하는 고집과는 크게 다르다고 생각한다. 따라서 기능올림픽과 관련해서는 기능인을 위한 대변자로서의 역할을 했으며, 교육과 관련해서는 교육기관의 정체성의 중요성을 강조하기도 했다. 또한 친환경건축과 관련해서 보여주기식의 포장으로 요란한 친환경건축의 잘못된 이해를 바르게 알리고자 노력하였다. 그리고 친환경건축이 추구해야 할 올바른 방향성을 제시하여 일반 국민뿐만 아니라 전문가와 후학들을 위한 학자로서의 정립된 의견을 내놨다.

마중물(Priming Water)을 오피니언 논집의 제목으로 정한 것은 비록 영향력도 없고 작은 목소리이긴 하지만, 그래도 이 외침이 빨펌프(suction pump)의 마중물과 같은 역할의 결과를 기대하는 바람에서 비롯된 것이다. 작은 양의 마중물이 엄청난 양의 지하수를 퍼올리는 데 쓰임을 받는 것처럼 작은 외침이 무사안일의 시스템 난맥에서 비롯된 불법·탈법·무법을 바로잡는 「혁신의 마중물」이 되기를 간절히 소망한다.

원래 마중물(또는 물마중이라고도 함)은 빨펌프로 물을 퍼올리기 위해 처음에 붓는 물을 말한다. 펌프질을 할 때 마중물을 부어야 하는 이유는 진공을 유지해야 물을 퍼올릴 수 있기 때문이다. 따라서 진공도(%)를 유지하는 것은 매우 중요하며 물을 퍼올리는 높이와 밀접한 관계가 있다. 통상 대기압이 1기압일 경우 100%의 진공을 유지할 수만 있다면 10.33m(이를 다른 말로 흡상 높이라고 함)의 지하에 있는 물을 퍼올릴 수 있다. 그러나 이 흡상 높이는 이론에 불과할 뿐 실제로는 6~7m 정도에 불과하다. 왜냐하면 펌프로 물을 퍼올리는 높이는 마찰손실과 대기의 압력 그리고 물의 온도 등에 따라서도 달라지기 때문이다.

끝으로, 위대한 선진 국가를 이룩하기 위해서는 무엇보다도 국가 시스템을 구성하고 있는 각 분야의 계획된 혁신과 개혁이 절대 필요하다. 따라서 작지만 큰 위력을 발휘할 발전 동력으로의 마중물은 꼭 필요하고 더없이 소중하다고 생각한다.

Though your beginning was insignificant,
Yet your end will increase greatly (Job 8:7)

2015년 1월
예송 서 승 직(禮松 徐 承 稷)

차례

2부 교육론 (교육자)

3부 친환경건축 (연구자)

1부

기능선진국 (봉사자)

키워드 : 기능올림픽 · 기능경시풍조 · 기능강국 ·
기능선진국 · 실업교육의 정체성 ·
삼위일체시스템 · 우대와 대우

개요

「기능선진국」은 기능인과 기능올림픽관련 43편의 기고문을 추려서 실었다. 34년 동안 국제기능올림픽과 전국기능경기대회에서 국가로부터 임무를 위임받은 책임자로서 역할을 수행하면서 겪은 실상과 문제점을 호소하고 혁신을 강조한 것이다. 주요 내용은 기능인의 육성과 관련한 문제점의 개선을 간청한 대변자로서 목소리다.

무엇보다도 국제기능올림픽대회의 한국기술대표, 국제평가위원장, 국제심사장, 국제심사위원 등으로 활동하면서 국위선양과 세계최고의 기능강국을 이끌었던 역사적 사실을 다루었다. 또한 전국기능경기대회의 기술위원장, 기술부위원장, 분과장, 심사장, 심사위원과 국가대표선수 육성 지도위원으로 활동하면서 겪었던 기능인과 산업인력육성의 문제점을 다루었다. 특히 기회가 될 때마다 항상 기능인을 대변하는 데 앞장 서 왔던 내용을 많이 담았다.

특히, 지금의 실업교육의 문제는 시대에 따른 본질(to be)의 개혁보다는 그때그때 안일한 현상(to do)의 변화로만 일관했기 때문이라고 언급하고 있으며, 또 최고의 숙련기술인인 명장의 강점 대물림을 위한 문제점도 지적하고 있다. 기능강국이 기능선진국이 되기 위한 설득력 있는 발전 비전도 제시하고 있다. 또한 보여주기식의 명칭이나 간판만 바꾸는 식의 현상변화보다는 보다 본질적인 교육 시스템을 개혁해야 함을 지적하고 있다.

또한 제도 모순의 실상은 외면하고 말로만 외치는 기능인 우대가 가슴으로 내려오지 않는 한, 기능인을 제대로 대우하는 능력중심 사회 실현은 그만큼 늦어질 수밖에 없음도 지적했다. 특히 강조했던 말은 「기능강국에서 기능선진국」이 돼야 하는 것과 기능인의 「말뿐인 우대(優待)보다는 현실적인 대우(待遇)」를 해야 함을 일관되게 주장해 왔다. 무엇보다도 필자의 작은 외침의 간구가 마중물이 돼 능력중심사회실현이라는 국정 과제로 추진되고 있음은 큰 보람이다.

텅 빈 전국기능대회장

국가직무능력표준(NCS)과 일학습병행제는 능력중심사회의 실현을 위해 추진되고 있는 국정과제의 핵심이다. 이는 천문학적인 국민혈세가 투입돼 직업교육의 대혁신을 이룰 중차대한 사업이지만 마치 토양을 고려하지 않은 조림사업과도 같아 과연 숲을 이룰 수 있을지 우려된다.

'기능인만의 잔치' 경시 풍조 여전

만연한 학벌주의 타파는 간과한 채 마치 NCS 개발과 일학습병행제도 시행이 능력중심사회 실현인 것처럼 착각하고 있기 때문이다. 창조와 융합의 시너지 효과가 더없이 필요한 무한경쟁의 지식기반시대에 '알고 있는가'에서 '할 수 있는가'로 바꾼다는 국가표준 자체의 문제점은 차치하더라도 수백 직종의 표준을 서둘러 제정하는 것은 심히 염려된다.

일학습병행제도 기능선진국의 모델을 우리 실정에 맞게 적용한다지만 기업 측 지도자의 직업교육 철학과 능력, 교육 인프라, 행정 등을 비롯해 수요자의 주말학습 실효성 등 정작 우려하는 문제점은 고려조차 않고 있다. 직업교육 현장의 우려를 간과한 보여주기식 실적 위주의 정책 추진이 정책 성공의 걸림돌이라는 사실을 깨달아야 한다. 무엇보다도 NCS와 일학습병행제도가 능력중심 사회 실현의 주효한 정책이 되려면 제도의 실효성을 강점으로 보여줘야 한다. 기능경시 풍조 실상 등은 간과하고 이상론만 내세운 급조된 제도나 선진국 모델로 당장에 능력중심 사회를 실현한다는 발상은 정책을 위한 정책이 될 수 있다.

우리에게는 지금 학벌만능주의라는 중병의 외과적 수술도 필요하지만 기능인을 제대로 대우하려는 제도와 기능경시 풍토 타파가 더 절실한 현실이다. 박근혜 대통령은 지난해 8월 독일기능올림픽에서 국위를 선양한 기능인들을 청와대로 초청해 격려하며 '학벌이 아닌 능력중심 사회 실현'을 약속한 바 있다. 대통령의 격려와 약속이 있은 지 1년이 지났지만 기술과 기능 경시풍조 해소는 아직도 요원해 보인다. 이달 경기도 일원에서 열린 제49회 전국기능대회가 1,200만 도민과 함께하는 잔치가 될 것으로 기대했지만 기능인들만의 행사로 끝난 것도 달라지지 않은 기능경시 풍조의 실상이다.

기능강국의 전국대회에 참가한 기능올림픽회원국 심사위원과 선수들의 관심·열정과 대비되는 무관심은 한국이 기능선진국이 아님을 보여주는 증거다. "학력을 중시하고 기능을 홀대하는 사회적 분위기 때문"이라는 참관인의 말처럼 기술기능경시 풍조는 이처럼 팽배하다. 국제대회 수준에 맞춘 10개 직종의 열린 경기장에서조차 청소년은 물론 도민들의 관심을 끌지 못한 점을 감안하면 경기도 내에서 흩어져 개최된 각 경기장은 더욱 그들만의 행사일 수밖에 없었다. 관련 지도자와 가족들만이 경기장을 지키며 격려한 유일한 관객이었을 뿐이다.

직업교육 백년대계 세워 지속 추진을

능력중심 사회는 서두른다고 실현되는 것이 결코 아니며 정권이 바뀐다고 중단돼서도 안 된다. 다음 세대를 준비하는 직업교육 백년 대계를 세워 영속성 있게 추진해야 할 국가적 사업이 돼야 한다. 현재가 과거의 개혁과 혁신의 노력이 만든 결실이라면 미래는 준비된 개혁과 혁신에서 비롯되는 것이다. 나무 심는 것만이 능사가 아니라 숲을 이룰 조림사업인지가 더 중요하다. 실상은 외면하고 말로만 외치는 기능인 우대가 가슴으로 내려오지 않는 한 기능인을 제대로 대우하는 능력중심 사회 실현은 그만큼 늦어질 수밖에 없음을 깨달아야 한다.

*서울경제신문 2014년 10월 30일 *

:

기능강국의 국가브랜드화

필자가 지난 2010년 10월 자메이카에서 열린 국제기능올림픽 총회에서 차기 총회 한국유치를 위해 활동하던 때의 일이다. 회원국 대표들이 방문한 킹스턴소재 직업학교 책임자로부터 특별히 시간 할애를 요청해 한국의 기술교육 전수를 위한 조건을 진지하게 논의한 적이 있었다. 유럽의 전통적 기능선진국보다도 한국의 기술교육에 관심을 갖는 것은 기분 좋은 일이다.

기능올림픽 제패에도 브랜드화 소홀

2015년 국제기능올림픽대회 개최국인 브라질을 비롯한 산업화의 기반을 다지려는 많은 회원국이 기능강국 코리아를 벤치마킹하는 점도 고무적이다. 이는 세계최하위의 빈곤국가에서 탈출한 성공 노하우를 배우기 위함이다. 한국은 1967년부터 근 반세기 동안 국제기능올림픽대회에서 통산 18번의 종합우승과 더불어 535명의 우수한 입상자를 배출했다. 이는 어떤 기능선진국도 이루지 못한 위대한 쾌거로 세계가 인정하는 기능인재를 가장 많이 육성한 것이다. 그러나 이를 국가 경쟁력으로 승화시킬 수 있는 기능강국의 국가브랜드화는 하지 못했다. 회원국 상호협력 프로그램 일환으로 인도 · 베트남 · 인도네시아 · 아랍에미리트(UAE) 등에 기술을 전수한 바 있지만 글로벌 기능강국으로서 선도하는 역할은 결코 하지 못했다. 또 망국병 학벌만능주의를 타파할 강력한 동력도 되지 못했다.

지금까지 우리의 기능올림픽 참가는 우승만이 목표의 전부였다고 해도 과언이 아니다. 세계제패의 강점을 국가브랜드화해 유 · 무형의 부가가치를 창출하려는 노력이 없었던 것이다. 기능인의 숙원이었던 기능올림픽 선수촌이 건립은 됐지만 아직도 기능올림픽이 추구하는 보편적 이상조차 실현할 시스템을 구축하지 못하고 있다. 이는 건립취지를 살리지 못한 것은 물론 기능올림픽의 메카가 될 수 있는 강점을 스스로 포기한 것이다. 선수촌을 차지한 현재의 숙련기술 관련 사업이 가치 있는 국력신장사업이기는 하지만 기능강국의 인프라구축 없이는 시너지효과를 낼 수 없다. 개발도상국을 위해 각 기관별로 다양하게 펼치는 직업교육사업도 기능강국의 국가브랜드화를 토대로 계획된 전략에 맞춰 전개할 필요가 있다.

글로벌 직업교육 등 체계적 전략 필요

한국은 세계에서 가장 얇은 TV, 가장 큰 배, 또 가장 높은 건물을 짓는 세계 최고의 기술력을 지니고 있지만 건국 이후 기능올림픽대회만큼 확실하게 세계를 제패하고 국위를 선양한 분야가 일찍이 없었음을 간과해서는 안 된다. 이것은 우리의 '온리원(only one)'강점이다. 기능강국의 국가브랜드화는 품격 있게 국가경쟁력을 높일 수 있는 부가가치가 큰 사업이다. 배우는 나라에서 가르치는 나라가 된 우리만의 차별화된 글로벌화 강점이다.

늦었지만 이제라도 글로벌 기능강국의 역할을 선도할 시스템 구축을 촉구한다. 우리에게는 국가브랜드화에 기여할 535명의 다양한 분야의 기능올림픽 입상경력이 있는 최고의 기술 인력도 확보돼 있다. 문제는 기능강국 역량을 조화롭게 연출할 시스템구축이다. 기능강국의 강점을 시스템화하지 못한 것도 한국이 기능선진국 반열에 오르지 못한 이유 중 하나다. 기능강국의 국가브랜드화는 밖으로는 국력신장이며 안으로는 능력중심사회 실현을 위한 초석이다. 학벌만능주의 타파와 능력중심사회 실현의 강력한 동력이 기능강국의 브랜드화에 있다는 사실도 결코 잊어서는 안 된다.

* 서울경제신문 2014년 7월 17일 *

기능올림픽,
전문적 독립 기구 만들라

한국은 세계 최고의 기능강국이지만 기능강국이 해야 할 글로벌 리더로서의 역할을 전혀 못하고 있다. 한마디로 메달만 따는 속 빈 강정의 기능강국일 뿐이다. 국제기능올림픽위원회의 임원은 물론 국제 심사장조차 한 명도 없다. 이는 혁신을 외면한 기능올림픽한국위원회 조직의 모순 때문이다.

국제기능올림픽위원회는 기술 대표 1인과 행정 대표 1인 등 2명이 각 회원국을 대표하고 있다. 한국의 기술 대표는 기능올림픽에 정통한 기술 전문가를 행정 대표가 임명해 비상임직으로 봉사하고 있지만, 기술 대표를 행정 대표가 임명하는 것도 모순이다. 행정 대표는 그동안 한국산업인력공단 이사장이 국제기능올림픽대회 한국위원회 회장을 겸하고 있었다.

이유는 알 수 없지만 최근에는 기능올림픽한국위원회 회장과 행정 대표를 한국산업인력공단 이사장과 상임이사가 나눠 맡게 바꿨지만, 능력 있는 관료 출신이라 하더라도 기능올림픽에 정통한 회원국 대표들과의 교류에는 전문성의 한계가 있는 건 마찬가지다. 또 공공 기관 임원 임기가 2~3년임을 감안하면 영속성은 더욱 기대할 수 없다.

늦었지만 독립된 기구의 기능올림픽한국위원회를 만들어 기능강국의 위상을 정립해 국가브랜드 가치를 높여야 한다. 한국이 기능올림픽의 역량을 국가 경쟁력으로 승화하지 못한 것은 기능강국의 노하우를 시스템으로 구축하지 못했기 때문이다. 한국위원회 직원도 순환 보직이라 전문가가 육성될 수 없다. 국제대회 때마다 기업 지원에 크게 의존해야 하는 대표 선수만을 위한 임기응변적 시스템 운영을 되풀이해온 것이다.

주객이 전도돼 '기능올림픽선수촌'을 차지한 '글로벌숙련기술센터'도 기능올림픽한국위원회 중심으로 개편돼야 한다. 정부가 선수촌을 세우며 기능올림픽을 주도할 기능강국의 내실을 다질 인프라 구축과 기능올림픽의 글로벌 리더로 가치 있게 기술을 전수하여 국제사회에 기여하겠다고 기능인들과 약속했지만 건립 취지는 퇴색된 지 오래다.

전문성과 영속성이 요구되는 기능올림픽에서 정통한 전문가가 없으면 손해를 볼 수밖에 없다. 이제라도 기능올림픽의 보편적 이상을 실현할 전문가 중심의 시스템 구축을 촉구한다. 말로만 외치는 관료 출신 비전문가보다는 가슴으로 헌신하는 전문가의 열정이 더 국가를 위하는 길이기 때문이다.

* 조선일보 2014년 5월 21일 *

학벌만능과 기능선진국 건설

    제48회 전국기능경기대회가 오는 7일까지 8일간의 일정으로 강원도에서 개최되고 있다. '빛나라 기술한국'을 슬로건으로 기량을 겨루기 위해 17개 도시 대표선수 1,800여 명이 모였다. 1966년 11월 첫 대회를 개최한지 어느덧 반세기를 맞이한다. 1966년 1월 국제기능올림픽대회 한국위원회 창립과 함께 회원국으로 가입하면서 산업화의 초석인 산업인력육성의 새로운 전기를 맞이한 것이다. 당시 한국의 기능올림픽 회원국가입은 '기술혁신의 기운을 진작시켜 기능의 향상과 발전을 도모해 국가산업근대화를 촉진'하고 '고도의 기능수준을 국내외에 과시해 국산품의 질적 우수성을 인식시켜 수출증진에 기여'하기 위함이었다.

기술인 낮은 처우 국가경쟁력 손실로

    세계2차 대전 후 기술교육을 통한 경제부흥을 위해 창립된 국제기능올림픽대회는 1950년 스페인에서 1회 대회가 열렸다. 한국은 1967년 스페인 마드리드에서 열린 17회 대회에 9명의 선수가 처음 출전했다. 기술교육 기반이 열악한 상황에서 금메달 2개 등 5개의 메달을 획득해 독일 · 일본 · 영국 등 기능강국을 놀라게 하는 저력을 보였다. 올해 열린 42회 독일대회까지 40여 년 동안 한국은 모두 27번 참가해 67개 회원국 중 유일하게 통산 18번 종합우승한 대기록을 세워 세계최고의 기능강국으로 자리하고 있다. 이는 건국 이래로 국제무대에서 국위를 선양한 값진 국가경쟁력의 표출이다.

이처럼 한국은 기능올림픽에서 드높인 기술역량으로 산업화를 앞당기는 신화창조와 수출증진에 기여한 덕분에 국내총생산(GDP) 10위권의 경제대국이 된 것이다. 하지만 한국은 성공적인 산업화를 이룩한 기능강국이 됐을지언정 대학만능주의로 기능선진국의 반열에는 오르지 못하고 있다. 이는 잠재된 능력이 경제성장의 동력이 되지 못하고 있는 국가경쟁력 손실의 반증이다. 박근혜 대통령은 지난 8월 독일기능올림픽에서 종합우승한 국가대표선수와 관계자를 청와대로 초청해 노고를 치하하면서 "학벌보다 기술을, 스펙보다 능력의 길을 선택한 여러분에게 더 나은 내일을 열어드리겠다"고 약속한 바 있다. 이는 '학벌보다는 능력'이 존중 받는 사회를 만들겠다는 대통령의 의지이며 약속이다.

능력 존중풍토 정부 의지에 달려

존중은 능력의 가치를 인정함을 말한다. 학벌만능이라는 중병을 앓고 있는 사회에서 능력중심사회를 실현하는 것은 쉬운 일이 아니다. '국가직무능력표준'개발이나 임기응변적인 정책으로 하루아침에 실현될 수 있는 것이 결코 아니다. 지금의 학벌만능의 중병은 직업교육시스템 구축, 기능인 대우와 존중풍토 확립, 최고의 숙련기술인 육성이 유기적으로 결합되는 '삼위일체시스템'만으로 해결될 수 있는 문제다. 교육시스템을 새롭게 다질 '국가직무능력표준'개발도 필요는 하지만 정작 시급한 것은 기능인의 존중풍토 조성을 위한 혁신이다.

국제기능올림픽과 전국기능경기대회도 직업교육발전과 경제성장의 동력이 되려면 그 결과가 교육시스템 본질의 자연스런 현상이 돼야 하며 단지 이벤트행사가 돼서는 안 된다. 산업화의 신화창조가 기능강국의 역량에서 비롯된 것처럼 품격 있는 능력중심의 선진국은 기능선진국의 역량으로 이룩되는 것이다. 학벌만능주의 타파와 기능선진국 건설은 앞서 언급한 것처럼 기능인을 대우하고 존중하는 풍토를 조성하는 것에서부터 시작된다. 박 대통령이 기능인과 약속한 능력중심사회 실현은 오직 정부와 당국의 헌신과 열정에 달려 있을 뿐이다.

* 서울경제신문 2013년 10월 2일 *

뿌리산업 다시 살리려면

자동차 · 조선 · 전자 · 발전설비 등과 같은 기간산업의 기반이 되는 원천기술인 주조 · 금형 · 소성가공 · 표면처리 · 열처리 · 용접 등은 이른바 뿌리산업으로 불린다. 뿌리산업은 산업발전의 뿌리를 이루는 원천기술의 보고인 셈이다. 한국이 세계 최빈국에서 불과 60년 만에 세계 10위권의 경제대국으로 발전한 성장동력도 뿌리산업에서 비롯됐다. 외국 언론조차 "쓰레기통에서는 장미가 피지 않는다"고

비유할 만큼 결코 발전을 기대하지 않았지만 우리는 뿌리산업을 키워 경제대국의 신화를 창조했다.

그러나 지금 한국의 뿌리산업은 안정 속에서 더욱 심화된 기술력과 장인정신을 바탕으로 품격을 갖춰 도약하기보다 학벌만능주의에 눌려 기피직종으로 전락해 고사 직전에 이르렀다. 이는 뿌리산업의 강점을 간과한 정책에서 비롯됐다. 독일이나 일본의 경우 세계 경제의 장기불황에도 불구하고 제조업만큼은 유독 강하다. 일찍이 뿌리기술의 인적 인프라 구축의 중요성을 깨닫고 뿌리산업의 뿌리기술을 사활을 걸고 육성했기 때문이다.

주조 · 금형 등 기술역량 쇠퇴 위기

뿌리산업 경쟁력의 핵심은 장인이 가진 숙련기술의 강점에서 비롯된다. 강점은 극한의 능력을 발휘하는 노하우다. 독일 · 일본 · 스위스 등은 숙련기술인이 대를 이어 뿌리산업을 이끌기 때문에 '넘버원'을 넘어 '온리원'을 추구할 수 있을 만큼 강점을 지니게 됐다. 온리원의 기술력은 마치 블랙박스와도 같은 생산자만의 노하우로 그 부가가치는 상상을 초월한다. 지구촌 모든 가정의 주방을 차지하고 있는 독일의 쌍둥이 칼을 비롯해 스위스의 아미 나이프, 시계 등은 뿌리산업의 본질에서 비롯된 온리원의 명품이다.

한국이 그동안 기능올림픽에서 18번이나 종합 우승할 수 있었던 것도 뿌리기술의 역량에서 비롯됐다. 아이러니하게도 뿌리기술의 역량으로 이룬 세계 최고의 기능강국에서 넘버원을 온리원의 강점으로 키울 시스템을 구축하지 못하고 있으며 이는 국가경쟁력의 손실이다. 능력보다 학벌을 중시하는 교육정서와 원칙 없는 정책이 뿌리산업을 기피산업으로 몰고 간 탓이다.

병역특례 등 우수 기능인 혜택 늘려야

한국의 뿌리산업은 기능경시 풍조와 저임금에 따른 심각한 인력수급 문제를 비롯해 갑과 을의 관계에 종속돼 있는 구조적 모순과 불합리한 이익배분 문제, 환경을 이슈로 한 국민들의 뿌리산업 배척 등에 시달려 겨우 명맥만 유지하고 있다.

지난 2011년 1월 '뿌리산업 진흥 및 첨단화에 관한 법률' 시행을 계기로 뿌리산업을 적극 지원하기로 했다지만 절실한 것은 뿌리산업이 겪고 있는 고충을 해결하기 위한 혁신적인 제도구축이다. 뿌리산업의 95% 이상이 열악한 중소기업인 현실을 감안하면 온리원의 명품을 만들 강점을 지닌 장인 육성은 힘에 부칠 뿐이다. 이제는 정부가 적극 나서 설득력 있는 비전을 제시해 뿌리산업을 외면하는 젊은 기능인을 돌아오게 해야 한다. 대기업 위주의 우수 기능인 병역특례제도도 뿌리산업체에 혜택을 줄 수 있게 개선하는 것이 필요하다. 뿌리 없는 식물이 줄기를 뻗어 열매를 맺을 수 없는 것처럼 숙련기술인 없는 뿌리산업 육성은 불가능하다는 점을 깊이 성찰해야 한다. 학벌이 아닌 능력중심 사회는 결코 구호로 이뤄지는 것이 아님을 깨달아야 한다.

* 서울경제신문 2013년 9월 6일 *

기능인에게 한 박대통령의 약속

박대통령은 지난 20일 독일 기능올림픽에서 종합우승한 41명의 국가대표선수와 관계자를 청와대로 초청해 오찬을 같이하며 그 동안의 노고를 치하했다. 이 자리에서 박대통령은 세계최고의 기량을 발휘해 국위를 선양한 선수단의 활약상이 담긴 동영상을 보고는 "울컥하면서 눈물이 날 뻔했다. 감동적인 장면이었다"고 그 어느 때 보다도 벅찬 감정을 드러냈다. 아마도 박대통령은 선친 박정희대통령 곁에서 퍼스트레이디 역할을 수행하면서 1977년 제23회 네덜란드 기능올림픽에서 기능강국인 독일과 일본을 제치고 처음 종합우승한 선수단을 격려했던 뜻 깊은 기억 때문일 것이다. 또한 36년 전 선친의 기능인에 쏟은 정책이 초석이 돼 그토록 염원했던 선진공업국가를 이룩한 감회가 대통령의 마음을 감동케 했을 것이다.

이날 박대통령은 세계 10위권의 경제대국의 성장 동력이 된 기능인이 능력을 제대로 인정받지 못하는 현실을 안타깝게 생각하고 그 어느 때 보다도 기능인을 위한 배려의 정책을 내놨다. 특히 세계를 제패한 젊은 기능인들에게 "학벌 아닌 능력중심 사회를 만들 것"을 약속했을 뿐만 아니라 "성장을 이끈 기능인재들에게 보답할 것"도 언급했다. 또한 박대통령은 "학벌보다 기술을, 스펙보다 능력의 길을 선택한 여러분에게 더 나은 내일을 열어드리겠다"고 강조하면서 정부가 추진하고 있는 기능 정책을 비교적 소상히 밝혔다. 그 대안의 하나로 "실력을 제대로 평가받을 수 있는 '국가직무능력표준'을 개발해 기업들이 직무역량을 기준으로 채용하고 채용된 이후에도 임금과 승진이 실력에 따라 결정되도록 노력 하겠다"고 언급도 했다. 이날 박대통령이 기능인에게 천명한 약속은 망국적인 학벌만능사회의 만연된 기능경시풍조 속에서 숙련기술인을 꿈꾸는 기능인들은 물론 특성화고교생에게 큰 희망을 준 일이다.

본인은 그동안 십 수차례에 걸쳐 대통령의 기능인 격려자리에 초대돼 기능인에게 한 대통령의 약속을 지켜본바 있다. 역대대통령마다 기능인이 존중받는 사회를 만든다고 공언했지만 능력중심사회의 실현은 아직도 요원해 보인다. 정작 책임 있는 관계자들조차 기능인이 대우(待遇)도 못 받고 있다는 실상도 제대로 모른 채 겉으로만 기능인 우대(優待)를 외치고 있으니 안타까운 일이다. 오히려 이공계 기피로 인한 기능경시풍조는 더욱 만연돼 특성화고교생의 70% 이상이 대학진학을 선택하는 교육의 양극화를 심화시켰을 뿐이다.

능력중심사회는 대통령의 약속이나 '국가직무능력표준' 개발로 하루아침에 실현되는 것이 결코 아니다. 만연된 학벌만능주의라는 중병을 치료할 수 있는 외과적 수술이 우리에겐 더 절실하다는 사실을 잊어서는 안 된다. 청와대 초청행사에는 관계부처 장관은 물론 책임을 맡은 관련 공공기관장을 비롯한 관계자들이 대거 참석했다. 대통령의 기능인과의 약속을 실현하는 일은 관계자들이 책임져야할 몫이다. 진정으로 국가를 위하는 참 공직자라면 직책에 안주할 것이 아니라 대통령의 약속을 실천키 위해 헌신과 열정을 쏟아야 한다.

18번이나 세계를 제패한 기능강국임을 자랑하는 것도 국력표출이지만 기능강국의 이상을 실현할 시스템조차 갖추지 못한 것이나 기능선진국이 되지 못한 것을 더 걱정하고 안타깝게 생각하는 참 공직자를 기능인과 국민은 갈망할 뿐이다. 기능강국의 리더로서 잠재된 역량을 국가경쟁력으로 승화하지 못하는 것도 기능올림픽의 정체성 실종에서 비롯된 것이다. 제도의 모순을 보고도 할 일을 외면한 공직자의 님트(NIMT : Not In My Term)에서 기인된 것이다. 이명박 전 대통령이 기능인과 한 약속으로 248억 원의 국민혈세로 건설한 기능인을 위한 선수촌처럼 설립취지조차도 살리지 못하는 일이 결코 되풀이돼서는 안 된다.

* N&Times 2013년 8월 23일 *

:

국위 선양한 기능인,
그들이 희망이다

한국은 국제기능올림픽에 1967년 스페인대회부터 2013년 독일대회까지 모두 27번 출전하여 18회 종합우승과 더불어 메달(총 516개

; 금 283, 은 133, 동 100)도 가장 많이 딴 세계 최고의 기능강국으로 자리하고 있다. 이 결과는 우리의 기능인들이 세운 전대미문의 기록이다. 한국이 독일·스위스·일본 등의 기능선진국을 물리치고 기능강국으로 등극한 원동력은 튼튼한 인적인프라와 근면 성실이 어우러진 강점에서 비롯됐다고 할 수 있다.

기능올림픽대회는 종합우승국에 대한 발표와 시상은 별도로 하지 않는다. 다만 시범직종을 제외한 정식직종에 대하여 각 회원국들이 객관적인 경기내용 분석과 국가별 기술력평가를 할 수 있는 메달획득 수, 메달 포인트, 참가선수 평균점수의 순위 등을 매우 상세하게 발표한다. 기능올림픽이 추구하는 회원국 간의 직업교육정보 공유와 기술교류를 위함이다. 종합우승이라는 것은 객관적인 평가항목에서 모두 뛰어났음을 의미한다. 이번에 딴 12개의 금메달(용접, 냉동기술, 목공, 모바일로보틱스, 통합제조, 정보기술, CNC밀링, 웹디자인, 철골구조물, 귀금속공예, 화훼장식, 제과) 중 9개가 기업의 집중투자에 의한 지도자의 헌신과 열정에서 비롯된 결실이다. 주목할 만한 것은 전통적으로 '뿌리기술' 분야에서의 집중적인 메달 획득에서 벗어나 선진국에서 독식하던 산업분야에서도 메달을 획득하는 다양성을 보이고 있다.

이번 독일기능올림픽의 종합우승쾌거는 기능인재를 사원으로 채용해 훈련에만 몰두할 수 있게 배려한 기업이 있었기에 가능한 일이었다. 기능선진국에서는 볼 수 없는 일이지만 세계를 제패한 기능인들에게 훈장과 상금으로 격려하는 것은 마땅한 일이다. 그러나 동유럽 국가들이 엘리트 선수의 집중 육성정책에 의해 금메달리스트에게 대통령전용기까지 내주면서 환대했지만 지금은 스포츠강국에서 사라진 사실을 기억할 필요가 있다. 대기업의 집중지원과 정부포상제도가 없어진다면 한국은 기능강국의 자리에서 벌써 사라졌을 것이다. 이는 대학만능의 만연된 교육정서가 타파되지 않는 한 더욱 자명하다. 무엇보다도 종합우승의 쾌거가 직업교육의 본질의 현상에서 표출될 수 있어야 진정한 기능강국이다.

기능올림픽역량이 제조업의 강점으로 승화시킬 수 있는 제도 구축 또한 필요하다. 시급한 것은 우수한 기능인을 최고의 숙련된 전문가로 육성할 수 있는 핵심인 정신적 인프라인 기능인 존중 풍토 조성이다. 존중은 상대의 가치를 참되게 인정하는 것을 뜻한다. 기능인 존중 풍토 조성은 대학만능주의를 타파할 강력한 정신적 무기다. 기능올림픽은 메달만 따는 이벤트성 행사가 결코 아니지만 한국은 기능올림픽이 단지 기능인들만의 행사로 전락한 것도 기능인 존중 풍토가 조성되지 않은 탓이라고 할 수 있다.

국가의 미래를 걱정하는 참 공직자라면 종합우승의 쾌거에 도취돼 공적을 챙기는 일도 중요하지만 다음의 불편한 진실에 대한 통렬한 책임감을 느껴야 한다. 첫째, 수십 년 동안 세계최고의 기능강국으로 군립하면서도 기능올림픽의 보편적 이상을 실현할 시스템조차 구축하지 못한 것. 둘째, 직업교육이 연계교육기관으로 전락한 것. 셋째, 기능올림픽의 글로벌리더로서 기능강국의 위상에 걸 맞는 역할조차 못하고 있는 것 등이다.

지금까지 한국은 전문성과 영속성 부재로 기능강국의 값진 노하우를 시스템으로 구축하지 못했다. 이는 막대한 국가경쟁력손실로 모두가 기능올림픽한국위원회의 정체성 실종에서 비롯된 것이다. 늦었지만 기능올림픽한국위원회도 모순된 제도의 일대 개혁을 통해 기능강국 코리아가 기능올림픽의 메카가 될 수 있게 바로잡아야 한다. 기능올림픽한국위원회의 정체성회복은 기능강국의 역량을 국가 브랜드화 할 수 있는 국력신장의 길이다.

* N&Times 2013년 8월 5일 *

⋮

능력중심사회 실현하려면

"대학만 나오면 뭐 하겠노? 기분 좋~다고 소고기 사묵겠지." 이는 코미디언의 대사내용을 인용한 현실풍자지만 그냥 웃고 넘기려고 하는 말이 결코 아니다. 안타까운 대졸 청년백수의 탄식소리를 대변해본 것이다. 한국을 일으킨 산업화의 기적은 교육열과 근면·성실이 어우러진 강점에서 비롯됐음은 세계가 인정하는 사실이다. 아이러니하게도 교육의 강점이 학벌만능의 사회를 만들어 성장동력이 추진력을 잃어가고 있다. 이는 미래를 간과한 교육정책에서 비롯됐지만 경쟁력의 보고인 대학생들은 '대학졸업장=실업자증'이라는 암울한 어둠 속에 갇혀 있을 뿐이다. 한마디로 교육의 모든 것이 대학으로 통하는 교육정서가 만들어낸 제도의 모순으로 겪는 고통이다.

학벌만능주의에 대졸실업자 급증

산업인력 양성이 목적인 특성화고는 직업교육 완성학교의 정체성을 잃은 지 오래다. 70%가 넘는 졸업생이 산업현장을 외면하고 대학진학을 택하고 있다. 공고 · 상고 · 농고 등으로 부르던 실업계고교를 전문계고, 특성화고 그리고 특목고인 마이스터고의 출현까지 간판을 달리하면서 본질에 충실하려 몸부림쳤지만 결국은 연계교육기관으로 전락한 것이다. 이를 분별없이 설립된 대학 때문이라는 일선 교장선생의 염려가 교육정책의 난맥상을 잘 대변하고 있다. 설상가상으로 대졸자 4명 중 1명이 고졸일자리를 빼앗고 있으니 특성화고의 정체성 회복은 더더욱 요원해 보인다. 기능올림픽에서 독일 · 스위스 · 일본을 물리치고 18번이나 세계를 제패한 기능강국이지만 제조업강국과 기능선진국의 반열에 오르지 못하고 있다.

단기대학의 설립강점은커녕 전문대학을 사실상의 4년제 대학으로 만든 것은 교육의 모든 것이 오직 대학으로 통하고 있음의 반증이다. 교육연한을 늘리고 학장을 총장으로 불러야만 전문대가 경쟁력을 갖는다는 것은 크게 잘못된 논리다. 아무리 여야 국회의원이 만장일치로 만든 제도라고는 하지만 교육백년대계를 간과한 정책으로밖에 보이지 않는다. 게다가 전문대에 석 · 박사과정까지 개설하는 것은 정체성을 잃은 변화의 극치로 분명한 변질일 뿐이다. 설립취지에 충실하기 위한 혁신과 개혁에서 강점의 역량이 표출되는 법이다.

이처럼 학벌만능주의는 교육이 교육을 망쳐 놓는 기이한 현상을 초래하면서 대학을 사실상의 의무교육으로 만들었다. 2012년 기준 고등교육기관과 재적학생 수는 각각 432개교에 372만8,802명에 이르게 된 것이다. 분별없는 대학난립으로 인한 대졸자 양산은 마치 판로가 막힌 제품과도 같다. 그 결과 대졸이상 학력이 경제협력개발기구(OECD) 평균 39%보다 높은 64%에 이르며 또한 청년백수는 무려 309만명이다. 한정된 일자리에 넘쳐나는 대졸자는 도토리 키재기식의 경쟁을 위한 스펙 쌓기에 내몰려 청춘을 다 허비하고 있다.

대학난립 막는 교육 대수술 절실

인도의 간디가 공공의 적이라고 규정한 원칙 없는 정치가 교육기관의 정체성 실종과 학력 인플레이션을 자초한 것이다. 선심성 포퓰리즘에다 정작 할 일을 외면한 역대 정부의 님트(NIMT : Not In My Term)현상의 무책임에서 비롯된 것이다. 그 결과 대졸자의 고졸 자리를 뺏는 신 위장취업, 반값등록금, 대학졸업장=실업자증, 청년백수 증가, 중소기업의 인력난, 학력과 일자리의 미스매치 등의 난제에 직면한 것이다. 이 모든 난제 해결이 망국병을 앓고 있는 대학만능주의의 대수술에 있음을 잊어서는 안 된다. 이것이 교육기관의 정체성 회복과 능력중심사회 실현의 근원이다. 아무쪼록 능력의 가치를 인정하는 능력중심사회가 실현돼 "기분 좋~다고 소고기 사묵겠지"가 긍정적인 현실 풍자가 되기를 기대한다.

* 서울경제신문 2013년 7월 29일 *

기능강국에서 제조업강국으로

세계를 제패한 대한민국의 기능인들이 금의환향했다. 4연패 달성과 통산 18번 종합우승이라는 전대미문의 위업을 달성하고 돌아온 것이다. 지금대로라면 이 기록을 바꿀 수 있는 나라는 오직 한국밖에는 없어 보인다. 이번 대회에서 주최국 독일은 기능선진국의 모든 강점을 지닌 국가답지 않게 매우 저조한 기록을 세웠다. 기능올림픽 결과로만 보면 누가 보더라도 독일·스위스·일본은 우리의 상대가 될 수 없다. 그렇지만 한국의 제조업의 기술경쟁력이 이들 국가보다 월등하다고 믿을 사람은 거의 없다. 변함없이 독일은 제조업강국의 주역인 기능인의 모델국가로 장인(匠人 ; 마이스터)이 존중받는 사회의 표상으로 자리하고 있을 뿐이다.

한국은 자타가 공인하는 세계최고의 기능강국임에도 불구하고 아직도 직업교육뿐만 아니라 제조업 기술경쟁력에 있어서도 독일에 크게 뒤지는 것은 분명한 사실이다. 독일을 비롯한 기능선진국들은 기능올림픽이 직업교육의 본질에서 표출되는 반면 우리의 세계제패는 본질에서 나온 자연스런 현상이 아니라는 사실이다. 이런 이유로 한국은 기능강국이지만 기능선진국의 반열에도 오르지 못하고 있다. 세계최고의 기능강국이 제조업강국이 되지 못하고 있는 것은 아이러니한 제도의 모순과 교육의 모든 것이 대학으로 통하는 만연된 교육정서 때문이다.

한국을 일으킨 힘이 교육에서 비롯됐지만 대학만능의 교육정서는 능력중심사회를 실현하는데 큰 걸림돌이 되고 있다. 산업인력 양성을 목적으로 설립된 특성화고교는 정체성을 잃은 지 오래며 중견기술인재 육성이 목표인 전문대학 역시 사실상의 4년제 대학이 됐다. 실업자가 될지언정 대학 진학의 길은 택하는 것이 현실이다. 그 동안 공고 · 상고 · 농고 등으로 부르던 실업계고교가 전문계고, 특성화고 그리고 특목고인 마이스터고의 출현까지 간판을 달리하면서까지 본질회복을 위해 몸부림 쳤지만 실업교육의 정체성 회복은 요원해 보인다. 이런 상황에서 기능올림픽의 세계제패는 기적 같은 일이다.

산업화시대 제조업의 경쟁력은 빈곤탈출을 위한 기능인의 필연적 의지에서 비롯됐다고 할 수 있다. 세계최고라는 기능강국에서 젊은 기능인을 숙련기술인으로 육성할 수 있는 시스템을 갖추지 못한 것은 안타까운 국력손실이다. 2011년부터 시행되고 있는 숙련기술장려법은 젊은 기능인에게 희망을 주기에는 설득력이 부족하며 법이 정의하는 숙련기술인과 최고의 숙련기술인인 명장육성정책도 결코 아니다. 정부포상과 보여주기식의 행사지향적인 격려도 좋지만 절실한 것은 숙련기술인을 체계적으로 육성할 수 있는 시스템구축과 사회적 지위향상대책이 더 시급하다. 정작 기능인과 전문가의 파격적 우대를 외치면서도 내면의 홀대정책은 결코 간과할 수 없는 일이다. 이는 모럴해저드에서 비롯된 잠재된 편견이다.

기능올림픽에서 우리보다 뒤진 성적을 냈지만 독일 · 일본 · 스위스는 제조업 강국으로 세계시장을 석권할 만큼의 강점 있는 브랜드를 갖고 있다. 이들은 일찍이 제조업의 기반인 뿌리기술의 중요성을 깨닫고 기능인을 최고의 장인으로 육성하는 로드맵 구축뿐만 아니라 기능인을 존중하는 풍토를 조성한 것이다. 존중은 상대의 가치를 인정하는 것이다. 그 결과 '넘버원'이 아닌 '온리원'을 추구할 수 있는 강점을 지니게 된 것이다. 강점은 극한의 능력을 발휘하는 노하우지만 우리는 기능강국의 역량을 강점으로 키우지 못한 것이다. 메달만 따는 기능강국으로 만족해온 것이다.

　국무총리까지 나선 공항환대는 매우 좋았지만 뛰어난 기능인의 역량을 강점으로 승화시킬 숙련기능인육성 로드맵 구축과 비전을 제시해야 한다. 세계제패의 쾌거가 직업교육의 본질에서 표출될 수 있는 시스템구축과 실현이 곧 기능선진국이다. 이것은 능력중심사회를 다지는 초석이며 학벌만능주의를 타파하고 제조업의 강점을 키우는 길이다.

＊ N&Times　2013년 7월 16일 ＊

메달만 따는
기능강국에 그쳐선 안 돼

세계를 제패한 대한민국의 기능인들이 금의환향했다. 기능올림픽 4연패 달성과 통산 18번 종합우승이라는 전대미문의 위업을 달성하고 돌아온 것이다. 이 기록을 바꿀 나라는 한국밖에는 없다. 이번 대회 주최국 독일은 기능강국답지 않게 매우 저조한 성적이었다. 기능올림픽 결과만 보면 누가 봐도 독일은 우리 상대가 될 수 없다. 그렇다고 한국 제조업의 기술 경쟁력이 독일보다 월등하다고 믿는 사람은 없다. 변함없이 독일은 장인(匠人 ; 마이스터)이 존중받는 기능인의 모델 국가로 자리하고 있을 뿐이다.

한국이 기능올림픽에서 18번이나 우승했지만 아직도 직업 교육뿐만 아니라 제조업 기술경쟁력 면에서 독일에 크게 뒤지는 것은 분명한 사실이다. 기능선진국들은 기능올림픽이 직업 교육의 본질에서 표출되는 반면 우리의 세계 제패는 본질에서 나온 자연스러운 현상이 아닌 셈이다. 이런 이유로 한국은 기능강국이지만 기능선진국의 반열에 오르지 못하고 있다. 세계 최고의 기능강국이 제조업 강국이 되지 못하고 있는 것은 아이러니한 제도의 모순 때문이다.

세계를 제패한 우수 기능인이 산업 현장을 외면하고 대학 진학을 택해 제조업의 맥을 이을 수 없는 상황까지 직면한 것이 우리 현실이다. 기능올림픽에서 우리보다 뒤진 성적을 냈지만 독일 · 일본 · 스위스 등은 제조업 강국으로 세계시장을 석권할 만큼 강점의 노하우를 갖추고 있다. 일찍이 '뿌리 기술'의 중요성을 깨닫고 기능인 육성 로드맵을 구축하고 기능인을 대우하는 풍토를 조성한 것이다.

그 결과 '넘버원'이 아닌 '온리원'을 추구할 수 있는 제조업의 강점을 지니게 됐다. 강점은 산업 경쟁력의 핵심으로, 재능 · 기술 · 지식 등의 조화에서 표출하는 극한의 능력을 발휘하는 노하우로, 기업과 국가의 브랜드의 가치를 높일 뿐 아니라 미래를 이끌 동력이다. 뛰어난 기능인의 역량을 강점으로 키우지 못하는 것은 국력 손실이다. 기능올림픽 입상자에게 상금 · 훈장으로 격려하는 것은 마땅한 일이지만 메달만 따는 기능강국에 머물러서는 안 된다. 세계 제패의 쾌거가 직업 교육의 본질에서 표출될 수 있는 시스템을 구축해야 한다. 이것은 능력 중심 사회를 다지는 초석이며 학벌 만능주의를 타파하고 제조업의 강점을 키우는 길이다.

＊ 조선일보 2013년 7월 15일 ＊

진정한 기능강국 되려면

한국은 지난 7일 폐막된 42회 독일 라이프치히 기능올림픽에서 기능올림픽의 역사를 바꾸는 대위업을 이룩했다. 67개 기능올림픽 회원국 중 53개국에서 1,007명의 선수가 참가해 4일간 열띤 경합을 벌였다. 한국은 46개 개최 직종 중 37개 직종에 41명의 선수가 출전해 금메달 12개, 메달 포인트 89점, 참가 선수 평균 점수 531.03점 등 조직위원회에서 공식 평가하는 전 부문에서 모두 1위를 차지해 제39회 일본 시즈오카대회부터 4연패 위업 달성과 통산 18번의 종합우승을 이룩했다. 또한 기능올림픽 최고 영예인 최우수선수(MVP)도 철골구조물 직종에 출전한 원현우 선수가 차지해 기능한국의 위상은 한층 빛났다.

기능올림픽 이벤트로만 여겨선 안돼

회원국들의 기술교육 발전과 실력 평준화 속에서 치러진 이번 대회는 순간의 방심과 실수로 메달의 색깔이 바뀌는 박빙의 경합에 지켜보는 지도자를 더욱 애타게 했다. 한국의 종합 우승은 전통적 기능선진국인 일본·스위스·대만을 비롯한 유럽의 거센 도전과 2015년 세계대회를 유치할 브라질까지 가세한 집중 견제를 물리치고 거둔 쾌거이며 값진 국위선양이다. 실력보다는 학벌을 중시하는 만연한 기능 경시 풍조 속에서 언론조차도 별 관심을 기울이지 않는 비인기 분야의 설움을 딛고 당당하게 세계를 제패해 창조경제의 동력인 뿌리산업과 제조업 발전의 희망이 살아 있음을 보여줬다. 이 저력이 제조업을 이끌 우리의 성장동력이다.

이번 종합 우승은 우리의 직업교육 시스템의 본질에서 비롯된 현상은 결코 아니며 참여 기업과 지도자의 헌신과 열정에서 비롯된 것을 잊어서는 안 된다. 종합 우승의 쾌거를 단지 훈장과 상금을 줘서 격려하는 이벤트성 행사로 끝내서는 안 된다. 바라는 것은 이번 우승을 계기로 직업교육의 본질 회복과 기능선진국으로 도약할 수 있는 기능올림픽 한국위원회의 전문성과 영속성을 유지 계승할 수 있는 재건축 수준의 개혁에 활력이 되길 기대한다.

18번 세계 제패를 하면서도 한국은 기능올림픽의 보편적 이상을 실현할 시스템조차 제대로 구축하지 못하고 있다. 매번 국제대회 때마다 기업에 크게 의존해야만 하는, 오직 직면한 대회만을 위한 시스템을 지속해온 것이다. 내면의 실상은 더 초라하다. 새로운 직종 개발 제안은 엄두도 못 내며 국제대회를 리드할 글로벌 전문가도 배출하지 못하는 속 빈 강정의 기능강국이다. 무턱대고 기능인을 숙련기술인으로 부르는 것은 그럴듯해 보이지만 추상적이고 혼란을 주는 칭호다. 이것은 본질보다는 현상만 바꾼 보여주기식 제도의 표본이다. 기능올림픽에서 금메달을 땄다고 숙련기술자가 된 것이 아니다. 다만 재능이 뛰어나 숙련기술인으로 키워야 할 재목일 뿐이다.

전문가 · 능력 우대 사회 만들어야

국회의원과 비서관의 기능올림픽 참관을 놓고 '선심성 외유'라는 논란이 벌어졌는데 이들이 결코 여론에 떳떳할 수 없다면 국민 혈세의 낭비일 것이다. 많은 관련 부처 관계자의 이벤트성 행사 참관도 필요하지만 분명한 것은 기능올림픽 리더로 조직위원회를 돕고 선수단의 서포터가 될 수 있는 역량 있는 전문가의 참여는 일거양득의 국위선양이다. 주변 챙기기의 모럴해저드 정책에 가린 전문가 홀대는 기능올림픽의 전문성과 정체성 실종에서 비롯된 잠재된 편견이다. 제도의 모순과 만연된 기능 경시 풍조 속에서 18번의 세계 제패는 기적 같은 일이다. 기적만으로는 제조업 강국과 기능선진국이 될 수 없다. 기능올림픽의 쾌거가 직업교육의 '본질'의 '현상'에서 표출될 수 있는 제도 구축과 정착이 능력 중심 사회 실현의 초석임을 깨달아야 한다.

* 서울경제신문 2013년 7월 10일 *

⋮

기능인을 위한
'기능올림픽선수촌'이어야

지난 3월 25일 인천에서 기능올림픽선수촌이 '글로벌숙련기술진흥센터'라는 이름으로 개원됐다. 개원 소식을 접한 기능올림픽 관계자들은 센터가 선수촌에 합당한 간판인지는 차치하더라도 선수촌 건립 취지를 실현할 수 있는 시스템을 갖췄는지에 더 많은 염려를 표출하고 있다. 크게 우려하는 점은 체계적으로 기능강국의 내실을 다지고 역량을 키워나갈 전문 조직이 전무하다는 사실이다.

원래 센터는 2009년 캐나다 캘거리에서 열린 40회 국제기능올림픽에서 16번째 종합 우승한 후 정부에서 엘리트 체육인의 훈련소인 태릉선수촌처럼 기능올림픽에 참가하는 기능인을 위한 선수촌으로 건립이 추진된 것이다. 당시 선수촌 건립을 주관했던 노동부 관계자는 "그동안 기능올림픽에서 세계 최다인 16차례 종합 우승을 차지했지만 변변한 시설이 없었다며 전문 시설을 갖춰 국가 기능 기반을 강화하고 개도국에 기능을 전수하는 등 국제사회에 기능 진흥을 도울 때가 됐다"고 건립 취지를 밝혔었다. 한국은 지금껏 명실상부한 기능강국다운 인프라를 구축하지 못해 기능올림픽에서 발휘한 역량을 국가 경쟁력으로 승화시키지 못하고 있다. 17번씩이나 세계를 제패하면서도 기능강국의 값진 노하우를 축적하는 시스템을 구축하지도 못했다. 이런 시스템 부재로 기능올림픽의 트렌드 변화를 주도할 리더로서의 역할을 못하는 속 빈 강정의 기능강국일 뿐이다.

선수촌 건립 취지를 간과한 정책으로 주객이 전도돼 선수촌을 차지하고 있는 소위 숙련 기술 관련 사업은 그동안 기능올림픽과는 무관하게 운영하던 조직을 모아놓은 것에 불과하다. 이 사업들은 굳이 선수촌 건립 취지를 따지지 않더라도 부가적 사업에 불과할 뿐이다. 어떤 숙련 기술 사업도 기능강국의 튼튼한 시스템 구축 없이는 역량을 제대로 발휘할 수 없다.

우리는 기능강국의 역량을 바탕으로 국제적인 기여를 통해 국력을 신장시켜야 할 중차대한 책무를 안고 있다. 선수촌이 이런 총체적인 문제를 연구하고 다룰 기능올림픽의 메카가 되기를 모두가 기대했지만 비전도 없는 개원이 안타까울 뿐이다. 설립 취지에 충실했다면 개원 행사도 기능인을 위한 축제의 장이 됐어야 했다. 기능인과 국민의 기대를 저버리고 어렵게 준비한 새 부대에 새 술을 담지 못한 선수촌을 건립 취지에 맞게 바로잡아야 한다.

* 조선일보 2013년 4월 9일 *

:

교육정서 바꾸는
기능인재 공무원 등용

내년에 특성화고인 완도수산고를 졸업하는 이나래양의 공무원시험 합격이 장안의 화제가 되고 있다. 이양은 행정안전부의 '기능인재 추천채용'에 의해 선박해양직 공무원시험에 합격한 것이다. 행정안전부는 2010년도부터 특성화고와 마이스터고, 전문대 졸업자 중 우수 인력을 공직에 유치하기 위한 제도를 실시해 왔으며 이번에도 80

명의 기능인재를 뽑았다. 그 동안 기능인재의 특별채용은 전국기능경기대회와 국제기능올림픽 입상자를 대상으로 대기업 중심으로 이루어졌으나 공무원채용의 제도화는 최근에 시작된 일이다.

화제가 된 이양의 공무원시험 합격은 능력보다는 학력을 중시하는 만연된 교육정서의 반증이다. 교육의 모든 것이 오로지 대학으로만 통하는 교육정서 속에서 대학은 사실상의 의무교육이 돼 버린 지 오래다. 실업자가 될지언정 대학을 나와야하는 것이 현실이다. 이런 정서로 대졸청년실업자증가와 중소기업의 인력난은 평행선을 달리고 있다. 대학생의 반값등록금과 반값졸업장의 현실은 결코 쉽게 풀 수 없는 국가적 난제가 된지 오래다. 그러나 청년실업, 중소기업의 인력난, 반값등록금 등의 해결의 본질은 학벌만능주의의 타파에 있다. 다만 그동안 시행된 많은 정책과 제도는 고학력주의의 편향된 뿌리 깊은 문화가 달라질 수 있게 할 사회풍토 조성조차 못한 보여주기식 현상의 치유로만 일관했기 때문이다. 학력이 아닌 능력중심사회의 실현을 외쳐왔지만 실상은 학력중심사회에 더욱 빠져들게 한 임기응변적인 제도와 정책의 모순을 깊이 성찰해야 한다.

행정안전부가 3년째 시행하고 있는 기능인재의 공무원 등용은 만연된 교육정서는 바꾸게 할 희망의 대안이 되고 있음은 다행스런 일이다. 그러나 기능인재의 공무원채용이나 대기업특채만으로 당장 능력중심사회가 실현되는 것이 결코 아니다. 채용한 기능인에 대한 만연된 사회적 편견 해소책은 물론 능력에 상응하는 보수와 장래희망을 갖게 할 대안이 필요하다. 아울러 등용한 기능인재를 강점을 발휘할 만큼의 분야별 최고의 숙련기술인인 경쟁력의 핵심으로 육성해야 한다. 독일의 경우 최고의 숙련기술인인 마이스터(명장)는 평생교육의 차원에서 끊임없는 학습의 기회가 주어져 대학진학과 기업의 임원에도 등용됨은 물론 사회적인 지위에 있어서도 어떤 편견이나 차별이 있을 수 없는 능력중심사회에서 일하고 있다. 이런 명장의 강점이 독일의 흔들리지 않는 제조업의 무한한 경쟁력을 키우고 있다.

우리의 명장은 특성화고교생의 매력을 끌지 못하고 있다. 능력중심사회 실현은 명장이 되고 싶은 특성화고교생이 많아지도록 체계적인 시스템을 갖추는 일에서 비롯된다. 산업화시대 숙련기술인의 탄생은 생존을 위한 필연적 의지에서 비롯됐지만 앞으로는 특별한 숙련기술인육성 대책 없이는 산업현장에서 명장을 만날 수 없게 될 것은 자명하다. 2011년부터 시행되고 있는 숙련기술장려법은 기능인재에게 희망을 주기에는 설득력이 부족하며 법이 정의하는 숙련기술인과 최고의 숙련기술인인 명장 육성정책도 결코 아니다. 정부포상과 보여주기식의 행사지향적인 격려도 좋지만 절실한 것은 숙련기술인을 체계적으로 육성할 수 있는 시스템구축과 사회적 지위향상대책 마련이다.

기능인재 등용도 중요하지만 기능인재를 평생학습을 통해 기업이나 공무원조직에서 경쟁력의 핵심으로 육성하는 일은 더 중요하다. 이것은 특성화고교생의 희망이며 제대로 된 능력중심사회의 실현이다. 기능인재의 공무원 등용과 기업의 특채는 청년실업과 대학의 반값등록금 해결의 본질이며 만연된 교육풍토를 바꾸는 일이다. 행정안전부의 기능인재 우대(優待)정책 실천을 크게 환영하며 이 제도가 만연된 학벌만능주의를 타파하고 능력이 대우받는 공정사회 구현의 초석이 되길 기대한다.

* N&Times 2012년 11월 11일 *

:

산업명장(名匠)의 강점이 전수되려면

교육의 모든 것이 대학으로만 통하는 학벌만능주의의 사회에서 내년 2월 졸업예정인 마이스터고교생 3400여 명이 졸업 시까지는 전원 취업 될 것이라고 한다. 이는 일찍이 볼 수 없었던 일로 크게 환영할 일이다. 더욱 바라는 것은 이러한 현상이 만연된 학벌주의를 타파하고 능력중심사회를 실현하는 새로운 인식전환의 계기가 되길 기대한다. 마이스터고의 취업률이 높은 것은 변화하는 시대에 '산업인력육성'의 본질에 충실하기 위한 교육시스템을 구축하고 초보기능인을 육성했기 때문이다. 그러나 마이스터고의 목표는 취업률에 있는 것이 아니다. 모든 특성화고가 추구하는 목표와 같이 산업의 현장에서 강점을 지닌 최고의 숙련기술인인 명장육성이다.

오늘날 명장은 특성화고교생의 매력을 끌지 못하고 있는 것이 우리의 실상이다. 능력중심사회 실현은 명장이 되고 싶은 특성화고교생이 많아지도록 체계적인 시스템을 갖추는 일에서 비롯된다. 무엇보다도 기능인에 대한 만연된 사회적 편견 해소는 물론 능력에 상응하는 보수와 장래 희망을 갖게 할 대안이 필요하다. 산업화시대 숙련기술인의 탄생은 생존을 위한 필연적 의지에서 비롯됐지만 앞으로는 특별한 숙련기술인육성 대책 없이는 산업현장에서 명장을 만날 수 없게 될 것은 자명하다. 2011년부터 시행되고 있는 숙련기술장려법은 초보기능인에게 희망을 주기에는 설득력이 부족하며 법이 정의하는 숙련기술인과 최고의 숙련기술인인 명장 육성정책도 결코 아니다. 정부포상과 보여주기식의 행사지향적인 격려도 좋지만 절실한 것은 숙련기술인을 체계적으로 육성할 수 있는 시스템구축과 사회적 지위향상대책 마련이다.

마이스터고가 특목고임을 감안하면 자동차, 조선, 전자, 발전설비 등과 같은 기간산업의 기반이 되는 원천기술인 주조, 금형, 소성가공, 표면처리, 열처리, 용접 등 6대 뿌리기술 중심의 인력육성에 집중할 필요가 있다. 현재 뿌리산업은 3D산업으로 전락해 있지만 이는 뿌리기술의 무한한 역량의 강점을 간과한 정책에서 비롯된 것이다. 일찍이 뿌리기술의 중요성을 깨닫고 숙련기술인을 체계적으로 육성해온 독일이나 일본은 넘버원이 아닌 온리원을 추구할 수 있을 만큼의 제조업의 강점을 지니고 있다. 강점은 산업경쟁력의 핵심으로 재능, 기술, 지식 등의 조화에서 표출하는 극한의 능력을 발휘하는 노하우로 기업과 국가의 브랜드의 가치를 높인다.

그 동안 공고 · 상고 · 농고 등으로 부르던 실업계고교가 전문계고, 특성화고 그리고 특목고인 마이스터고의 출현에 이르기까지 간판을 달리하면서까지 변화를 위해 몸부림 쳤지만 교육의 본질만은 한결같이 산업인력육성에 있다. 금년 3월에 발표한 한국직업능력개발원의 자료에 의하면 특성화고는 476개교에 33만7499명, 마이스터고는 21개교에 1만2886명의 학생들이 재학하고 있다. 마이스터고교생은 전체 특성화고교생의 3.67%에 해당한다. 절대 다수의 특성화고교생들도 산업인력육성의 큰 틀에서 보면 숙련기술인으로 키워야 할 소중한 자산임을 잊어서는 안 된다. 특수목적의 마이스터고 육성도 중요하지만 다양한 분야의 기능인육성이 더 시급하기 때문이다.

기능올림픽에서 메달을 땄거나 또 마이스터고를 졸업했다고 숙련기술인이 된 것이 아니다. 다만 숙련기술인으로 키워야 할 기능인재일 뿐이며 이는 기업과 국가가 함께 감당할 몫이다. 기능강국의 우수한 인력을 숙련기술인으로 육성하지 못한다면 기능선진국은 더욱 요원하다. 그리고 숙련기술의 강점이 대물림되는 숙련기술인육성의 제도적 정착만이 청년실업과 대학의 반값등록금 해결의 본질임을 결코 잊어서는 안 된다. 아무쪼록 마이스터고와 특성화고가 능력중심사회 실현과 숙련기술인육성의 초석이 되길 기대한다.

＊ 과학기술 2012년 11월 7일 ＊

마이스터고가 학력을 타파하려면

　내년 2월 졸업예정인 마이스터고교생 3400여 명 가운데 84%가 이미 취업이 확정됐다고 한다. 나머지 학생들도 졸업 시까지는 전원 취업 될 것이라고 한다. 기능인에 대한 편견이 뿌리 깊게 존재하는 학벌만능의 사회에서 일찍이 볼 수 없었던 일로 크게 환영할 일이다.

　더욱 바라는 것은 이러한 현상이 만연된 학벌주의를 타파하고 능력중심사회를 실현하는 새로운 인식전환의 계기가 되길 기대한다. 이처럼 마이스터고의 취업률이 높은 것은 무엇보다도 변화하는 시대에 걸 맞는 산업인재육성이라는 본질에 충실하기 위한 교육개혁과 혁신 그리고 노력이 있었기 때문이다.

　그러나 취업률만으로 마이스터고의 성공을 말할 수는 없다. 마이스터고를 비롯한 특성화고가 지향하는 최종 목표는 산업의 현장에서 강점을 발휘할 수 있는 숙련기술인 육성이다. 이제 겨우 마이스터고는 첫 단계인 '산업인력 양성'에 충실한 교육시스템을 구축하고 졸업생을 배출한 것에 불과하다. 다음 단계는 이들 졸업생 스스로가 만족해하는 일자리 제공과 대우다. 그리고 최고의 숙련기술인인 명장이 돼 산업현장을 지키게 하는 문제다. 따라서 숙련기술인육성 로드맵 구축이 절실한 것이다.

그 동안 공고·상고·농고 등으로 부르던 실업계고교가 전문계고, 특성화고 그리고 특목고인 마이스터고의 출현에 이르기까지 간판이 달라졌다고 하지만 본질만은 한결같이 산업인력육성에 있다. 금년 3월에 발표한 한국직업능력개발원의 자료에 의하면 특성화고는 476개교에 33만7499명, 마이스터고는 21개교에 1만2886명의 학생들이 재학하고 있다. 마이스터고교생은 전체 특성화고교생의 3.67%에 해당한다. 절대 다수의 특성화고교생들도 산업인력육성의 큰 틀에서 보면 숙련기술인으로 키워야 할 소중한 자산임을 잊어서는 안 된다. 특수목적의 마이스터고 육성도 중요하지만 다양한 분야의 기능인육성이 더 시급하기 때문이다.

마이스터고가 특목고임을 감안하면 자동차, 조선, 전자, 발전설비 등과 같은 기간산업의 기반이 되는 원천기술인 주조, 금형, 소성가공, 표면처리, 열처리, 용접 등 6대 뿌리기술 중심의 인력육성에 집중할 필요가 있다. 현재 뿌리산업은 3D산업으로 전락해 있지만 이는 뿌리산업의 무한한 역량의 강점을 간과한 정책에서 비롯된 것이다. 일찍이 뿌리기술의 중요성을 깨닫고 숙련기술인을 체계적으로 육성해온 독일이나 일본은 넘버원이 아닌 온리원을 추구할 수 있을 만큼의 제조업의 강점을 지니고 있다. 강점은 산업경쟁력의 핵심으로 재능, 기술, 지식 등의 조화에서 표출하는 극한의 능력을 발휘하는 노하우로 기업과 국가의 브랜드의 가치를 높인다.

능력중심사회 실현은 특성화고 졸업생을 숙련기술인으로 육성할 수 있는 체계적인 시스템을 갖추는 일에서 비롯된다. 2011년부터 시행되고 있는 숙련기술장려법은 숙련기술인에게는 도움이 되는 정책이긴 하지만 법이 정의하는 숙련기술인과 최고의 숙련기술인인 대한민국명장 육성정책은 결코 아니다. 포상과 같은 가시적 격려정책도 필요하지만 절실한 것은 재능 있는 젊은 기능인을 산업현장으로 끌어드릴 수 있는 정책이 더욱 절실한 것이다.

기능올림픽에서 메달을 땄거나 또 마이스터고를 졸업했다고 숙련기술인이 된 것은 아니다. 다만 숙련기술인으로 키워야 할 인재일 뿐이다. 따라서 숙련기술인육성 로드맵 구축은 절실하다. 숙련기술인은 기업과 국가가 육성해야 할 몫이다. 우수한 기능인을 강점을 지닌 숙련기술인으로 육성하지 못하는 것이 곧 기능선진국이 되지 못하는 이유다. 마이스터고의 성공은 졸업생의 취업률에 있는 것이 아니라 산업현장에서 강점을 지닌 최고의 숙련기술인육성에 있다는 것을 결코 잊어서는 안 된다.

* 한국대학신문 2012년 10월 21일 *

숙련기술인 육성 로드맵 필요

우리나라는 아직도 기능인에 대해 편견을 가진 탓에 능력보다 학벌을 더 중시한다. 때문에 기능강국의 뛰어난 역량이 제조업의 성장 동력이 되지 못하고 있다. 능력 중심 사회를 실현하기 위해 학벌 중시 정서는 반드시 타파해야 할 국가적 난제다. 지난 3월에 발표한 한국직업능력개발원 자료에 따르면 특성화고는 476개교에 33만7499명, 마이스터고는 21개교에 1만2886명의 학생이 재학 중이다. 마이스터고교생은 전체 특성화고교생의 3.67%에 해당한다. 실업계 고교에서 전문계고와 특성화고, 그리고 특목고인 마이스터고 출현에 이르기까지 그 본질은 산업인력 육성에 있다.

따라서 특성화고가 본질에 충실해야 능력 중심 사회의 초석이 된다. 자칫 마이스터고로 인해 상대적으로 위축될 수 있는 절대 다수의 특성화고교생들도 산업인력 육성의 큰 틀에서 보면 숙련기술인으로 키워야 할 소중한 자산임을 잊어서는 안 된다. 특수 목적의 마이스터고 육성도 중요하지만 다양한 분야의 기능인 육성이 더 시급하기 때문이다.

무엇보다 특성화고 졸업생이 숙련기술인으로서 안정된 생활을 할 수 있다는 희망을 갖게 할 시스템을 갖춰야 능력 중심 사회는 실현된다. 2011년부터 시행되고 있는 '숙련기술장려법'은 숙련기술인에게는 희망이 되고 있지만 법이 정의하는 숙련기술인과 최고의 숙련기술인인 대한민국명장 육성 정책은 결코 아니다. 포상과 같은 장려 정책도 좋지만 우수한 젊은 기능인을 산업현장으로 끌어들일 수 있는 숙련기술인 육성을 위한 로드맵의 구축이 더 절실하다. 마이스터 고도 특목고임을 감안하면 자동차, 조선, 전자, 발전설비 같은 기간 산업의 기반이 되는 원천기술인 주조, 금형, 소성가공, 표면처리, 열처리, 용접 등 6대 뿌리기술 중심의 인력 육성에 집중할 필요가 있다.

현재 뿌리산업은 3D산업으로 전락해 있지만 이는 뿌리산업의 무한한 역량의 강점을 간과한 정책에서 비롯된 것이다.

일찍이 뿌리기술의 중요성을 깨닫고 숙련기술인을 체계적으로 육성해 온 독일이나 일본은 세계 경제 침체에도 불구하고 마이스터 정신과 '모노즈쿠리'의 자존심으로 제조업의 경쟁력을 이끌고 있는 현실이 잘 증명하고 있다. 이들 숙련기술인은 넘버원이 아닌 온리원을 추구하는 자기만의 강점을 지니고 있다. 경쟁력의 핵심은 숙련기술인의 강점에서 나온다. 강점은 재능, 기술, 지식 등의 조화에서 표출하는 극한의 능력을 발휘하는 노하우다.

기능인을 위한 기본교육이 특성화고에 있다면 숙련기술인과 명장 육성은 기업과 국가가 감당해야 할 몫이다. 본질을 외면한 임기응변식 정책만으로는 결코 숙련기술인을 육성할 수 없다. 우수한 젊은 기능인을 숙련기술인과 명장으로 육성하지 못하는 것은 경쟁력의 손실이며, 이것은 기능강국이 기능선진국이 되지 못하는 이유다. 말뿐인 기능인 우대보다도 능력대로 대우받는 기능선진국은 기능인뿐 아니라 국민 모두의 바람임을 잊어서는 안 된다.

＊ 매일경제 2012년 9월 24일 ＊

숙련기술인 정년연장 필요하다

지금 제조업현장에는 돌아가던 기계마저 멈춰 서게 될 심각한 위기에 직면해 있다. 소위 베이비붐 세대인 1955~1963년생 숙련기술인의 쓰나미 은퇴로 인해 대를 이을 젊은 기능인이 없기 때문이다. 젊은 기능인의 산업현장 외면은 어제 오늘의 이야기는 결코 아니지만 숙련기술 인력의 부족은 중소기업은 물론 대기업도 상황은 마찬가지다. 이는 능력보다 학벌을 중시하는 만연된 교육정서에 편승해 교육과 산업의 트렌드마저 유행을 따라 줄기와 열매산업으로 전환했기 때문이다. 이런 임기응변적인 트렌드 변화가 뿌리산업을 3D산업으로 더욱 몰락시킨 것이다. 하지만 주조, 금형, 소성가공, 표면처리, 열처리, 용접 등 6대 뿌리산업과 뿌리기술은 세계최빈국을 불과 60여 년 만에 세계 10위권의 경제대국으로 발전시켰으며 앞으로도 한국을 키울 동력의 원천이다.

외국 언론조차도 "쓰레기통에서는 장미가 피지 않는다"고 비유할 만큼 결코 발전을 기대하지 않았던 한국이 경제대국의 신화를 창조한 것은 뿌리기술로 뿌리산업을 키운 숙련기술인의 땀과 노력이 있었기 때문이다. 20~50클럽의 가입도 성공적인 산업화의 결과에서 비롯된 것이다. 한국이 기능올림픽에서 17번 종합 우승할 수 있었던 것도 뿌리산업과 뿌리기술의 역량으로 이룩한 것이다. 다만 세계최고의 뿌리기술의 역량을 지닌 기능강국에서 정작 뿌리산업을 이끌 젊은 기능인이 없다는 현실과 기능강국이 기능선진국이 되지 못한 것이 아이러니할 뿐이다.

깊이 깨달아야할 것은 한국을 일으킨 성장 동력 뿌리산업이 안정된 기반 위에서 심화된 기술력과 장인정신을 바탕으로 품격을 갖춰 비상하지 못하고 소프트웨어 산업에 밀려 3D산업으로 전락케 방관한 것이다. 이는 감춰진 뿌리산업의 무한한 성장 역량의 강점을 간과한데서 비롯된 안타까운 일이다. 조선왕조의 창업을 송영한 노래 용비어천가의 "뿌리가 깊은 나무는 바람에 움직이지 아니하므로 꽃이 좋고 열매가 많으니"는 뿌리산업의 중요성과 그 부가가치가 얼마나 큰가를 너무나도 잘 나타내고 있다. 이처럼 일찍이 뿌리기술의 중요성을 깨닫고 뿌리산업을 사활을 걸고 육성해온 독일과 일본이 여전히 뿌리산업에 집착하는 것은 우리와 다른 안목이다.

이들 국가가 세계경제의 침체 속에서 겪고 있는 장기불황에도 불구하고 제조업이 유독 강한 이유는 독일의 마이스터 정신과 일본의 모노즈쿠리의 자존심으로 키운 숙련기술인이 뿌리산업을 이끌고 있기 때문이다. 뿌리산업의 경쟁력의 핵심은 숙련기술인의 잠재된 강점에서 나온다. 강점은 재능, 기술, 지식 등의 조화에서 비롯되는 것으로 극한의 신비한 능력을 발휘한다. 독일과 일본이 '넘버원(NO.1)이 아닌 온리원(Only One)'을 추구할 수 있는 것은 강점을 지닌 숙련기술인이 대를 이어 뿌리산업을 이끌기 때문이다. 극한의 능력에서 나온 온리원은 마치 블랙박스와 같은 것으로 생산자만의 노하우다.

정부가 금년 1월 '뿌리산업 진흥 및 첨단화에 관한 법률' 시행을 계기로 뿌리산업을 적극 지원키로 했다지만 절실한 것은 강점을 발휘할 숙련기술인 육성이다. 뿌리산업의 95% 이상이 열악한 중소기업인 현실을 감안하면 온리원의 명품을 만들 강점을 지닌 숙련기술인 육성을 기업에 의존할 수만은 없다. "나이는 정년이 있어도 기술은 정년이 없다"는 말처럼 숙련기술인의 정년 은퇴는 산업경쟁력의 손실이다. 그러나 대를 이을 젊은 기능인이 없다는 것은 결국 뿌리산업의 자멸이다. 이제라도 정부가 적극 나서서 설득력 있는 비전을 제시하여 뿌리산업을 외면하는 젊은 기능인을 돌아오게 해야 한다. 뿌리 없는 식물이 줄기를 뻗어 열매를 맺을 수 없는 것처럼 숙련기술인 없는 뿌리산업의 육성은 불가능함을 깊이 성찰해야한다.

＊ N&Times 2012년 7월 23일 ＊

뿌리산업 이끌 젊은 기능인이 없다

　주조, 금형, 소성가공, 표면처리, 열처리, 용접 등 6대 뿌리산업은 자동차, 조선, 전자, 발전설비 등과 같은 기간산업의 기반이 되는 원천기술을 말한다. 따라서 뿌리산업은 산업발전의 뿌리를 이루는 원천기술의 보고인 셈이다. 한국이 세계최빈국에서 불과 60년 만에 세계 10위권의 경제대국으로 발전케 한 성장의 동력도 뿌리산업에서 비롯된 것이다. 외국 언론조차도 "쓰레기통에서는 장미가 피지 않는다"고 비유할 만큼 결코 발전을 기대하지 않았던 한국은 착실하게 뿌리산업을 키워 경제대국의 신화를 창조한 것이다. 지난 6월에 20~50클럽의 가입도 성공적인 산업화의 결과로 이룩한 것이다.

그러나 지금 한국의 뿌리산업은 안정 속에서 더욱 심화된 기술력과 장인정신을 바탕으로 품격을 갖춰 비상하기보다는 급속한 지식기반사회가 도래하면서 3D산업으로 전락하고 만 것이다. 이는 감춰진 뿌리산업의 무한한 성장 역량의 강점을 간과한데서 비롯된 안타까운 일이다. 조선왕조의 창업을 송영한 노래 용비어천가의 "뿌리가 깊은 나무는 바람에 움직이지 아니하므로 꽃이 좋고 열매가 많으니"는 뿌리산업의 중요성과 그 부가가치가 얼마나 큰가를 너무나도 잘 나타내고 있다. 이처럼 일찍이 뿌리기술의 중요성을 깨닫고 뿌리산업을 사활을 걸고 육성해온 독일이나 일본은 우리의 실상과는 크게 다르다. 이들 국가가 세계경제의 침체 속에서 겪고 있는 장기불황에도 불구하고 제조업이 유독 강한 이유는 독일의 마이스터 정신과 일본의 모노즈쿠리의 자존심이 뿌리산업을 이끌고 있기 때문이다.

뿌리산업의 경쟁력의 핵심은 숙련기술인의 잠재된 강점에서 나온다. 강점은 재능, 기술, 지식 등의 조화에서 비롯되는 것으로 극한의 신비한 능력을 발휘한다. 독일과 일본이 '넘버원(NO.1)이 아닌 온리원(Only One)'을 추구할 수 있는 것은 강점을 지닌 숙련기술인이 대를 이어 뿌리산업을 이끌기 때문이다. 극한의 능력에서 나온 온리원은 마치 블랙박스와도 같은 것으로 생산자만의 노하우다. 지구촌 모든 가정의 주방을 차지하고 있는 독일의 쌍둥이 칼을 비롯하여 스위스의 아미 나이프와 시계 등은 뿌리산업의 본질에서 비롯된 현상으로 각광받는 온리원의 명품이다.

한국이 기능올림픽에서 17번 종합 우승할 수 있었던 것도 뿌리기술의 역량에서 비롯된 것이다. 다만 뿌리기술의 역량으로 이룩한 기능강국에서 정작 뿌리산업을 이끌 젊은 기능인이 없다는 현실이 아이러니할 뿐이다. 이는 능력보다 학벌을 중시하는 만연된 교육정서에 편승해 교육과 산업의 트렌드가 줄기와 열매산업으로 급격하게 전환해 뿌리산업은 모두가 경시하는 3D산업으로 몰락한 것이다. 이런 상황변화로 고사 위기에 놓인 뿌리산업은 「기능경시 풍조와 저임금에 따른 심각한 인력수급문제」, 「대기업에 종속돼 있는 뿌리산업의 구조적 모순과 불합리한 이익 배분의 문제」, 「환경을 이슈로 한 국민들의 뿌리산업 배척」 등에 시달려 겨우 연명하고 있을 뿐이다.

정부가 금년 1월 '뿌리산업 진흥 및 첨단화에 관한 법률' 시행을 계기로 뿌리산업을 적극 지원키로 했다지만 절실한 것은 뿌리산업이 겪고 있는 고충해결을 위한 혁신적인 제도구축이며 강점을 발휘할 숙련기술인 육성이다. 뿌리산업의 95% 이상이 열악한 중소기업인 현실을 감안하면 뿌리기업이 온리원의 명품을 만들 강점을 지닌 장인의 육성은 힘에 부칠 뿐이다. 이제는 정부가 적극 나서서 설득력 있는 비전을 제시하여 뿌리산업을 외면하는 젊은 기능인을 돌아오게 해야 한다. 대기업 위주의 우수기능인의 병역특례제도도 뿌리산업체에 혜택을 주는 개선이 필요하다. 뿌리 없는 식물이 줄기를 뻗어 열매를 맺을 수 없는 것처럼 숙련기술인 없는 뿌리산업 육성은 불가능함을 깊이 성찰해야 한다.

* N&Times 2012년 7월 2일 *

젊은 기능인들이
산업현장에 돌아오게 하려면

국가의 경쟁력은 국민의 능력에서 나온다. 한국이 전쟁의 폐허를 딛고 산업화의 기적을 이룬 것도 국민의 결집된 능력에서 비롯된 것이다. 산업화의 성공으로 세계 10위권의 경제 발전을 이룬 이후 우리의 현실은 능력보다는 학벌을 중시하는 깊은 수렁에 빠져들었다. 교육의 모든 것도 오직 대학으로만 통하고 있을 뿐이다. 대학만능의 교육정서가 2011년 현재 373만5000여 명의 대학생과 434개의 고등교육기관을 탄생시켰다. 하지만 대학 졸업생의 절반을 일자리를 찾아 헤매는 실업자로 전락시켰으며 반값등록금이라는 국가적 난제도 불러왔다. 한편 산업 현장에서는 은퇴를 앞둔 숙련기술인의 노하우마저 물려받을 젊은 기능인이 없어 돌아가던 기계가 멈출 위기에 직면해 있다.

이는 교육의 백년대계는 포장에 불과할 뿐 대학 만능의 교육정서에 편승한 학벌중심 사회로의 정책을 추구해 국가 경쟁력의 손실을 초래한 것이다. 그동안 대의명분 아래 추구된 정책마다 겉으로는 한결같이 능력중심 사회를 만든다고 외쳤지만 오히려 교육기관의 정체성마저 잃어버린 정책만 추구해 능력중심 사회의 실현을 더 어렵게 만든 것이다. 전문계고가 직업교육의 완성학교가 아닌 연계 교육기관으로 전락한 것이나 전문대학을 사실상 4년제 대학화한 것 등이다. 이는 교육정서의 타파는커녕 오히려 학벌중심 사회를 장려한 정책의 결과로 교육의 양극화만 심화시켰다.

기능올림픽을 휩쓸 만큼 세계 최고 기능강국에서 특성화고가 직업교육기관으로 성공하지 못한 것이나 산업현장에서 숙련기술의 노하우를 전수받을 젊은 기능인이 없다는 것도 아이러니다. 기능선진국에서는 장인의 혼과 맥을 잇는 젊은 기능인들로 넘쳐나고 있다. 우리는 기능선진국인 독일이나 일본의 산업현장에서 볼 수 있는 노하우 전수 시스템도 구축하지 못했다. 기능올림픽을 통해 이룩한 국위선양은 국가브랜드 가치를 높인 값진 일이지만 재능 있는 기능인을 인재로 육성해 제조업의 경쟁력을 키우지 못한 것은 국력 손실이다.

현재 일부 젊은 기능인과 명장들은 기능선진국에서도 볼 수 없는 파격적인 우대를 받고 있다. 하지만 많은 기능인들은 제대로 대우를 받지 못해 산업현장을 외면하고 있으며 실업자가 될지언정 대학 진학의 길을 택하고 있다. 이 같은 기능인 우대 정책은 기능강국 유지에는 도움이 될지 모르나 결코 기능선진국을 이루는 초석은 될 수 없다. 우수 기능인을 격려하는 포상은 적극 장려해야 할 일이지만 무엇보다도 우수한 마이스터고 출신과 재능이 뛰어난 기능인이 산업현장으로 돌아오게 할 수 있는 근본적인 시스템의 구축이 절실하다.

대기업의 고졸사원 공채는 학벌 타파와 능력중심 사회의 초석을 다질 기회로 환영할 일이다. 고졸 채용의 성공의 관건은 만연된 교육정서 타파에 달려 있다. 학벌의 편견에서 비롯된 차별적 대우를 없애고 능력에 따른 승진과 승급을 보장하고 또 최고 전문가의 위치에도 오를 수 있는 제도를 마련해 희망을 줘야 한다. 학벌중심 사회의 전문 직업인처럼 성공한 고졸 출신 아버지도 자식에게 자신이 걸어온 길을 자랑스럽고 떳떳하게 권할 수 있는 사회풍토가 조성돼야 한다.

능력중심 사회는 능력에 따른 공정한 대우뿐 아니라 학벌로 인한 편견과 차별이 없다고 모두가 인정하는 사회를 말한다. 금오공대가 작년에 이어 올해 2월 졸업식에서도 두 명의 전문계고 출신 최고경영자(CEO)에게 명예 박사학위를 준 것은 능력중심 사회 실현의 본보기다. 이는 직업과 직위의 편견 없이 능력의 가치를 존중하고 인정하는 문화의 정착과 분위기 조성을 위해 필요한 일이다. 능력중심 사회의 실현은 반값등록금 해결과 대졸 실업자 양산을 막을 수 있는 본질이며 궁극적으로는 나라를 튼튼하게 살리는 일이다.

＊ 동아일보 2012년 4월 17일 ＊

기능올림픽 17회 우승국에
기능인이 없다니

  8일자 A1면 '100만명 산업현장 달인들, 회사에서 짐싼다'를 읽고 앞으로 우리 산업현장을 누가 지킬지 걱정부터 앞선다. 더구나 기적의 경제성장 신화를 이룩한 숙련기술인들이 젊은 기능인들에게 노하우를 전수할 수도 없는 지경이라고 하니, 산업현장은 텅 비고 성장엔진도 멈추게 될지 모른다는 우려가 나오는 것은 당연하다.

  기능올림픽에서 17번이나 종합 우승한 기능강국에서 숙련기술의 노하우를 전수받을 젊은 기능인이 없다는 것은 아이러니다. 기능선진국 현장에는 장인의 혼과 맥을 잇는 젊은 기능인들로 넘쳐난다. 독일의 마이스터나 일본의 모노즈쿠리 정신은 제조업 현장을 지키는 든든한 버팀목이다. 우리는 일찍이 이런 노하우 전수 시스템을 구축하지 못했다. 기능올림픽을 휩쓸며 국위를 선양한 뛰어난 기능인을 인재로 키우지 못할 뿐만 아니라, 세계를 제패한 기능인마저 일할 산업현장을 찾지 못해 방황케 한 것이다.

  젊은 기능인을 현장으로 끌어들이기 위해서는 혁신적인 숙련기술인 육성을 위한 중장기 로드맵을 구축, 제시하고 이들을 흡인해야 한다. 그간 정부의 정책들은 가시적인 성과에 급급한 임기응변 대책으로, 마치 열매의 포장으로 나무의 품종을 개량하려 한 것이 대부분이다. 수많은 정책을 쏟아냈지만 여전히 능력보다 학벌을 우선하는 현실이다. 산업인력 양성이 본질인 특성화고(옛 전문계고)의 대학진학률이 기능선진국인 독일·일본의 일반고 대학진학률 40%대의 2배에 이르게 만든 것도 선심성 정책에서 나온 결과다.

사실 현재 일부 기능인을 위한 국가포상정책은 다른 선진국에도 없는 파격 우대(優待)다. 그러나 대다수 기능인들이 정작 산업현장에서는 제대로 대우(待遇)받지 못하고 현장을 외면하는 이유를 제대로 살펴봐야 한다. 포상은 기능인의 희망이며 국위선양에 대한 당연한 땀의 보상으로 장려할 일이지만 이런 포상정책만으로는 만연된 교육 정서를 바꾸고 기능 경시 풍조를 해소할 원동력이 될 수 없다. 직업·직위의 편견 없이 기술과 기능의 가치를 중시하고 존중함으로써 기능인의 위상을 높이는 사회적 분위기를 조성하는 것은 그 어떤 포상보다 가치 있는 일이다. 특성화고교의 교육에서부터 산업 각 분야의 기술명장 육성에 이르기까지 '요람에서 무덤까지' 총체적인 숙련기술인 육성정책을 구축하고 관리해야 한다. 이것이 지금의 교육 정서를 타파할 능력 중심사회의 본질이며 유일한 대안이다.

* 조선일보 2012년 2월 14일 *

숙련기술인이 대우받는
사회를 꿈꾸며

정부가 무역의 날을 맞이해 연간무역 1조달러의 돌파 주역인 '명인 · 반장 · 기장 · 계장' 등의 모범 숙련기술인을 포함한 특별유공자에게 훈 · 포장을 수여했다. 정부 포상을 받은 숙련기술인들은 학벌만능주의의 편견을 극복하고 힘든 일, 어려운 일 마다하지 않고 한평생 산업현장을 지켜온 자랑스러운 산업역군들이다. 숙련기술인에게 준 포상은 능력중심 사회를 실현하고 학벌만능의 사회정서를 타파하는 데 도움이 되는 일이기에 크게 환영한다.

오늘날 대한민국이 GDP 세계 10위권 성장을 이룩한 원동력은 전쟁의 폐허를 딛고 무에서 유를 창조한 숙련기술인의 땀과 노력에서 비롯됐다. 특히 생산현장의 숨은 일군으로 칭송받고 있는 현대차 김종수 과장, 기아차 원용희 반장, 삼성토탈 유태열 기장, 동부제철 이덕완 장인, 그리고 SK에너지 최영식 과장 등은 모두가 자랑스러운 숙련기술인으로 30년 넘게 한 분야에서만 일한 대한민국의 대표 장인들이다(12일자 A13면).

이들 숙련기술인이 더욱 존경스러운 것은 학벌 만능주의 사회에서 멸시 · 천대는 물론 기술 · 기능경시 풍조를 극복한 의지의 장인이기 때문이다. 이들이야말로 학벌이 아닌 능력으로 국가발전에 헌신한 자들이다. 이처럼 유·무형의 노하우를 지닌 숙련기술인의 축적된 역량이야말로 국가경쟁력 향상에 필수적인 소중한 자산이다. 앞으로 21세기 글로벌 시대를 주도할 국가 간의 경쟁력도 숙련기술인의 기술력에서 그 우열이 가려질 것은 자명하다. 지난 10월에는 우리의 청소년들이 런던 국제기능올림픽에서 기능올림픽 역사상 17번이라는 종합우승의 신화를 창조해 국위 선양은 물론 국가 브랜드의 가치를 한층 높였다. 바라건대 세계를 제패한 이들의 역량이 산업발전의 성장 동력이 되어 빛을 발할 수 있게 해야 한다.

안타깝게도 우리는 아직 기능선진국의 문턱을 넘지 못하고 있는 기능강국이다. 기능선진국은 학벌보다는 실력·능력 중심 사회를 말한다. 숙련기술인에 대한 정부포상을 통한 격려는 꼭 필요한 일이다. 더욱 중요한 것은 산업현장에서 긍지를 갖고 일할 수 있는 숙련기술인 양성을 위한 로드맵을 구축해야 한다. 그리고 실속 없는 학벌 중심의 교육 정서를 타파하는 운동도 절대 필요하다. 이것이 바로 무역 2조달러 달성의 주역이 될 숙련기술인을 육성하는 길이기 때문이다.

* 조선일보 2011년 12월 14일 *

'기능선진국' 위한 로드맵 필요

지난 9일 폐막한 런던 기능올림픽대회에서 대한민국은 39개 직종 43명의 선수가 참가해 금메달 13개, 메달 포인트 91점, 참가선수 평균점수 530.58점 등 기능올림픽에서 공식 평가하는 3개 부문에서 모두 1위를 차지해 3연패 위업을 달성했다.

한국은 기능올림픽의 역사를 또 바꾸는 통산 17번의 종합 우승을 이룩했다. 이번 대회는 각국의 기술수준 향상과 실력 평준화 속에서 순간의 실수로 입상 메달의 색깔이 바뀌는 박빙의 승부로 동점자도 많이 나왔다. 한국의 우승은 전통적인 기능선진국인 일본을 비롯한 유럽 강호들의 거센 도전과 신흥 기능강국으로 부상한 브라질까지 가세한 집중 견제 속에서 거둔 승리여서 더 값지고 자랑스럽다.

대표 선수들은 실력보다 학벌을 중시하는 기능경시 풍조 속에서 언론에서조차도 별 관심을 기울이지 않는 비인기 분야의 설움을 딛고 당당하게 세계를 제패해 국민들에게 희망을 안겼다. 더욱 대견스러운 것은 역경과 어려움을 극복하고 선수들의 다짐대로 세계 최고가 돼 국위선양과 국가브랜드 가치도 높인 것이다. 런던의 하늘 아래 시상식 단상 가장 높은 곳에서 13번씩이나 태극기를 휘날린 자랑스러운 기능인들의 우승에 박수를 보낸다. 특히 한국선수단 막내로 모바일 로보틱스 직종에 출전한 전북 남원 용성고 3학년 배병연 군과 공정표 군이 600점 만점에 588점을 얻어 이번 대회 최우수선수(MVP)에 선정돼 기능강국의 위상은 더욱 빛났다.

이번 우승은 우리의 직업 교육시스템의 본질에서 비롯된 현상은 결코 아니다. 무엇보다 이번 세계 제패의 원동력은 관심 기업이 적극 지원하고 지도자의 헌신과 열정이 어우러진 합동훈련의 계획된 시스템 운용에서 나온 결실이다. 바라는 것은 제2 런던의 쾌거 재현이 직업교육시스템의 본질에서 표출돼야 한다. 그리고 표출된 역량은 반드시 국가산업발전의 성장 동력이 돼야 한다.

물론 기능올림픽이 직업교육의 본질이 될 수는 없다. 기능올림픽 세계 제패는 어렵고도 힘든 일이지만 기능강국으로 만족한다면 그것은 재주만 부리는 곰에 불과할 뿐이다. 이제는 종합우승이라는 쾌거를 단지 격려하고 축하하는 것만으로 끝내서는 안 된다. 현실에서 볼 때 특성화고 출신의 산업현장 진출의 가장 큰 장애요인은 학벌만능주의 교육정서와 기술과 기능의 멸시와 천대 그리고 상대적으로 낮은 고졸자의 임금 체계를 들 수 있다. 또 다른 요인은 병역문제와 미래에 대한 비전이 없다는 것이다. 이런 이유로 우리의 특성화고는 직업교육의 완성학교가 되지 못하고 일반고의 진학률 81.5%보다는 다소 뒤지긴 하지만 71.1%라는 진학률을 나타내고 있다. 이것이 우리 직업교육의 현주소다.

최근 대기업의 기능올림픽 출신과 전국기능대회 입상자 특별채용은 상생의 효과가 큰 바람직한 일로 환영하고 적극 장려할 일이다.

채용도 중요하지만 더 중요한 것은 최고 숙련기술인(명장)을 육성하는 제도를 마련해 기능인에게 희망을 줘야 한다. 이는 기업 경쟁력과 브랜드 가치를 높이는 동력으로 기능강국이 제조업강국이 될 수 있는 본질이며 궁극적으로는 기능선진국을 실현하는 길이다.

우리의 현실에서 볼 때 기능선진국이 되기 위해서는 산업인력 육성교육과 최고 숙련기술인 육성으로 이어지는 역할이 분담된 통합 시스템 구축과 로드맵이 필요하다. 때늦은 감은 있지만 이제라도 기능올림픽의 역사를 수없이 바꾸며 17번 종합 우승한 기능강국이 아직도 기능선진국과 제조업 강국이 되지 못한 이유를 곰곰이 살펴봐야 한다. 왜냐하면 그 속에서 품격 있는 기능선진국과 제조업강국으로 발전하는 해답을 찾아야 하기 때문이다.

＊ 매일경제 2011년 10월 21일 ＊

학벌만능주의는 공생발전의 걸림돌

'기능경기대회 그들만의 잔치', 이번 제46회 전국대회를 개최한 충청북도의 한 일간신문 머리기사다. 15년 만에 열리는 전국대회인데도 도내 산업체는 물론 도민들의 무관심을 꼬집은 내용이지만 시사하는 바 크다. 산업화의 원동력이 됐던 전국기능대회가 이처럼 관심을 끌지 못한 것은 "학력을 중시하고 기능을 홀대하는 사회적 분위기 때문"이라는 주민의 인터뷰 기사도 실었다.

이는 우리 사회가 겉으로는 실력을 중시한다고 외치지만 만연된 기술과 기능 경시풍조와 기능인에 대한 천대·멸시의 낙인이 새겨져 있음을 알 수 있다. 우리의 학벌만능 교육정서는 고등교육기관 수를 무려 411개교에 대학생을 364만명에 이르게 했으며 그 결과가 '반값 등록금' '대학 졸업장=실업증'이다.

이명박 대통령은 올해 광복절 경축사에서 '공생발전'이라는 새 화두를 던졌다. 공생(共生)의 사전적 의미는 '서로 도우며 함께 삶'이다. 공생은 상대방 존재가치와 능력을 소중하게 여기는 풍토에서 빛을 발하는 함께하는 삶을 말한다. 따라서 '공생발전'은 공정한 사회에서 기대할 수 있는 일이지만 실현을 위한 메커니즘 구축 없이는 불가능하다. '공생발전'은 국가를 한층 업그레이드시키는 일이지만 만연된 학벌 만능주의는 발전의 큰 걸림돌로 타파해야 한다. 학벌을 타파하고 실력을 중시하는 풍토 조성을 위한 기능선진국의 조건을 살펴보자.

먼저 우수한 기능인을 육성할 수 있는 직업교육 시스템을 갖춰야 한다. 기능인 육성이 목표인 특성화 고교(실업계고로 불리던 공고, 상고, 농고 등이 전문계고로 명칭이 바뀌었다가 현재는 특성화고로 바뀜)가 직업교육의 완성학교로 본질에 충실하기보다는 대학 진학을 위한 연계교육기관으로 전락해 졸업생의 71.1%(일반고 진학률

81.5%)가 대학에 간다. 설립 취지와는 맞지 않는 교육을 하고 있다. 한국직업능력개발원에 따르면 우리나라 직업 중 2년제 이상의 대졸 학력을 필요로 하는 직업은 27%뿐이다. 특성화고도 실속 없는 포장만의 특성화로 교육의 질이 크게 저하됐음을 깨달아야 한다. 무엇보다도 특성화고는 설립 취지에 맞는 산업인력 양성에 충실해야 한다.

이어 기능인을 제대로 대우(待遇)하는 정책이 필요하다. 우리는 숙련기술인을 위해 선진국에서 볼 수 없는 파격적인 우대 정책을 펴고 있지만 안타깝게도 실상은 기능인이 실력만큼 대우를 못 받고 있다. 최근 정부와 기업의 고졸 출신 채용 확대는 매우 고무적인 일이지만 채용만으로 끝나서는 성공할 수 없다. 같은 업무를 똑같이 하면서도 대졸 출신과의 큰 임금 격차를 두는 것은 직장 안에서 실력보다 학벌을 중시하는 차별이다. 교육 연한과 능력을 고려한 적정임금 책정이 필요하다. 이는 고졸 출신이 직장에 충실할 수 있는 가장 중요한 요소로 실력을 중시하는 본질이다.

마지막으로 최고의 숙련기술자인 명장(名匠)을 키우는 시스템을 구축해야 한다. 전문가 탄생이나 신기술 개발은 저절로 되는 것이 결코 아니다. 나도 열심히 노력하면 학벌의 편견 없이 제대로 대우받는 최고의 숙련기술인이 될 수 있다는 희망과 비전을 갖게 하는 제도가 구축돼야 학벌의 거품을 뺄 수 있다. 뛰어난 명장은 기업 브랜드 가치를 높임은 물론 국가경쟁력의 핵심이다.

이상의 3가지 키워드인 「직업교육 시스템 구축」, 「기능인을 제대로 대우하는 정책」, 「최고의 숙련기술인 육성」 등을 로드맵으로 하는

'숙련기술인 육성 삼위일체시스템'을 구축해야 한다. 이런 직업교육 로드맵정책은 기능선진국을 다지는 초석이다. 국제기능올림픽 입상 선수와 명장에게 포상과 상금의 격려도 필요하지만 숙련기술인을 예우(禮遇)하는 풍토를 조성하는 제도 정립은 시급하고 중요하다.

* 매일경제 2011년 9월 16일 *

기능인에게 '박사모' 씌워주는 사회가 아름답다

"두 분은 70년대 조국 근대화의 기수로서 바닥부터 출발해 최고 위치에 오른 기능인"입니다(18일자 A1면). 지난 19일 금오공대 후기 졸업식에서 전문계고 출신 엔지니어 2명에게 명예박사 학위를 수여한 우형식 총장의 변이다. 공정한 사회라면 한 분야 최고 경지에 오른 기능인에게 준 명예박사 학위는 결코 뉴스거리가 되지 않았을 일이다. 기능인에게 준 명예박사 학위는 실력보다 학벌을 중시하는 편견을 버리고 최고 기술자를 사회가 인정하는 예우(禮遇)로 매우 뜻있고 아름다운 일이다. 또 학벌만능주의 사회에서 실력을 중시하는 사회로 가는 신선한 변화의 실현으로 기능인뿐 아니라 국민에게도 희망을 주는 일이다.

대한민국 명장(名匠)으로 박사가 된 코오롱인더스트리 구미 공장 이동형 작업반장은 이 소식을 전해 듣고 깜짝 놀랐다고 한다. "명예박사 학위가 영광이긴 한데, 사람들이 기름때 묻고 안전화(靴) 신은 나를 박사라고 할까요?"라고 부담스러운 심경을 토로했다고 한다. 이 반장의 마음속에는 타파해야 할 고질적인 기능 경시 풍조와 기능인 천대·멸시의 낙인(stigma)이 새겨져 있음을 알 수 있다. 이 대통령은 올해 광복절 경축사에서 작년의 '공정사회'에 이어 '공생발전'이라는 새로운 화두를 던졌다. 공생(共生)의 사전적 의미는 '서로 도우며 함께 삶'이다. 공생은 상대방의 존재 가치와 능력을 소중하게 여기는 풍토에서 그 빛을 발한다. 따라서 '공생발전'은 공정한 사회에서 기대할 수 있는 일이지만 실현을 위한 메커니즘도 갖춰야 한다. '공생발전'은 국가를 업그레이드시킬 수 있지만 학벌만능주의는 성공을 이루는 큰 걸림돌이다.

이 반장의 산업 현장 생활 26년은 후배 기능인의 본보기가 되기에 충분하다. 그가 진정한 프로 경지에 오른 것은 온갖 역경을 딛고 불굴의 의지와 노력으로 오직 기능인으로서 본질에 충실했기 때문이다. 최고의 기능인이 산업 현장에서 흘린 땀은 국가브랜드의 가치를 높이는 노하우다. 이 반장과 같은 기술 명장을 제도적으로 육성할 수 있는 총체적인 시스템 구축이야말로 기능선진국을 다지는 초석이며 국가 발전의 동력이다. 지금까지 해온 추상적이고 말뿐인 기능인 우대(優待)보다는 기능인을 제대로 대우(待遇)하는 제도 구축과 학벌 만능의 정서를 타파하는 정책이 더욱 절실하고 시급하다.

＊ 조선일보　2011년 8월 25일 ＊

:

특성화高 살아야 기능선진국 된다

"가슴에 태극기를 품고 금메달을 향해 뛰겠다." 10월 영국 런던에서 열리는 제41회 국제기능올림픽대회 '통신망분배기술' 직종에 한국대표로 출전하는 제주 한림공고 출신 이진혁 선수의 각오다. 메카트로닉스를 비롯한 39개 직종의 대표선수 43명은 저마다 각오를 다지면서 국제기능올림픽대회 17번째 종합우승을 위한 도전에 나선다. 이는 기능올림픽의 역사를 새로 쓰는, 국위 선양을 위한 위대한 도전이다.

기능강국 걸맞은 직업교육 안시켜

실력보다는 학벌을 중시하는 뿌리 깊은 교육정서와 만연한 이공계 기피현상에 따른 기술과 기능 경시 풍조 속에서 다지는 각오라서 더욱 값지고 자랑스럽다. 대표선수들은 비인기 분야의 설움을 이기고 임시로 마련한 합동훈련장과 각 소속단체에서 강도 높은 훈련으로 구슬땀을 흘리고 있다. 이들은 지방대회와 전국대회 그리고 선발전을 모두 거친 기술과 기능의 영재들로 짧게는 4년에서 길게는 5년이라는 노력 끝에 영광스러운 태극마크를 가슴에 달았다. 대표선수들은 학벌보다는 기술명장이 되려는 신념에서 이 길을 택했다. 이것이 진정한 국가경쟁력이다.

한국은 1967년부터 모두 25차례 국제기능올림픽에 출전해 16번의 종합우승 달성과 455명의 메달리스트를 배출하여 독일·스위스·일본 등 기능선진국을 제치고 명실상부한 기능강국 자리를 지키고 있다. 한국은 기능올림픽의 성공적인 모델국가의 표상으로 산업화를 이루려는 국가의 벤치마킹 대상이다. 10월 런던 국제기능올림픽에 출전하는 아랍에미리트 국가대표선수단 14명이 전지훈련차 방한해 지난 3주간 한국 대표선수 훈련장에서 우리 선수들과 기량을 겨루며 노하우를 전수받았다. 이는 기능강국이 이룬 유·무형의 국력이며 국가브랜드를 높이는 일이다.

이런 대외적인 역량에 비해 우리의 실상은 참으로 초라하다. 아직도 기능강국에 걸맞은 직업교육 시스템을 갖추지 못했다. 제도의 모순 속에서 기능강국의 자리를 지키는 것도 참으로 아이로니컬한 일이다. 특성화고가 직업교육의 완성학교가 되지 못한 가장 큰 원인은 학벌을 중시하는 교육정서에 편승한 원칙 없는 정치가 만든 대학의 난립 때문이다. 또 '대학 졸업장=실업증'과 반값 등록금 요구도 이런 원인이 누적돼 표출된 결과다. 과거에 오늘을 준비하면서 겉으로는 교육의 백년대계를 외쳤지만 결과적으로 원칙 없는 정치가 교육을 망쳐 놓은 것이다. 원칙 없는 정치는 인도의 정신적 지도자인 마하트마 간디가 규정한 7대 사회악의 하나다. 대학구조개혁위원회가 대학 문제의 해결책을 마련한다고 하지만 문제의 본질은 대학에만 있는 것이 아님을 깨달아야 한다. 무엇보다도 특성화고를 직업교육의 완성학교로 정착시켜야 대학도 대학다워질 수 있다.

특성화고 졸업생 채용 제도화해야

궁극적으로 특성화고의 본질이 표출돼야 진정한 기능선진국이라고 할 수 있다. 기능올림픽에서 힘들게 이룩한 우승의 역량이 기능강국으로 만족하는 수준에 그치는 현실은 안타깝다. 마이스터고가 특성화고의 새로운 희망이 되고 있지만 기술 경시 풍조의 타파 없이는 결코 완성학교가 될 수 없다. 현재 2학년인 마이스터고 학생들의 학습역량은 뛰어난 것으로 평가되고 있다. 이것만으로 마이스터고의 성공을 말하기는 이르다. 앞으로 1년 후 졸업생의 '취업이냐 진학이냐'의 진로 선택은 마이스터고의 정착을 판가름하는 시험대가 될 것이다.

특성화고의 본질을 회복하는 일은 기능강국이 기능선진국으로 도약하고 제조업 강국을 실현하는 국력 신장의 지름길이다. 최근 일부 기업의 특성화고 졸업생 채용과 계획은 환영할 만한 일이지만 제도적으로 정착시키는 게 무엇보다 중요하다.

* 동아일보 2011년 7월 7일 *

메달만 따는
기능강국에 머물러선 안 돼

"공부 못하면 기술이나 배워"라는 말은 만연된 기술경시 교육정서를 대변해 준다. 이런 기술경시 풍조 속에서도 금년 10월 런던에서 열리는 제41회 국제기능올림픽대회에 출전할 42명의 '국가대표'가 국위선양을 위해 구슬땀을 흘리고 있다. 국가대표 선수들은 공부를 잘했기 때문에 첨단기술을 배워 당당하게 태극마크를 단 것이다. 공부를 못하면 제대로 된 기술을 배울 수가 없다.

'기능강국 코리아'는 기능올림픽 회원국들이 한결같이 바라는 모델국가다. 런던 국제기능올림픽대회에 출전을 앞두고 UAE 대표선수단이 기능강국 노하우를 배우기 위해 오는 7월에 한국을 방문하는 것도 이런 맥락이다. 하지만 우리는 기능강국에 걸맞는 직업교육시스템이 아직도 자리 잡지 못했다. 즉 기능강국의 역량이 산업발전의 성장동력이 되지 못하는 현실이다. 제도의 모순 속에서도 기능강국의 자리를 지키는 것은 참 아이러니한 일이다.

지금까지는 직업교육시스템이 정착된 서유럽국가와 신흥공업국의 도전을 이겨내고는 있지만 궁극적으로는 시스템의 본질에서 나오는 경쟁력은 결코 이길 수 없다. 더 이상 메달만 따는 기능강국에만 머물러서는 안 된다. 기능올림픽 역사상 16번의 종합우승은 전문계고의 본질에서 비롯된 현상은 결코 아니다. 이 업적이 본질의 현상이라면 전문계고는 직업교육의 완성학교가 됐을 것이다.

그런 측면에서 특성화고인 마이스터고의 출현은 전문계고의 본질을 회복시킬 희망이며 기술경시 풍조 타파에도 활력소가 되고 있다. 마이스터고의 성공 열쇠는 「우수한 기술인력 양성」, 「우대(優待)도 좋지만 실력대로 대우(待遇)하는 안정된 일자리 보장」, 「기술명장 같은 전문가 육성」 등을 로드맵으로 하는 '삼위일체' 시스템의 정착에 달려 있다.

또한 상생의 부가가치가 큰 우수기능인들의 대기업 특채는 크게 환영할 일이다. 이는 기능강국에서 기능선진국으로 가는 도약이며, 제조업의 경쟁력을 키우는 길이다. 한국은 학벌을 중시하는 정서에 편승한 정책으로 실속도 없는 대학졸업자와 일자리의 미스매치 등으로 총체적인 국가시스템 효율이 OECD 선진국의 절반에도 못 미친다. '학벌보다 실력'을 중시하는 사회가 곧 품격 있는 기능선진국이다. 고질적인 기술경시 풍조라는 편견을 꼭 청산해야 우리도 선진국이 될 수 있다.

* 조선일보 2011년 5월 19일 *

기능강국의 내실을 다지자

이공계 기피와 기능경시 풍조 속에서도 2011년도 기능인의 축제인 지방기능경기대회가 많은 기능인들의 희망과 기대 속에 16개 시도에서 4월 20일부터 6일간 열렸다. 이번 지방대회는 폴리메카닉스 등 48개 직종에서 총 9천34명이 참가해 그동안 갈고 닦은 실력을 겨뤘다. 입상자에게는 올 9월 충북 청주에서 개최되는 제46회 전국기능경기대회 참가자격이 주어졌다. 전국대회 입상자는 대기업에 취업할 수 있는 특전도 주어지며, 아울러 2013년 독일 라이프지그에서 열리는 제42회 국제기능올림픽대회 한국대표선수 선발전에 참가하게 된다.

한국은 산업화의 표상이자 기능강국

지방기능대회 입상은 안정된 직장을 얻을 수 있는 기회임과 동시에 국제기능올림픽대회의 국가대표가 되기 위한 첫 관문이다. 상생의 부가가치가 매우 큰 우수기능인들의 삼성 · 현대 · 포스코 등 대기업의 특채제도는 크게 환영할 일이다. 이처럼 기능올림픽대회는 전문계 고교생은 물론 많은 기능인들에게 희망의 무대가 되고 기능강국 코리아의 내실을 다지는 일이다. 실력보다는 학벌을 중시하는 교육정서 속에서도 매년 참가자 수가 증가하고 있어 단순한 대회 참여와 성공적 개최 의미를 넘어 고질적인 학벌을 타파하는 원동력이 될 것으로 기대된다.

지난해 창립 60년을 맞이한 국제기능올림픽위원회에서 한국의 위상은 가장 빠르게 산업화를 이룬 모범적인 국가의 표상일 뿐만 아니라 기능강국으로 자리 잡고 있다. 7월에는 10월 런던에서 열리는 제41회 국제기능올림픽 UAE 대표선수단 20여 명이 기능강국의 노하우를 배우기 위해 전지훈련 차 한국을 방문한다.

기능올림픽 회원국들은 한국의 발전 노하우를 벤치마킹의 최우선순위로 꼽고 있을 뿐만 아니라 언론 또한 관심이 높다. 지난 3월말 런던에서 열린 국제기능올림픽 준비를 위한 기술대표 회의장을 방문한 영국 더 타임스의 제니 샤클톤(Jenny Shackleton) 기자가 한국의 기능올림픽 우승 비결과 직업교육 시스템 등에 대한 인터뷰를 요청할 정도로 기능강국 코리아는 외국 언론에도 깊은 인상을 주고 있다.

기능올림픽에서 종합우승을 하는 것은 정말 힘들고 어려운 일이다. 더구나 제도의 모순 속에서 대·내외적으로 기능강국의 자리를 지키고 있는 것은 참으로 기적 같은 일이다. 한국이 현재까지는 직업교육의 시스템이 잘 갖춰진 스위스와 독일을 비롯한 서유럽국가들과 신흥 공업국인 브라질 등의 강력한 도전을 이겨내고는 있지만 이대로는 결코 기능강국의 자리를 계속 고수할 수는 없을 것이다.

'이제는 기능강국에서 기능선진국으로서의 위치 다져야할 때'
더 이상 메달만 따서 국위를 선양하는 기능강국의 위치에만 머물러서는 안 된다. 이제는 기능강국에서 기능선진국으로서의 위치를 굳게 다져야 한다. 그러기 위해서는 국가 경쟁력과 품격을 다지는 명실상부한 차별화된 전략이 필요하다. 무엇보다도 교육의 양극화로 무너진 전문계고의 본질을 회복하는 개혁과 혁신이 필요하며 기능강국의 내실을 다지는 일로 기능인의 한결같은 꿈이다.

한국은 실력보다는 학벌을 중시하는 교육정서로 인해 잠재된 국가 경쟁력이 경제성장의 동력이 되지 못하고 있다. 무려 411개에 달하는 분별없는 고등교육기관의 난립과 넘쳐나는 대졸실업자를 양산하는 결과도 초래했다. 하지만 한국이 세계 230여 개 국가 중에서 GDP 10위권의 경제성장은 결코 학벌이 아닌 실력으로 이룩한 것은 분명한 사실이다. 이는 1960~70년대 국가 산업화의 기반을 다진 과학기술인들의 헌신과 열정이 있었기 때문이다.

한국의 기능올림픽대회 16번의 우승의 업적은 전문계고교의 본질에서 비롯된 현상은 결코 아니다. 이 결과가 전문계고의 본질에서 나왔다면 한국은 이미 기능선진국이 됐을 것이다. 전문계고의 본질을 살릴 마이스터고의 설립과 우수기능인의 대기업 특채는 기능인 꿈을 제도적으로 키우는 기능선진국의 초석을 다지는 일이다. 국가가 학벌에 밀려 기능인들의 꿈을 키워주지 못한다면 21세기 지식기반사회를 이끌 선진국이 될 수 없음을 결코 잊어서는 안 된다.

＊ 과학기술 2011년 4월 29일 ＊

기능강국 노하우
개도국에 전수하자

G20 서울 정상회의 주요 합의 중 한국이 주도한 '개발도상국 지원'의 핵심은 개도국의 사회간접자본 지원과 개발 경험 전수다. 이명박 대통령은 "170개가 넘는 개발도상국을 위해 가장 중요한 것은 개도국의 경제를 자립시키는 것"이라고 강조했다. 개발도상국 지원 합의는 지난해 11월 25일 경제협력개발기구(OECD) 산하 개발원조위원회(DAC)에 24번째로 가입해 세계 최초로 원조를 받던(take) 나라에서 원조를 하는(give) 나라가 된 한국으로서는 매우 의미 있는 일이다.

지금 많은 개도국은 대한민국이 전쟁의 폐허를 딛고 이룩한 세계 13위 경제대국이 된 경이로운 압축 성장의 노하우에 높은 관심을 갖고 있다. 특별한 부존자원도 없이 원조를 받던 빈국이 원조를 하는 나라가 된 성공신화의 원동력은 무엇보다도 '직업교육과 인적자원개발'의 결과라고 할 수 있다. 한마디로 우리의 성공적인 산업화는 '기술과 기능인재'의 땀과 열정으로 이룩한 것이다.

이런 우리의 역량 표출은 국제기능올림픽대회 회원 가입 불과 10년 만에 서유럽의 기능강국을 모두 물리치고 1977년 첫 종합우승을 시작으로 지금까지 모두 16번이나 종합우승하는 등 기능올림픽의 역사를 바꾸는 주도적인 역할을 이어가고 있다. 이런 빈국 탈출의 역사적 업적이야말로 학벌이 아닌 실력이 원동력이 돼 이룩한 진정한 국가경쟁력이다.

DAC 회원으로서 개도국 원조정책은 잘사는 나라가 단순히 베푸는 '자선'보다는 국제사회의 공동 번영을 돕기 위한 유익한 원조가 돼야 한다. 그러기 위해서는 차별화된 원조의 선택과 집중이 절대 필요하다. 특히 우리의 '기술과 기능'을 바탕으로 한 발전 경험의 원조는 지금 개도국들이 더 원하고 있다.

지난 10월 초 자메이카에서 열린 국제기능올림픽 총회에서 많은 개발도상 회원국은 기능강국 코리아의 기술 전수를 강력하게 희망하고 있음을 확인한 바 있다. 자메이카 교육부 직업교육 책임자는 당장 전문가 파견을 요청할 정도로 우리의 직업교육의 전수를 갈망하고 있다. 개도국들에 기능강국 노하우의 전수는 부가가치가 큰 원조다. 이는 마치 물고기를 기르고 잡는 법을 가르치는 것과도 같은 가치 있는 전략이다. 또 우리에게 개도국에 대한 기능강국 노하우의 전수는 두 가지 관점에서 더 큰 의의가 있다.

첫째는 우리는 그동안 16번씩이나 국제기능올림픽에서 종합우승하면서 모두 482명이 메달을 획득한 기술인력을 보유할 만큼의 인재강국이다. 이들을 통한 세계 무대로의 국력 표출이야말로 수요 창출은 물론 국가경쟁력 제고의 전략적 투자다.

둘째는 기능경시 풍조와 이공계 기피로 교육의 양극화로 심화된 전문계고에 새로운 희망을 주는 일로 우리 청소년들의 활동 무대는 세계로 넓혀질 것이다. 궁극적으로 실력보다 학벌이 우선하는 교육 정서 타파에도 일조할 것으로 기대되기 때문이다.

브라질 국립직업학교(SENAI) 출신 우주인 마르코스 폰테스 중령은 브라질 기능인의 희망이자 국가브랜드다. 기능올림픽의 각종 포럼 등에서 활동하면서 브라질의 경쟁력을 높이고 있다.

늦었지만 우리도 기능올림픽의 선도국가로 기능강국의 역량을 개도국을 돕는 원조로 국가경쟁력과 부가가치를 높이는 국력 신장을 적극 모색해야 할 때다. 일시적이고 겉으로 드러나는 현상을 돕는 원조보다는 본질을 혁신시키고 발전시키는 원조가 국제사회 공동 번영을 위해 더욱 가치 있는 원조다.

이런 의미에서 이번 G20 정상회의에서 합의한 '직업교육과 인적자원개발' 원조의 가치 있는 전략은 기능강국의 노하우 전수라고 할 수 있다. 기술인재 육성을 돕는 것은 개도국의 빈곤 탈출의 본질이기 때문이다.

* 매일경제 2010년 12월 23일 *

개도국 지원,
가치 있는 전략 필요하다

G20 서울 정상회의에서 한국이 주도해 합의한 '개발도상국 지원'은 '개도국의 사회간접자원 지원 및 개발경험전수'를 주요 골자로 하고 있다. 이명박 대통령은 "170개가 넘는 개발도상국을 위해 가장 중요한 것은 개도국의 경제를 자립 시키는 것"이라고 강조했다. 이번 G20 정상회의에서 한국이 개도국에 대한 지원을 주도적으로 이끌 수 있었던 설득력 있는 이유 중 하나는 지난해 11월 OECD 산하 개발원조위원회(DAC)에 가입함으로써 원조 받던(take) 나라에서 원조하는(give) 나라로 발전한 세계 유일의 국가가 됐기 때문이다. 우리는 개도국의 희망 모델이 되기에도 충분하다.

많은 개도국들은 한국이 전쟁의 폐허를 딛고 세계 13위의 경제대국으로 성장한 경이로운 압축 성장과 그 노하우에 깊은 관심을 갖고 있다. 특별한 부존자원도 없이 원조 받던 나라가 원조하는 나라로 발전한 성공신화창조의 원동력은 무엇보다도 '직업교육과 인적자원개발'이라고 할 수 있다. 한마디로 우리의 성공적인 산업화는 기술 기능인들의 땀과 열정으로 이룩한 것이다. 이 같은 역량은 국제기능올림픽대회 회원 가입한 지 불과 10년 만인 1977년 유럽의 기능강국들을 물리치고 첫 종합 우승을 시작으로 매 대회 때마다 기능올림픽의 역사를 새롭게 바꾸는 주도적인 역할을 이어가고 있다. 한국의 빈국(貧國)탈출의 역사적 업적이야말로 학벌이 아닌 실력이 원동력이 돼 이룩한 진정한 국가경쟁력이다.

개도국 원조정책은 단순히 잘사는 나라가 못사는 나라에게 베푸는 자선보다는 국제사회의 공동번영을 돕기 위한 원조가 돼야 한다. 그러기 위해서는 개도국이 원하는 선택과 집중의 차별화된 원조가 절대적으로 필요하다. 무엇보다도 원조는 개발도상국의 본질을 변화시킬 수 있어야 한다. 이런 점에서 '기술기능교육'은 개도국을 발전시키는 본질이며 핵심동력이라고 할 수 있다. 지난 10월초 자메이카에서 열린 국제기능올림픽 총회를 통해 산업화를 염원하는 많은 개도국들은 기능강국 코리아의 기술전수를 강력하게 희망하고 있음을 직접 확인한 바도 있다.

개도국들에게 기능강국의 노하우 전수는 부가가치가 큰 원조다. 물고기 대신 물고기 잡는 법을 가르치는 것과도 같은 전략이다. 더구나 우리에게 개도국에 대한 기능강국 노하우의 전수는 두 가지 관점에서 더 큰 의의가 있다. 첫째, 한국은 그동안 16번씩이나 국제기능올림픽에서 종합 우승하면서 모두 482명이 메달을 획득한 기술인력을 보유할 만큼의 인재강국이 됐다. '기술기능인'들을 통한 세계무대로의 국력 표출이야말로 수요창출은 물론 국가경쟁력 제고의 전략적 투자다. 둘째, 기능경시 풍조와 이공계 기피로 교육의 양극화로까지 심화된 전문계고에 새로운 희망을 줄 뿐만 아니라 '기술기능인'들의 활동 무대를 세계로 넓혀 국가경쟁력을 크게 높일 수 있다.

궁극적으로 실력보다 학벌이 우선하는 교육정서 타파에도 일조할 것으로 기대되기 때문이다.

남을 돕는 원조는 일시적인 보이는 현상의 효과를 돕는 원조보다는 본질을 혁신시키고 발전시키는 원조가 국제사회 공동번영을 위한 진정한 가치 있는 원조다. 늦었지만 우리도 기능올림픽의 선도국가로 기능강국의 역량을 표출시켜 국가경쟁력과 부가가치를 높이는 국력 신장을 적극 모색해야 할 때다. 이런 의미에서 이번 G20 정상회의에서 합의한 '개발도상국 지원'의 가치 있는 전략은 기능강국의 노하우 전수라고 할 수 있다. 산업화의 핵심인 기술인재 육성을 돕는 것은 개도국의 빈곤 탈출의 본질이기도 하지만 우리에게는 두 마리 토끼를 잡는 더 가치 있는 전략이기 때문이다.

＊ 한국대학신문 2010년 12월 20일 ＊

∶

기능과 실력을 중시하는
공정사회를

제45회 전국기능경기대회가 역대 최대 규모인 56개 직종에서 2151명의 기능인이 참가한 가운데 7일부터 일주일 일정으로 인천시에서 열리고 있다. 전국기능경기대회는 기능인 최고의 축제로 특히 전문계 고교생에게는 희망의 무대로 통한다. 나도 한번 최고의 기술자가 되겠다는 기능인만의 소박한 꿈을 담고 있다. 이런 열정이 원동력이 돼 한국은 세계 10위권의 경제성장을 이뤘고 기능올림픽에서 16번이나 종합우승하는 쾌거를 이룩했다. 학벌이 아닌 실력으로 이룩한 진정한 국가경쟁력이다.

한국은 세계가 인정하는 기능 최강국이다. 그러나 기능강국의 역량을 제조업으로 끌어들이지 못한 시스템의 부재로 기능선진국이 되지 못했다. 기능인재가 국가발전의 성장동력이 되지 못한 큰 걸림돌은 학벌을 중시하는 만연된 교육정서 때문이다. 실력은 무한한 경쟁력의 보고임에 틀림없지만 우리의 현실은 여전히 실력보다 학벌을 중시한다. 실력을 중시하는 품격 있는 사회를 만들기 위해서는 본질을 바꾸는 단계적인 개혁을 이루지 않고서는 불가능하다.

전문계고를 살리고 우수한 기능인재를 경쟁력으로 끌어들여 실력을 중시하는 사회를 만들기 위해서는 기능인재를 제대로 육성할 직업 교육시스템을 구축하고 기능인을 우대하는 안정된 일자리를 창출해야 한다. 우수한 기능인을 마이스터(명장)로 육성하는 시스템 구축과 실력보다 학벌을 중시하는 교육정서 타파도 중요하다.

전문계고가 많이 개선됐다고 하지만 아직도 직업교육의 본질에서 크게 벗어나 있다. 모든 것이 대학으로 통하는 교육정서에 편승해 본질에 충실하기보다 연계교육 같은 임기응변적인 정책에 안주한 결과다. 마이스터고가 최고의 숙련전문가인 마이스터 육성을 목표로 한다면 본질에 충실하는 교육시스템을 구축해야 한다.

말로는 항상 기능인을 우대해야 한다고 하지만 제대로 대우(待遇)를 하지 못하는 것이 현실이다. 기능강국의 우수한 자원을 산업현장의 경쟁력으로 흡수해야 한다. 이를 위해서는 기능인을 제대로 대우하는 안정적인 일자리를 보장해야 하며 산업 현장에서의 고충도 국가가 제도적으로 해결책을 모색해야 한다.

매월 기능 한국인을 선정해 격려하는 일이나 최고의 숙련전문가를 선발해 '대한민국 명장' 칭호를 주는 제도는 품격사회를 다지는 초석이므로 적극 장려해야 한다. 올림픽에서 메달을 따는 일도 중요하지만 메달리스트나 우수한 전문계고 출신을 숙련전문가로 육성해 국가적인 브랜드로 키워야 한다. 전문가의 탄생이나 신기술은 저절로 얻어지는 것이 결코 아니다. 우리 청소년들은 25회에 걸쳐 국제기능올림픽대회에 출전해 총 482명이 메달을 획득했지만 15% 정도가 국가발전의 성장동력이 되지 못했다. 안타까운 국력 손실이다.

품격있는 사회는 학벌보다 실력을 중시하는 사회다. 경쟁력 있는 품격 사회는 앞서 언급한 본질적인 핵심을 로드맵으로 하는 시스템을 구축해야 이룩할 수 있다. 이는 국가브랜드의 가치를 높이는 신성장동력으로 21세기 지식 기반사회를 주도할 부가가치가 큰 경쟁력이기도 하다.

아무쪼록 이번 전국기능대회가 학벌보다 실력을 중시하는 사회를 만들기 위한 교육정서 전환의 계기가 되기를 기대한다. 국가경쟁력을 키우는 일이나 품격 사회를 이룩하는 일은 학벌이 아닌 실력임을 결코 잊어서는 안 된다.

＊ 동아일보 2010년 9월 11일 ＊

마이스터高, 실력위주 사회 이끈다

한국은 기능 최강국이자 세계 10위권의 경제대국이다. 기능올림 픽에서의 16차례 우승, 금융위기의 신속한 탈출이 잘 보여주는 사실이다. 그러나 기능선진국은 결코 아니며 제조업 강국은 더욱 아니다. 이런 현실 속에서도 4월에 16개 시도가 개최한 지방기능경기대회에는 신설 직종 6개를 포함한 총 56개 직종에 작년보다 1000여 명이 증가한 9878명이 참가해 치열한 경쟁을 벌였다.

지방기능경기대회에 기능인이 유례없이 관심을 보인 이유는 꾸준히 추진한 대기업과의 기능장려 협약에 따라 기능경기대회 출신의 취업 길이 대폭 열렸기 때문이다. 한편으로는 마이스터고의 개교와 더불어 학벌보다 실력을 중시하는 사회를 만들겠다는 정부의 강한 의지가 큰 활력소가 됐다. 작년 캘거리 국제기능올림픽대회 종합우승 직후 정부가 국제기능진흥협력센터의 건립 계획을 밝힌 점도 영향을 미쳤다고 풀이된다.

스포츠 올림픽과는 비교할 수 없지만 기능올림픽 역사상 16차례의 종합우승을 하던 순간에 많은 국민이 따뜻하게 격려했던 기억이 지금도 생생하다. 캘거리에서 감격을 느끼던 당시만 해도 기능선진국의 실현과 제조업 강국으로 이어지는 시스템 구축이 탄력을 받는 듯했다. 하지만 국제기능진흥협력센터 건립이 지지부진해 안타깝다. 센터 건립은 기능강국에서 명실상부한 기능선진국으로 발전하는, 국가경쟁력을 높이는 일이다. 21세기 지식기반사회를 선도할 인프라를 구축하는 일이기도 하다.

체계적인 마이스터의 육성은 기능강국이 기능선진국으로의 기반을 다지는 또 하나의 방법이다. 기능인의 개인적인 능력에만 의존해서는 기능선진국이 되기 어렵다. 교육과 기업을 포함해 사회 전체의 시스템이 뒷받침해야 가능한 일이다. 마이스터고의 설립은 대통령의 언급처럼 '21세기를 헤쳐 갈 인재를 육성하고 우리 교육을 바꾸기 위한 새로운 도전'으로 중병을 앓는 전문계고를 살리는 교육시스템의 혁신이다.

마이스터고는 또 다른 특성화된 전문계고의 출현으로 볼 수 있다. 마이스터고의 성공을 위한 조건은 지금 전문계고가 당면한 문제에서 해결책을 찾을 수 있다. 이는 마이스터고의 목표와 연관이 있으므로 더욱 중요하다.

마이스터고는 첫째, 산업인력 양성이라는 본질을 회복해 제대로 된 인재를 육성할 시스템을 구축해야 한다. 둘째, 졸업 후 예비 마이스터를 제대로 대우하는 만족스러운 일자리를 준비해야 한다. 셋째, 재능 있는 우수한 예비 마이스터를 숙련된 전문가, 즉 마이스터로 육성하는 프로그램을 갖춰야 한다. 세 가지를 삼위일체로 하는 시스템 구축은 마이스터고가 추구해야 할 본질이지만 단지 하드웨어에 불과하다.

하드웨어의 구축은 마이스터고의 성공을 위한 필수조건이지만 조건만 다 갖춘다고 해서 결코 성공을 확신할 수는 없다. 중요한 점은 소프트웨어다. 지금은 산업화시대도 아니며 무엇보다도 실력보다 학벌을 중시하는 고질적인 인식의 타파가 더욱 중요하다는 사실을 심각하게 고민해야 한다. 예비 마이스터를 제대로 대우하는 일자리도 문제지만 과연 이들이 주어진 일자리에 만족하고 마이스터로 성장해 갈지도 미지수다.

오랫동안 기능강국의 자리에 있으면서도 기능선진국과 제조업 강국을 이룩하지 못한 것은 실패한 실업교육정책의 한 단면이다. 마이스터고가 학벌보다 실력이 인정받는 기능선진국을 만드는 희망이 되길 기대한다. 더는 기능강국으로 머물게 해서는 안 된다. 이제는 국가의 품격을 높이고 미래를 내다보는 기능선진국으로의 정책 전환이 절실하다.

* 동아일보 2010년 5월 1일 *

기능강국에서 기능선진국으로

아랍에미리트(UAE)와의 원전 수주 협상이 한창 진행 중이던 작년 12월 4일 정부관계자로부터 전화 한 통을 받았다. 원전 협상 과정에서 UAE가 기능인력 양성을 비롯한 기능올림픽 선수훈련 등의 기술협력을 요청하면서 이틀 후 아부다비에서 열리는 개방협상 테이블에 기능올림픽 한국기술대표와 공식 대표를 초청한다는 내용이었다.

UAE가 기능강국 한국을 벤치마킹하고 기술협력을 요청한 것은 가슴 벅찬 일이다. 우리의 노하우를 배우려는 이면에는 자원 고갈에 대비한 UAE의 국가적 전략이 있는 듯하다. 한국이 세계 최하위의 빈곤국가에서 산업화의 역경을 성공적으로 이룩하고 21세기 지식기반사회를 선도하는 중심 국가로 일어섰음을 입증하는 사례다.

이는 역경의 시기에 오늘의 강점을 키워온 선배 기술 기능인의 한결같은 노력의 결과다. UAE는 지난해 제40회 캘거리 국제기능올림픽대회에 메카트로닉스와 웹디자인 등 8개 직종에 참가했다. 메달 포인트를 기록하지 못한 8개국과 더불어 참가국 중 공동 최하위에 그친 실력이지만 기능인력 양성만큼은 남다른 관심을 보이는 나라다.

한국은 수년 전부터 회원국 상호협력 프로그램의 일환으로 인도 베트남 인도네시아 등 회원국에 기술을 전수한다. 산업화의 기반을 다지는 브라질을 비롯한 여타 회원국도 기능강국 코리아의 발전 노하우를 벤치마킹하고 있음은 매우 고무적인 일이다. 하지만 훈련센터 하나 없는 기능강국의 실체는 너무나도 초라하다. 무엇보다도 기능강국의 강점을 살릴 시스템이 필요하다. 지금까지 우리의 강점을 국가브랜드화하는 투자와 노력은 소홀했다. 금메달 획득만이 목표의 전부였다.

이제 한국은 대내외적으로 명실상부한 기능강국의 역할을 해야 한다. 정부는 작년 캘거리 기능올림픽 종합우승 직후 기능 진흥을 위한 국제기능센터를 설립해 기능올림픽 선수촌으로도 활용하겠다고 발표했다. 국제기능센터 설립은 배우는 나라에서 가르치는 나라로 더욱 굳건히 설 수 있는 대외적인 기반을 다지는 일이다. 세계를 선도하는 우리가 해야 할 시대적 사명이며 국가의 품격을 갖추는 사업이기도 하다.

＊ 동아일보 2010년 2월 13일 ＊

기능인 대우받는
'기능선진국' 만들자

캐나다 캘거리에서 1일부터 열린 제40회 국제기능올림픽대회에서 우리 청소년들이 기능강국 코리아의 저력을 유감없이 발휘했다. 45개 개최 직종 중 40개 분야에 참가하여 23개의 메달(금 13, 은 5, 동 5)을 획득해 기능올림픽 역사상 16번 종합우승이라는 쾌거를 이뤘다. 훈련 기간에 다짐했던 대로 세계 최고가 됐다.

이번 우승은 열악한 훈련환경과 역경 속에서, 누구도 관심을 보이지 않는 비인기 분야의 설움을 딛고 달성한 결과라 더욱 자랑스럽고 값지다. 지난 산업화시대 기능올림픽 우승은 국가적 경사였다. 태극기와 오색종이가 휘날리는 가운데 손을 흔들며 도심에서 카퍼레이드를 했던 일은 지금 생각해도 가슴 뿌듯하다.

한국은 국제기능올림픽에서 가장 많이 우승한 기능강국이지만 아이러니컬하게도 기능선진국은 결코 아니다. 기능강국의 역량을 경제발전의 성장동력으로 흡수하지 못했다. 이번 대회를 공식 후원한 삼성전자의 이재용 전무는 4일 경기장을 방문한 자리에서 "제조업의 힘은 현장이고 현장의 경쟁력은 기능인력에게서 나온다"고 선수들을 격려했다.

이는 기능선진국의 시스템을 갖춰야 가능해진다. 우선 전문계고가 직업교육의 본질에 충실할 수 있어야 한다. 모든 길이 대학으로 통하는 상황에서 직업교육에 충실하기보다는 임기응변적 교육에 치중하면 기능인을 양성할 수 없다. 또 능력 있는 기능인에게 합당한 대우를 하고 안정된 일자리를 보장해야 한다.

정부와 기업은 올림픽 메달리스트나 우수한 기능인을 채용하여 전문가로 키우는 시스템을 만들어야 한다. 우리는 수년 전부터 기능올림픽의 회원국 간 상호협력 프로그램의 하나로 베트남과 인도에 기능을 전수하고 있다. 세계의 넓은 무대로 진출하는 부가가치가 매우 큰 사업이므로 적극 지원하고 장려해야 한다. 기능올림픽 우승은 국가경쟁력을 키우는 일이다. 하지만 국가경쟁력을 더 강화하려면 기능인력을 경제발전의 성장동력으로 흡수할 시스템을 구축해야 한다.

* 동아일보 2009년 9월 8일 *

:

기능선진국의 길

한국은 기능강국이지만 기능선진국은 아니다. 8일자 A14면 '대기업에 특채된 기능대회 수상자들'이라는 기사는 기능선진국이라면 뉴스거리가 안 됐을 것이다. 11일자 A12면 '취직 안 하는 전문계고'

기사가 이에 대한 방증일 수 있다.

기능인들이 대기업에 취업할 수 있게 된 것은 2006년에 기업과 정부가 체결한 '기능장려 협약'에 따른 결과다. 삼성그룹과 현대중공업은 협약체결 후 지금까지 모두 169명의 전국기능경기대회 입상자를 특별 채용했다. 산업인력공단은 앞으로 국내 30대 기업으로 협약 체결 확대를 추진한다고 한다.

대기업의 우수 기능인력의 특별 채용 제도는 전문계고교생들에게 희망을 주는 일이다. 직업 교육 완성이라는 전문계고 본연의 목적을 살리고, 기업은 우수 기술 인력을 확보할 수 있는 상생의 길이기 때문이다.

다만 "공부 대신 기술로 승부… 대학졸업장 없이도 대기업 취직했죠"라는 제목은 '공부'와 '기술'을 양분하는 인식을 주지 않을까 염려된다. 오는 9월 캐나다 캘거리에서 열리는 제40회 국제기능올림픽대회에 출전할 40개 직종의 국가대표선수 45명이 현재 강도 높은 훈련에 열중하고 있다. 훈련장을 한 번만 방문해 보면 '공부 없이' 기술을 익힐 수 있다는 오해는 사라질 것이다.

모바일로보틱스 · 메카트로닉스 · 그래픽디자인 · 웹디자인 · 기계제도 CAD · CNC 밀링 · CNC 선반 · 통합제조 · 컴퓨터 정보통신 · 공업전자기기 등 거의 모두가 첨단 장비를 운용하는 직종이다. 대학의 실험실에서도 결코 흉내 내지 못하는 높은 수준의 실무다.

그래서 기능선진국으로 가는 길은, 전문계고는 본질인 산업인력 양성에 충실하고 우수한 기능인에게는 안정된 일자리를 줘 제대로 대우하는 것이다. 기업은 우수 인력을 최고 전문가로 키울 비전이 있어야 한다.

* 조선일보 2009년 6월 12일 *

:

기능강국을 국가브랜드로

인기 없는 국가대표 기능올림픽선수 44명이 9월 캐나다 캘거리 대회를 앞두고 지난달 초부터 기능한국의 자존심을 지키기 위해 저마다 훈련에 열중하고 있다. 예전 같으면 한곳에서 계획된 프로그램에 따라 합동훈련을 했지만 변변한 훈련장소가 없어서다. 대표선수들은 각자의 훈련 장소에서 아침마다 "나는 제40회 국제기능올림픽대회 대한민국 대표선수로서 국위를 선양하고 개인의 명예를 드높이기 위해 훈련 기간에 어떠한 역경과 어려움도 이겨내고 충실하게 훈련하여 반드시 세계 최고가 될 것을 다짐합니다"라며 필승의지를 다지고 훈련에 임한다.

김연아 선수나 야구대표팀처럼 국민적 관심과 성원은 못 받아도 기능올림픽의 세계 제패는 남들이 알아주는 코리아의 브랜드를 향상시키는 일이다. 만연된 기능경시 풍조와 갈수록 심화되는 무관심

속에 열정마저 식어가는 지금, 안타깝게도 기능강국의 근간이 크게 흔들리고 있다. 오늘을 준비하는 과거의 혁신이 없었기 때문이다. 산업화에서 지식기반 사회로 이어지는 변화의 시대에서 위기를 맞은 기능올림픽이 직업교육의 새로운 희망으로 거듭날 수 있는 방안을 살펴본다.

첫째, 기능강국의 강점을 시스템으로 결집하면 최고의 국가브랜드가 될 수 있다. 우리는 전대미문의 기능올림픽 15번 종합우승이라는 강점을 갖고 있다. 그러나 지금까지 이런 강점을 국가브랜드화하는 투자와 노력은 전혀 없었다. 금메달 획득만이 목표의 전부였다. 유형의 하드웨어보다 무형의 소프트웨어가 더 가치 있는 국가브랜드다. 지금 산업화를 꿈꾸는 수많은 국가는 우리의 기능강국 노하우를 전수받기를 간절하게 원하며 벤치마킹의 표본으로 삼는다. 훈련센터 하나 없는 기능강국의 실체는 너무나 빈약하다. 세계의 직업교육 메카가 될 수 있는 기회도 놓치고 있다.

둘째, 자기 직업에 만족할 수 있는 전문가를 육성하는 시스템을 마련해야 한다. 일시적인 보상적 차원의 우대나 지원만으로는 직업에 만족하게 하기에 한계가 있다. 보상 차원의 정책만으로 직업교육의 본질을 살릴 수 없다. 사실 우리처럼 기능올림픽 우승자에게 파격적인 정부 포상을 하는 나라도 없다. 하지만 기능올림픽 금메달리스트가 보상으로 얻은 일류 직장을 그만두고 간판을 얻기 위해 대학 진학의 길을 택한다. 일부 직종은 대표선수 선발이 어려울 정도다. 기능강국이라면 우수한 기능인력은 직업교육의 시스템에서 자연스럽게 배출해야 한다. 그동안 우리 청소년들은 24회에 걸친 국제대회에서 451개의 메달을 획득했으나 이 중 15%가 다른 분야에 종사한다. 지금의 직업교육정책은 분명 재고해야 한다.

셋째, 직업교육의 디스카운트 요인을 해소해야 한다. 외국과 달리 국내에서는 기능이라는 단어를 낮게 평가한다. 모든 것이 대학으로 통하는 분위기 속에서 분별없는 대학의 난립이 직업교육을 망치게 했다는 지적이 있다. 전문계고는 직업교육의 완성학교라기보다는 연계 학교로 전락했다. 일찍이 산업화시대부터 기능강국의 자리를 지켰지만 아직도 기능선진국이 아니다.

기능올림픽의 우승은 값진 국위 선양이다. 그러나 기능올림픽이 직업교육의 목표가 될 수는 없다. 무엇보다도 기능강국의 저력은 직업교육의 본질에서 자연스럽게 나오는 현상으로 발전해야 한다. 어렵고 힘든 훈련 속에서 얻은 금메달이 더 값진 빛을 발하게 만드는 일은 직업교육에 희망을 준다. 기능강국의 강점을 시스템으로 결집하는 사업은 직업교육의 본질을 살리는 일이다. 이것이야말로 국가 브랜드를 제고하고 명실상부한 기능선진국으로 가는 길이다. 아무리 어렵고 힘들어도 기능올림픽 대표선수가 국가브랜드 제고에 큰 역할을 하도록 적극 성원해야 한다.

* 동아일보 2009년 4월 17일 *

기능강국이
'기능선진국' 되려면

한국이 지난달 21일 일본 시즈오카에서 폐막된 제39회 국제기능올림픽대회에서 주최국 일본을 누르고 종합우승을 했다. 기능올림픽 역사상 이번만큼 힘든 적은 없었다. 일본이 정식 직종 38개와 시범 직종 4개 분야 외에도 주최국 직종이란 명목으로 자신들이 절대 유리한 5개 직종을 추가하는 등 우승을 위해 치밀하게 준비했기 때문이다.

그럼에도 우리 선수는 유럽의 강호는 물론 일본을 모든 분야에서 월등한 기량으로 압도했다. 메달 포인트(한국 88점, 일본 74점), 참가 선수 평균 점수(한국 527.38점, 일본 515.59점), 평균 메달 포인트(한국 2.38점, 일본 1.80점) 등의 결과가 말해주듯 완벽한 승리였다. 당초 우리가 우승할 것이라고 예상한 사람은 거의 없었지만 우리는 지난번 핀란드 대회에서 참패한 이후 새롭게 구성한 합동훈련단 시스템 덕분에 우승할 수 있었다. 그러나 이번 우승이 우리가 기능선진국이 됐다는 것을 대변하는 건 결코 아니다. 이번 대회와 우리 전문계고의 실상에 비춰 명실상부한 기능선진국이 될 수 있는 조건이 무엇인지 살펴본다.

첫째, 지금과 같이 기초 없는 기술교육 시스템으로는 기능강국을 유지할 수 없다. 전문계 교육도 더 이상 경제성장 동력이 될 수 없다. 기능올림픽은 과거와 같이 단순 기능만을 겨루는 경기가 아니다. 첨단 산업설비 운용 · 정비 등 고도의 기술력을 경쟁하는 경기로 발전하고 있다. 따라서 설립 목적마저 퇴색하고 교육 양극화로까지 심화된 우리의 전문교육 시스템으로는 기능올림픽 경쟁은 물론 새로운 산업인력 양성마저 기대하기 어렵다는 게 이번 대회를 경험한 지도위원들의 한결같은 지적이다. 그동안 우리 직업교육의 문제는 본질 해결보다 손쉬운 현상 변화에서 해결책을 모색한 데 있다. 그 결과 모두가 외면하는 불량품만을 양산하게 됐다. 이제는 산업인력을 양성하는 제대로 된 교육 시스템을 구축해야 한다.

둘째, 지도자의 헌신과 열정은 어떤 교육 인프라보다 중요하다. 이번 대회에는 기능올림픽 역사상 가장 많은 선수와 각국 관람자가 몰렸다. 우리나라의 많은 관계자도 경기장을 방문해 선수들을 지도하고 응원했다. 그러나 불과 20~30분의 시간 할애로 출장 목적을 마치고 경기장을 떠난 지도자가 있는가 하면, 경기 기간 내내 경기장에서 선수와 호흡을 같이한 지도자도 있었다. 무엇보다 지도위원들의 헌신과 열정이 금메달리스트를 탄생케 한다는 것을 새삼 느꼈다.

셋째, 전문가 양성 시스템을 구축해 메달리스트와 같은 우수 자원을 국가 발전의 핵심 성장동력으로 키워야 한다. 전문가나 신기술은 저절로 탄생하지 않는다. 숙련된 기술자 양성과 신기술 개발은 우리 생존과도 직결되는 국가 경쟁력이며 세계 일류를 만드는 경쟁력의 핵심이다. 따라서 이번 대회에서 기능강국의 위상을 과시한 것도 중요하지만 올림픽 메달리스트나 우수 기능인력을 국가 핵심 성장동력으로 육성하는 일이 더 중요하다. 이 같은 대책은 전문계 고교생은 물론 기능인에게 큰 희망이 될 것이다.

가장 중요한 것은 명실상부한 기능선진국으로서 본질적인 시스템을 갖추는 일이다. 특히 기초가 튼튼한 산업인력 양성 시스템 구축, 지도자 열정, 전문가 양성 프로그램 등은 갈수록 외면당하는 직업교육을 새롭게 육성할 수 있는 핵심 키워드다. 이런 현실 문제가 제도적으로 정착돼 기능강국에서 기능선진국으로 발전하길 기대한다.

＊ 중앙일보 2007년 12월 4일 ＊

．
．
．

'기능강국 코리아'
벼락치기론 어렵다

한국 선수단은 지난달 21일 일본의 시즈오카에서 폐막된 제39회 국제기능올림픽대회에서 주최국 일본을 누르는 통쾌한 승리로 종합우승을 차지했다. 이번 대회 결과는 핀란드 대회 참패 이후 이루어낸 설욕일 뿐 아니라 기능한국의 저력을 유감없이 보여 준 쾌거다. 기능올림픽 역사상 이번 대회만큼 힘든 대회는 없었다. 왜냐하면 일본이 이번 대회를 유치하면서 기존의 정식직종 38개와 시범직종 4개 분야 외에도 일본이 절대 유리한 5개 분야를 주최국 직종이라는 명목으로 새롭게 추가하면서 우승을 노리고 있었기 때문이다.

그러나 우리는 모든 분야에서 월등한 기량으로 일본을 압도했다. 당초 우리가 승리하리라고 믿는 사람은 거의 없었다. 우리의 쾌거는 핀란드 대회 참패 이후 새로 구성한 합동훈련단의 시스템 승리라고 말할 수 있다. 특히 204일이라는 합동훈련을 잘 견디어낸 선수는 물론 선수 지도에 헌신과 열정을 다한 지도위원의 노력과 후원업체들의 정성어린 지원, 그리고 그동안 14번이라는 기능강국의 노하우를 하나의 시스템으로 결집시킨 한국위원회의 계획이 값진 결과를 가져왔다. 이제 한국 선수단의 임무는 끝났지만 끝은 아니다. 이번 대회를 통해 본 기능강국이 명실상부한 기능선진국이 되기 위한 조건을 살펴본다.

첫째, 지금과 같은 기술교육 시스템으로는 기능강국 유지가 어려운 것은 물론 더는 전문교육이 경제성장의 동력이 될 수 없다. 기능올림픽은 단순한 기능만을 겨루는 경기가 아니며 더욱이 단기간의 훈련만으로 참가할 수 있는 것이 아니다. 시대에 따른 첨단 산업설비의 운용이나 정비 등에 필요한 고도의 기술력을 경쟁하는 경기로 발전되고 있는 것이 현실이다. 따라서 현재와 같은 전문교육 시스템으로는 기능올림픽에서의 경쟁은 물론 새 시대를 위한 산업인력 양성마저도 기대하기 어렵다는 게 이번 대회를 경험한 지도위원들의 한결같은 지적이다. 그동안 우리는 직업교육의 본질적인 문제를 해결하기보다는 손쉬운 현상의 변화만으로 해결책을 모색하려 했다.

무엇보다 제대로 된 '산업인력 양성'을 위한 교육시스템 구축이 시급하다.

둘째, 지도자의 헌신과 열정은 어떤 교육 인프라를 갖추는 것보다도 중요하다. 경기기간 중 경기장에서 선수와 호흡을 같이한 아름다운 프로정신을 가진 지도자들이 있었기에 우승이 가능했다.

셋째, 메달리스트와 같은 우수한 자원으로 전문가 양성 시스템을 구축해 국가 발전의 핵심 동력으로 키워야 한다. 전문가 탄생이나 신기술은 저절로 개발되는 것이 결코 아니다. 숙련된 기술자의 양성과 신기술 개발은 우리의 생존과도 직결되는 국가 경쟁력이며 세계 일류를 만드는 경쟁력의 핵심이다. 따라서 이번 대회에 기능강국의 위상을 과시한 것도 중요하지만 더 중요한 것은 올림픽 메달리스트나 우수 기능인력을 국가 핵심 전력으로 육성하는 일이다. 이런 현실적인 대책이 전문계 고교생은 물론 기능인에게 큰 희망이 될 것이다.

무엇보다도 이번 대회의 종합우승은 값진 쾌거지만 더 중요한 것은 기능강국에서 명실상부한 기능선진국이 되기 위한 시스템을 갖추는 일이다. 특히 산업인력 양성을 위한 시스템 구축, 지도자의 열정 그리고 전문가 양성 프로그램 등은 외면하는 직업교육을 새롭게 육성할 수 있는 핵심 키워드다. 아무쪼록 현실의 문제가 제도적으로 정착돼 기능강국에서 기능선진국으로 발전하길 기대한다.

* 동아일보 2007년 12월 3일 *

기능올림픽 대표선수들은
우리의 희망

"국제기능올림픽 금메달 단상 위에 올라 만세를 부르리라." 이는 금년 11월 8일부터 15일간 일본의 시즈오카에서 열리는 제39회 국제기능올림픽대회 'CNC 선반' 분야 국가대표로 선발되어 훈련에 임하고 있는 이명규군의 '나의 각오'다. 그리고 대표선수 47명 모두는 매일 아침 명상의 시간을 통하여 어떠한 어려움도 이겨내고 충실하게 훈련에 임하여 반드시 세계 최고가 되어 국위를 선양할 것을 다짐한다. 언제부턴가 국제기능올림픽은 관계자 외에는 별로 관심조차 없는 일이 돼버렸다. 그러나 대표선수들의 훈련 열의와 지도위원들의 열정만큼은 세계 최고의 기술 강국 꿈을 실현하는 미래의 성장 동력으로 느껴져 그래도 믿음직스럽다.

이번 제39회 국제기능올림픽대회에 우리나라는 42개 분야에 47명의 선수가 참가를 준비하고 있다. 일본은 이번 대회에서 주최국의 이점을 발휘하여 기존의 38개 정식 종목 외에도 일본에 유리한 부활 직종 5개 분야와 시범직종 4개 분야를 늘리는 등 모두 47개 직종으로 역대 최대 규모의 대회준비와 우승을 꿈꾸고 있다. 기능강국으로의 부활에 사력을 다하고 있는 것이다. 이에 따라 정부의 강력한 지원으로 작년에 이미 대표선수를 선발하여 훈련에 돌입했다.

한편, 우리의 전문계 교육 실상에서 보면 과거 찬란했던 기능강국의 체면을 유지하는 것은 결코 쉬운 일이 아니다. 국가 산업 인력 양성이 어려운 현실에서 국제기능올림픽대회에 참가할 국가대표 선수 선발조차 어려움을 겪는 실정이다. 이는 아직도 기능선진국으로서 다양한 산업분야의 전문가를 양성할 수 있는 직업교육 시스템을 구축하지 못하고 사회에 새로운 비전도 제시하지 못하고 있기 때문이다. 때때로 전문 고교교육 육성을 위한 대책이 나오긴 했지만 그때마다 선심성 정책이었거나 임기응변적인 대책이었기 때문에 중병을 앓고 있는 전문교육 시스템의 본질을 바꿀 만큼 지속적이거나 체계적이지 못했다.

우리는 지금까지 23회에 걸쳐 국제기능올림픽에 678명이 참가하여 424개의 메달 획득과 14번의 종합 우승을 차지한 세계가 인정하는 기능강국이다. 그러나 아직도 기능선진국이 되지 못하고 있으며 전문교육도 젊은 청소년들의 매력을 끌지 못하고 있다. 이제는 전문교육을 체계적인 시스템 속으로 끌어들여 국가발전의 성장 동력으로 키워야 한다.

무엇보다도 지금의 현실에서 우리의 '전문계 교육'을 살릴 수 있는 핵심 키워드는 직업교육 시스템 구축, 기술자의 대우정책, 전문가 육성정책으로 집약할 수 있다. 이것을 하나의 시스템으로 연계하는 정책이 진정한 기능선진국이 되기 위한 로드맵이다. 그리고 이 시스템의 구축은 기술력의 원천적 자산을 키우는 것이며 이는 세계 일류 제품을 만드는 국가 경쟁력의 핵심이다. 기능올림픽 대표선수 양성이 전문계 교육의 본질이 될 수는 없다. 금메달리스트는 전문교육의 과정에서 자연스럽게 나올 수 있어야 한다. 이것이 명실상부한 기능 선진국이며 직업 교육의 경쟁력이다.

국제기능올림픽대회는 대표선수나 관계자들만의 행사가 되어서는 결코 안 된다. 47명의 국가대표선수는 전문계 고교생의 희망이자 앞으로 핵심 성장 동력으로 키워야 할 소중한 기술인적 자원임을 결코 잊어서는 안 된다. 그리고 세계 최고의 기술은 코리아의 브랜드 가치를 높이는 국가 경쟁력의 핵심이다. 기능올림픽 대표선수들을 열정적으로 성원해 우리의 희망으로 키워야 한다.

* 조선일보 2007년 7월 28일 *

기능선진국의 조건

금년에 41번째를 맞이하는 전국기능경기대회는 역사와 전통을 자랑하는 기능인의 제전으로 매년 16개 시·도를 순회하면서 개최하고 있다. 그 동안 기능경기를 통해 배출된 우수한 기능인력은 국위선양은 물론 산업발전의 성장동력으로 크게 기여해왔다.

그러나 작년 핀란드 국제기능올림픽대회에서 기능 한국의 추락은 많은 국민에게 충격과 실망을 안겨주기도 하였다. 이는 어쩌면 열매를 보면 나무를 알 수 있는 것처럼 본질을 망각하고 있는 우리 실업교육 실상의 한 단면이라고 해도 결코 과언은 아니다. 더욱 안타까웠던 것은 때때로 실업 교육이 정치권에서 뜨거운 이슈가 되어 실업고 껴안기식 선심성 정책만 난무했다는 사실이다.

결과적으로 이는 또 다른 기이한 현상의 변화로 본질적인 실업고의 문제해결만 더욱 어렵게 하였을 뿐이다. 아이러니하게도 우리는 국제기능올림픽대회에서 14번씩이나 종합우승한 전대미문의 기능강국이면서 아직까지도 기술과 기능의 가치를 제대로 인정하고 대우하는 명실상부한 기능선진국 풍토를 조성하지 못했다는 사실이다.

지금 우리 현실에서 본 '기능선진국' 조건을 살펴본다.

첫째, 실업교육은 '산업 인력 양성'이라는 본래 목적에 충실해야 한다.

그 동안 우리는 기술의 시대적 변화에 대처하는 실업교육의 본질적 문제마저도 임기응변적인 현상의 변화로만 그 해결책을 모색해온 것이다. 그 결과 지금 실업교육은 그 설립 목적조차도 퇴색해버린 교육 양극화 지경에까지 이르게 된 것이다. 이는 모두의 방관 속에 성장동력을 스스로 무너뜨린 것이다. 때로는 현상의 변화는 본질의 혁신과 개혁을 촉진하기 위한 방법은 될 수 있으나 결코 본질의 목적을 벗어나서는 안 된다. 따라서 기능올림픽은 적극 장려하여 성장동력으로 육성해야 하지만 이것이 실업교육 본질의 목적이기보다는 충실한 실업교육의 결과에서 비롯될 수 있는 정책이 필요하다.

둘째, 말뿐인 기능인 우대정책보다는 제대로 대우하는 현실적인 정책이 더 절실하다.

우대정책은 차치하더라도 기능인을 제대로만 대우했다면 우리 실업교육은 결코 지금에 이르지 않았을 것이다. 또 최근에는 기능이라는 이름은 천대·멸시 등 낙인(stigma)이 붙었기 때문에 다른 말로 바꾸자는 의견이 있으나 이는 본질의 시스템 개혁이 이루어지지 않는 한 자칫 포장만 달리한 보여주기식의 현상의 변화에 불과한 것이다. 따라서 이공계 기피라는 시대적 현실 속에서 만연된 기술과 기능 경시 풍조를 해소하는 길은 오로지 기술과 기능을 제대로 인정하는 가치의 존중과 보상이 있어야 한다는 사실과 여기에다 기능인 우대라는 정책의 가미는 기능인들의 매력을 끌기에 충분할 것이다.

셋째, 우수한 기능인력은 경제발전의 성장동력으로 흡수해야 한다.

왜냐하면 기술과 기능인력은 우리 생존과도 직결되는 국가경쟁력의 핵심이기 때문이다. 따라서 세계 일류제품 경쟁에서 절대 우위의 점유는 우수한 기술과 기능인력을 확보하지 않고는 불가능한 일이다. 그러므로 기능올림픽에서 금메달을 따는 것도 중요하지만 더욱 중요한 것은 무엇보다도 기능올림픽 메달리스트는 물론 우수한 기능인력을 국가 핵심 성장동력인 숙련된 전문가로 육성하는 시스템이 구축돼야 한다는 것이다.

그리고 이와 같은 설득력 있는 비전의 제시는 실업고생과 기능인들에게 큰 희망이 될 것이다.

이상의 조건은 무엇보다도 3조건을 하나의 시스템 속에서 연계하는 삼위일체의 기능 활성화 정책만이 기능선진국을 가능케 한다는 사실이다.

이번 제41회 전국기능경기대회는 여타 대회보다도 다른 의미를 갖는 것은 무엇보다도 국제대회방식인 기능인과 일반인이 함께하는 열린 대회의 원년으로 기능 활성화를 위한 의지뿐 아니라 내년 일본에서 열리는 제39회 국제기능올림픽대회에서 실추된 기능 한국 부활을 위한 열정이 담겨 있기 때문이다. 그러나 모두가 바라는 궁극적인 목적은 우리나라가 명실상부한 기능선진국이 되어 국가 경쟁력을 한층 높이는 것이다.

아무쪼록 이번 기능경기대회가 실업교육 부활을 위한 새로운 전기가 됨은 물론 침체된 기능인의 사기 진작과 기능풍토 조성에 있어서도 금메달이 나올 수 있는 명실상부한 기능인들의 축제 한마당이 되길 기대한다.

* 매일경제 2006년 9월 25일 *

기능올림픽 활성화 필요하다

지난 5월 호주에서 열린 국제기능올림픽(Worldskills) 총회에서 영국과 일본이 보여준 일련의 일들은 자국 실업교육에 큰 희망과 활력이 될 만하기에 충분하다. 왜냐하면 블레어 총리까지 나선 2011년 국제기능올림픽대회 유치와 2007년 시즈오카대회 종목을 일본에 유리한 51개 직종으로 늘린 로비력 등은 실업교육 활성화를 위한 국가적 정책 배려에서 나온 역량이다.

이는 우리의 실업교육 대책으로 내놓은 대입특별전형 확대나 전교생 장학금 지급과 같은 임기응변식 선심성 정책과는 매우 대조적이다. 기능올림픽은 실업교육이 얼마나 충실하게 직업교육기관으로 발전하고 있는가를 평가할 수 있는 객관적인 지표가 될 수 있다.

이번 호주 총회에서 영국과 일본 노력은 기술과 기능을 기피하는 시대 변화에 능동적으로 대처하기 위한 매우 설득력 있는 실업교육 정책으로 볼 수 있다. 그 동안 우리는 실업교육이 산업인력 양성이라는 본질에 충실한 능동적인 대처였다기보다는 그때그때 현상의 변화로만 문제를 해결했던 결과 지금의 심각한 교육 양극화를 초래한 것이다. 이런 상황에서 실업교육의 문제점과 가시적인 활성화 방안이 무엇인지를 짚어본다.

먼저 실업교육 현장에 뿌리 깊게 만연된 기술과 기능을 경시하는 계열별 교육 양극화 현상을 해소하는 것이 급선무다. 무엇보다도 선심성 정책이 아닌 실업교육을 근본적으로 살릴 수 있는 대책을 강구해야 한다. 또 최근에는 기능이라는 말은 멸시나 천대라는 낙인(stigma)이 붙었기 때문에 다른 말로 바꾸자는 의견도 있다. 어디까지나 발전을 위한 새로운 변화는 대찬성이지만 겉만 바꾼다고 실업교육의 본질적 문제가 해결되는 것은 아니다. 이것이야말로 자칫 보여주기식의 또 다른 현상의 변질일 뿐 기능인의 사기진작에도 전혀 도움이 되지 못할 것은 자명하다.

따라서 실업교육을 제도적으로 살릴 수 있는 비전을 제시해야 할 것이다. 지금이라도 정부가 진정한 '기능인 우대' 정책을 편다면 실업교육은 하루 아침에 살아날 수 있다.

그리고 당장 실업교육에 희망과 활력을 줄 수 있는 가시적인 정책도 필요하다. 따라서 기능올림픽은 정부가 나서서 적극 지원해야 한다. 왜냐하면 이는 산업인력 양성이라는 본질에 더욱 충실케 하는 것으로 기능 발전도 기대할 수 있다.

그리고 올림픽 대표선수 양성마저도 어려운 현실을 감안하여 기능영재와 같은 꿈나무도 적극 발굴해 체계적으로 국가 핵심 기능인력으로 키워야 할 것이다.

또한 우수 기능인을 경제 성장동력으로 흡수하는 정책은 실업고생에게 희망을 줄 수 있는 매우 설득력 있는 대안이다. 이는 국가 경쟁력을 높이는 일이기도 하다. 그 동안은 기능올림픽 대표선수마저도 열악한 환경과 조건 속에서 어렵게 훈련을 해 국위를 선양해 왔지만 지금 시스템으로는 기능올림픽이 더 이상 실업교육의 희망이 될 수 없다. 이는 작년 핀란드대회 결과가 잘 대변하고 있다.

이상은 실업고가 '산업 인력 양성'이라는 직업교육기관으로 충실하게 발전하기 위해 근본적으로 해결해야 할 문제점과 가시적인 활성화 방안이다. 그리고 기능올림픽 활성화는 그 동안 정부가 내놓은 어떤 정책보다도 지금의 실업교육 발전에 희망을 줄 수 있는 유일한 대책이다. 왜냐하면 기능강국은 충실한 실업교육 바탕에서만 기대할 수 있는 자연스런 현상이 돼야 하기 때문이다.

그러나 이 모든 현안의 문제는 결코 쉽게 해결할 수 있는 일이 아니다. 예산 문제라면 최근 삼성그룹의 8000억원 용도가 교육 사업에 쓰이기로 큰 가닥이 잡혔다니 이 기부금을 할애해서라도 우선 실업교육과 기능올림픽의 부활에 활력을 불어넣는 것이 어떨까 하는 생각이다. 왜냐하면 조건없는 독지가의 기부금이지만 무엇보다도 교육 양극화의 표본이 돼버린 실업교육을 살리는 데 투자된다면 이는 분명 미래 우리의 경제 성장동력을 30배, 60배, 100배로 키울 수 있는 값진 일이기 때문이다.

* 매일경제 2006년 6월 15일 *

'기능올림픽'
체계적 지원 필요하다

지난 5월 하순 핀란드 헬싱키에서 열린 제38회 국제기능올림픽에서 기능 한국의 추락은 국민적 실망일 뿐 아니라 많은 기능인에게도 큰 충격이 아닐 수 없다. 대회 때마다 금메달을 가장 많이 따 기능강국의 면모를 유감없이 보여줬던 터라 이번에도 당연히 좋은 결과를 얻을 것이라 기대했기 때문이었을 것이다. 그러나 우리가 기능강국에서 밀려나게 된 것은 어쩌면 이미 예견된 당연한 결과인지도 모른다.

이번에 새롭게 기능강국으로 부상한 스위스·독일·일본·오스트리아는 그동안 시대변화에 맞춰 기능정책의 개혁과 변화를 꾸준히 모색한 나라들이다. 이번 대회에서 한국은 금메달 획득 수 6위(3개), 메달 포인트 2위(61점), 참가선수 평균점수 1위(520.20점)를 기록했다. 최우수 기능강국으로 등장한 스위스는 금메달 획득 수 1위(5개), 메달 포인트 1위(63점), 참가선수 평균점수 3위(519.18점)를 차지했다.

이 결과는 역대 어느 대회에서도 볼 수 없었던 결과로 분명히 추락하고 있는 기능 한국의 실상을 잘 나타낸 것이다. 지금의 상황에서 밀려난 기능강국의 원인을 이번의 경기 결과에서 찾는 것도 필요하지만 이는 하나의 각론에 불과한 일이므로 다만 아직도 명실상부하게 기능강국이 되지 못하고 있는 보다 본질적인 문제점만을 지적하고자 한다.

첫째, 실업교육이 직업교육의 역할을 하지 못하고 있는 현실에서는 결코 기능강국이 될 수 없다는 사실이다. 국가산업 인력 양성의 산실은 물론 우수한 기능올림픽 대표 선수 양성의 원천이 되어야 할 실업교육이 본질을 망각하고 포장만 달리 한 현상의 변화만을 계속 추구한다면 우리의 실업교육은 결코 설 자리가 없을 것이다. 이공계 기피와 실업교육의 경시 풍조가 원인이라고는 하나 지금의 현실 속에서는 우리의 직업교육에 대한 새로운 비전을 찾을 수 없다는 것이 안타까울 뿐이다.

둘째, 기능인이 자부심을 가지고 충실하게 일할 수 있는 여건과 제도를 마련하지 못한 점이다. 세계 최고의 기능 인적 자원을 갖고 있으면서도 국가 경제 발전의 자원으로 활용할 수 있는 시스템을 일찍이 구축하지 못한 것이다. 진작 기능인력의 저변 확대와 기능인의 사회적인 우대정책이 조화를 이루는 제도를 정착시켜야 했다.

셋째, 기능올림픽에 대한 국민적인 관심과 성원이 너무나도 부족했다. 이번에 처음으로 후원회가 결성되어 그래도 힘이 됐다고는 하나 좀더 조직적이고 적극적인 후원과 성원이 필요하다. 그리고 각 분야별 전문가 협회나 단체 등에서도 우수한 기능인력 양성에 대한 적극적인 관심과 참여가 필요하다. 이는 자기 분야의 전문성과 우수성을 스스로 발전시키는 일이기 때문이다. 특히 오스트리아의 원로 전문가에서부터 현직 기술자들이 모두 모인 협회 임원들의 선수를 격려하는 모습 등은 우리가 배워야 할 점이다.

이상의 실업교육 역할과 기능인의 사회적인 대우와 보장정책, 그리고 국민적인 관심은 기능강국이 되기 위한 필수요건이다. 아무쪼록 이번 올림픽을 계기로 과감한 기능정책의 본질적인 혁신과 변화로 새롭게 기능 한국의 위상을 되찾고 명실상부한 기능강국으로 거듭날 수 있기를 기대한다.

＊ 조선일보 2005년 7월 4일＊

기능올림픽에 관심과 격려를

'나는 제38회 국제기능올림픽 대회 대한민국 대표 선수로서 국위를 선양하고 나 개인의 명예를 드높이기 위하여 합동훈련 기간 중 어떠한 역경과 어려움도 이겨내고 충실하게 훈련에 임하여 반드시 세계 최고가 될 것을 다짐합니다.'

이는 금년 5월 핀란드 헬싱키에서 열리는 제38회 국제기능올림픽에 참가하는 35개 직종, 39명 대표 선수들이 하루 시작과 함께하는 다짐이다. 아침 6시 기상과 더불어 고된 하루 일과는 밤 10시 30분에 끝나지만 대부분 선수들은 자정까지 보충 훈련으로 이어진다. 이들의 일과는 식사시간과 1주일에 두 시간씩 하는 영어 회화를 제외하고는 모두가 고된 훈련의 연속이다.

우리나라는 1967년 16회 스페인 마드리드 대회부터 정식 회원국으로 가입하여 23회부터는 기능강국으로 대회를 주도해 왔다고 하여도 과언은 아니다. 우리는 지금까지 통산 종합우승 14번, 준우승 3회, 3위 2회를 차지하면서 자타가 인정하는 기능강국의 자리를 지키고 있다.

다른 인기 스포츠 대표 선수들과 굳이 비교하자는 것은 아니지만 국가대표선수 합동훈련장치고는 오직 선수와 지도위원 그리고 관계자의 열기만이 훈련장을 채울 뿐이며 그래도 간혹 찾는 참관 학생들과 학부모의 격려가 이들의 지친 심신을 달래줄 뿐이다.

이들이 여기까지 오는 데는 남다른 의지와 집념으로 지방대회, 전국대회, 대표선수 선발전 등을 거치면서 적어도 4~5년을 준비하여 지금의 국가대표선수가 된 것이다. 그리고 이들은 미래의 산업 역군으로 나도 한번쯤 세계 최고에 도전해보고자 하는 수많은 실업계 학생들의 희망일 뿐 아니라 우리의 자랑스러운 국가경쟁력의 핵심 기능인력이다.

이들이 실업 교육을 택한 것은 물론 자의적이라기보다는 우리의 교육제도에 의한 타의적인 운명의 선택이라는 것이 더 타당할 듯하다. 지금의 실업교육이 직업교육보다는 대학 진학이 주된 목표가 된 현실에서 이대로 가다간 기능강국은커녕 국제대회 참가할 대표 선수조차도 양성할 수 없는 위기를 직면하게 될까 염려된다. 기능올림 픽 금메달리스트에게 변변한 일자리도 제공하지 못하는 현실에서 대표선수들의 세계 최고가 되겠다는 다짐은 한낱 금메달로만 만족 해야만 하는 것일까?

그 동안 우리는 세계 최고를 자랑하는 훌륭한 기능 인적 자원 갖고 있으면서도 이를 국가경쟁력의 자원으로 활용하는 시스템을 구축 하지 못하였다. 아무리 세상이 변하고 발전한다고 해도 기능인력만 이 감당할 수밖에 없는 고유 영역이 있는 것이다. 이공계 기피 현상 은 비록 우리만의 문제는 아니지만 독일을 비롯한 서유럽 국가 대부 분은 실업계의 직업교육 시스템을 시대 변화에 능동적으로 대처한 결과 국가가 필요로 하는 기능인력의 저변 확대는 물론 기능인의 사 회적인 대우와 보장 등이 조화를 이루어 국가경쟁력을 높이고 있는 것이 사실이다.

지금이야말로 우리의 실업교육은 과감한 본질의 개혁이 필요한 때 다. 그 동안 우리의 교육은 가장 중요한 본질보다는 가시적인 현상 의 변화만을 지나치게 추구한 것이다. 본질을 외면한 지금의 실업 교육의 현실과 우수한 기능강국의 자원이 국가 경쟁력이 되지 못하 는 것도 우리 제도 모순의 한 단면이라고 할 수 있다.

지금 대표선수들에게 절실하게 필요한 것은 사회적 대우나 보장도 아니며 더구나 풍부한 예산 지원도 결코 아니다. 다만 범국민적인 관심과 따뜻한 위로 그리고 격려만이 지금의 땀과 노력이 그들의 다 짐대로 세계 최고가 되어 우리의 국가경쟁력으로 돌아올 수 있기 때문이다. 3%의 소금이 바다 물을 썩지 않게 하는 것처럼 이름도 없이 빛도 없이 자기 본분에 최선을 다하는 기능올림픽 국가대표선수들이 국가 경쟁력을 키워나가고 있다는 것을 결코 잊어서는 안 될 것이다.

＊ 매일경제 2005년 5월 6일 ＊

⋮

기능올림픽 대표, 그들이 희망이다

"나는 제38회 국제기능올림픽대회 대한민국 대표 선수로서 국위를 선양하고… 어떠한 역경과 어려움도 이겨내고 충실하게 훈련에 임하여 반드시 세계 최고가 될 것을 다짐합니다."

이달 19일부터 보름간 핀란드 헬싱키에서 열리는 제38회 국제기능올림픽에 참가하는 39명의 대표 선수들은 매일 아침 이렇게 다짐한다. 정해진 일과 외에도 대부분의 선수는 밤 12시까지 고된 보충훈련을 받고 있다. 얼마 전에는 정신 집중과 체력 단련의 일환으로 해병대 훈련을 받기도 했다. 어느 누구나 따뜻한 격려를 해주거나 관심을 갖는 이 없는 비인기 분야의 국가대표 선수의 현실을 지켜보면 어린 선수들이 대견스럽기도, 안쓰럽기도 하다.

　국제기능올림픽은 1950년 서유럽 국가들이 중심이 돼 제1회 스페인 마드리드대회를 시작으로 2년마다 열리는 기능인의 세계 제전이다. 39개국이 회원으로 가입돼 있다. 한국은 1967년 제16회 스페인 마드리드대회부터 참가했는데 지금까지 종합 우승 14번, 준우승 3번, 3위 2번을 차지해 자타가 인정하는 기능강국으로 떠올랐다. 그러나 최근에는 전통적 기능강국인 독일을 비롯해 스위스 오스트리아 프랑스 일본 등이 부상하면서 기능올림픽은 더 이상 우리만의 무대는 아닌 것 같다.

　국제기능올림픽에 참가하는 국가대표 선수들은 "나도 한 번 세계 최고에 도전하겠다"고 다짐하는 수많은 실업계 학생들의 희망일 뿐 아니라 국가 발전의 원동력이 될 핵심 기능인력이다. 지금의 실업 교육이 직업 교육이라기보다는 대학 진학이 주된 목표가 된 현실을 고려할 때 이대로 가다간 기능강국은커녕 국가 기간산업을 위한 인력조차도 양성하지 못하는 위기에 직면하게 될까 염려된다. 기능올림픽 금메달리스트가 일자리를 찾지 못해 방황하는 게 우리의 현실이다.

　그동안 우리는 세계 최고의 기능 인적자원을 갖고 있으면서도 이를 국가 경제 발전의 자원으로 활용하는 시스템을 구축하지 못했다. 아무리 세상이 변하고 발전한다 해도 기능인력만이 감당할 수 있는 고유의 영역이 있는 것이다. 이공계 기피 현상은 비단 우리만의 문제는 아니지만 독일을 비롯한 서유럽 국가 대부분은 실업계의 직업교육 시스템을 시대 변화에 맞춰가며 능동적으로 대처해 왔다. 그 결과 국가가 필요로 하는 기능인력의 저변을 확대하고 기능인의 사회적인 대우와 보장 등을 통해 국가 경쟁력을 높이고 있다.

이제 우리도 실업 교육뿐 아니라 기능 정책에 대한 과감한 개혁을 해야 할 때다. 본질에 충실한 시스템 개혁만이 지금의 문제를 해결할 수 있기 때문이다. 그동안 우리는 가장 중요한 본질보다는 일시적인 현상의 변화만을 지나치게 추구해왔다. 우수한 기능강국의 자원이 국가 발전의 원동력이 되지 못하는 것도 우리 제도가 모순돼 있음을 보여주는 한 단면이다.

올림픽에서의 금메달도 중요하지만 더 중요한 것은 우수한 기능인력을 국가 산업과 연계해 경제 발전의 원동력이 되도록 하는 일이다. 그리고 지금 당장 대표 선수에게 필요한 것은 따뜻한 관심과 성원이다. 그들의 다짐대로 세계 최고가 되어 코리아의 브랜드를 높일 수 있도록 희망과 용기를 줘야 한다. 3%의 소금이 바닷물을 썩지 않게 하는 것처럼 이름도 없이 빛도 없이 자기 본분에 최선을 다하는 사람들이 국위를 선양하고 국가 경쟁력을 높이고 있다는 사실을 결코 잊어서는 안 된다.

* 동아일보 2005년 5월 4일 *

2부

교육론 (교육자)

키워드 : 직업교육의 본질 · 능력중심사회 · 학문범죄 ·
삼위일체시스템 · 최고숙련기술인(명장) 육성 ·
대학교육 · 글로벌대학

개요

「교육론」은 직업교육과 대학교육관련 31편의 기고문을 실었다. 주요 핵심 내용은 대학만능주의에 편승해 특성화고등학교와 전문대학의 직업교육의 실상과 대학교육의 문제점을 다루었다. 교육자로서 교육현장에서 체험한 것으로 각 교육기관의 설립취지에 충실할 수 있는 정체성 회복과 경쟁력 향상을 위한 혁신의 간절한 필요성을 강조한 것으로 구성돼 있다. 직업교육을 위한 한결같은 정책제안을 해왔다.

무엇보다도 특성화고등학교, 전문대학, 대학교의 정체성 확립과 교육의 백년대계를 강조하였다. 또한 능력중심사회 실현을 위해서는 「직업교육의 삼위일체시스템」의 구축을 해야 함은 물론 특성화고등학교와 전문대학의 정체성 회복을 무엇보다도 지적하였다. 대학교육과 관련해서는 만연된 대학만능주의의 타파를 역설하였을 뿐만 아니라 대학의 경쟁력 강화를 위한 대학의 혁신과 개혁의 필요성을 강조하였다. 마치 '훈련을 선택해서 받고 용감한 병사가 태어나기를 기대하는 것'과 '장마 때 먹을 물이 없는 것'처럼 대학졸업자는 넘쳐나도 정작 쓸만한 인재가 없다는 것은 대학만능주의에서 온 병폐로 망국적인 요인이다. 따라서 도토리 키재기식의 대학교육시스템을 혁신하여 항아리 같은 인재육성의 절대적 필요성을 강조하였다.

우리나라의 교육은 모든 것이 오로지 대학만능주의를 추구한 결과로 학벌 만능의 망국병에 걸려있다. 많은 특성화고교나 전문대학도 직업교육의 완성학교로 정착하지 못한 것도 만연된 학벌만능의 교육정서에서 비롯된 것을 지적하였다. 명실상부한 기능강국이 되기 위해서는 언급한 '삼위일체시스템'을 구축해야 한다. 이것은 일종의 '숙련기술자 육성 로드맵'을 구축하는 것이다.

삼위일체시스템의 핵심은 ① 양질의 직업교육을 위한 시스템 구축, ② 능력을 인정하는 제대로 된 일자리, ③ 전문가 육성비전인 보통의 전문가에서 최고의 숙련기술자인 명장 육성이다. 이를 위해 직업교육 기관의 정체성 회복과 숙련기술인 육성 로드맵 구축을 강조하고 있다. 현재 능력중심사회실현을 위해 강행하고 있는 일학습병행제도와 국가직무능력표준(NCS) 문제점도 지적하고 있다. 숙련기술자는 창의적인 기본교육, 능력의 가치를 존중하는 대우와 전문가 육성 비전이 보일 때만 본인 의지에 의해 육성될 수 있다. 이 의지는 사회정서에서 비롯된다.

이런 정서 구축이 곧 능력중심사회의 실현인 것이다. 말뿐인 기능인 우대(優待)보다는 능력을 제대로 대우(待遇)할 풍토조성이 중요하고 시급한 현실임을 직시해야 한다. 결국 일학습병행제의 성공 열쇠도 능력의 가치를 존중하는 대우에 달려있다고 볼 수 있다.

'능력중심사회'
풍토부터 조성해야

한국은 국정과제인 국가직무능력표준(NCS)과 일학습병행제 시행으로 분주하다. 직업교육의 패러다임을 바꿀 새로운 제도가 고학력 청년실업자의 구직난과 중소기업의 구인난까지 해결될 수 있다면 쌍수를 들어 환영할 일이다. 그러나 직업교육의 정체성의 강점을 키울 혁신보다는 오직 제도시행이 주는 재정지원에만 사활을 걸고 있어 심히 우려된다. 정부 또한 실적만을 위한 보여주기식의 제도강행을 더 중시해 안타깝다. 지난해 11월에 교육부와 고용노동부가 주최한 국가직무능력표준(NCS) 박람회가 이를 대변하고 있다. 많은 직업교육전문가와 언론은 "방문객들에게 준비한 기념품을 주는 것 외에는 특별한 의미가 없다"는 행사의 실효성 지적과 "시도는 좋았는데" 홍보효과 미흡과 임기응변의 행사였다는 등의 평가를 내놨다.

박람회 개최 불과 한 달 여 전에 경기도 일원에서 열린 제49회 전국기능경기대회를 무관심속에 기능인들만의 행사로 치룬 것을 떠올리지 않을 수 없다. NCS기반 직업교육시스템과 전국기능경기대회는 본질과 현상의 관계로 추구하는 목적과 주관 부처도 같다. 두 행사를 함께 개최했다면 일찍이 볼 수 없었던 일석다조(一石多鳥)의 최상의 직업교육축제가 됐을 것은 자명하다. 통상 국제기능올림픽대회가 열릴 때도 직업교육관련 부대행사를 빼놓지 않고 개최한다. 청소년을 위한 직업교육의 로드맵 소개와 또 국민을 위한 직업교육 정서함양에 기능올림픽만큼 좋은 일거다득의 기회가 없기 때문이다. 우리의 따로따로의 NCS 박람회는 혈세낭비는 물론 능력중심사회실현의 풍토조성을 배가시킬 기회를 놓친 것이다. 실상도 파악하지 못한 정책부재로 행사의 시너지효과를 못낸 것이다.

제조업의 강점을 지닌 기능선진국들의 직업교육 성공비결은 차별된 교육풍토와 국민의식에 있었음을 간과해서는 안 된다. 이런 교육풍토를 간과한 실적위주의 국정과제 추진은 마치 나무를 서둘러 심어 숲을 이루려는 조림사업처럼 보인다. 기능선진국의 기능경기대회는 특히 초·중등 학생들이 담임교사의 인솔로 참관수업을 한다. 아이러니하게도 세계최고의 기능강국인 한국에서는 상상조차 할 수 없는 직업교육의 현장학습이다. 이것이 기능선진국이 된 차별된 직업교육정서다. 기술·기능경시의 낙인(stigma)이 붙은 멸시천대풍조는 한국이 기능선진국이 되지 못하는 이유 중 하나다. 결국 국정과제인 NCS와 일학습병행제의 정착도 교육풍토조성에 달려있다는 사실을 잊어서는 안 된다.

절실한 것은 「직업교육시스템 구축」, 「기술·기능인을 제대로 대우하는 정책」, 「최고의 숙련기술인 육성비전」 등의 3단계를 로드맵으로 하는 '숙련기술인육성 삼위일체시스템'을 구축하는 직업교육 백년대계를 세워야 한다. 새로운 제도 시행도 좋지만 능력중심사회실현의 걸림돌부터 제거해야 한다. 말뿐인 기능인 우대정책보다도 능력의 가치만큼의 대우도 못 받는 현실괴리의 실상과 기능강국이 기능선진국의 반열에 오르지 못한 원인도 제대로 파악해야 한다.

그동안 우리는 NCS나 일학습병행제도 보다도 더 이상적인 선진국 제도도 시행했지만 능력중심사회 구현에 실패했다. 오히려 직업교육의 정체성 실종과 대학만능주의만을 더 부추겼다. 이유는 언급한 삼위일체시스템의 핵심인 기술·기능인을 제대로 대우하는 풍토조성을 간과했기 때문이다. 기능선진국의 직업교육 성공 모델인 NCS와 일학습병행제는 풍토가 이룩한 제도이지 제도가 풍토를 조성한 것이 아니다. NCS와 일학습병행제도 '숙련기술인 육성 삼위일체시스템' 속에서 조화를 이뤄야 성공할 수 있다는 사실을 깨달아야 한다.

* N&Times 2015년 1월 2일 *

실적만 쫓는 직업교육 시스템

세계 최고를 자랑하는 한국의 교육열은 국내총생산(GDP) 세계 10위권이라는 경이적인 경제성장의 동력이 됐지만 지금 한국은 학벌만능주의라는 망국병에 걸려 좀처럼 헤어나지 못하고 있다. 학벌만능주의는 고학력 청년실업자의 구직난과 중소기업의 구인난으로 이어져 직업교육의 정체성을 실종시켰으며 이는 세계 최고의 기능강국이면서도 기능선진국이 되지 못하는 국가경쟁력의 손실로 이어지고 있다.

혁신보다는 재정 지원에만 사활

현재 각 직업교육기관은 학벌만능주의라는 망국병 치유를 위한 각종 직업교육 시스템의 강행으로 매우 혼란스럽고 분주하다. 직업교육의 패러다임마저 바꿀 새로운 직업교육 시스템인 일학습병행제와 국가직무능력표준(NCS)이 고학력 청년실업자의 구직난과 중소기업의 구인난까지 해결할 수 있다면 쌍수를 들어 환영할 일이다. 하지만 직업교육기관마다 직업교육 정체성의 강점을 키울 개혁과 혁신보다는 일학습병행제·NCS 같은 제도 시행이 주는 재정 지원을 받는 데 사활을 걸고 있는 것 같아 예사로 보이지 않는다.

일학습병행제는 독일과 스위스를 제조업 강국으로 만든 직업교육의 강점을 지닌 제도다. 또 NCS 기반 교육 시스템도 호주 기술고등교육기관(TAFE)에서 도입해 성공한 제도다. 호주는 기능올림픽 결과로만 보면 중상위권 수준으로 기능강국은 아니지만 NCS를 정착시켜 직업교육의 난제를 해결했다. 이처럼 직업교육 강점을 표출케 한 성공적인 제도 정착은 각국의 차별된 교육정서와 국민의식에서 비롯됐다는 사실을 결코 간과해서는 안 된다. 그 나라 풍토가 만들어낸 직업교육 시스템의 강점이다.

이런 교육풍토를 간과한 이상론만을 부각시킨 실적 위주의 직업교육 시스템 강행은 나무를 심는 것만으로 숲을 조성하려는 성급한 조림사업이 될 수 있다. 고교 졸업생 10명 중 2~3명만 대학에 진학하는 교육정서와 7명 이상이 진학하는 교육풍토에서는 같은 제도로 같은 결과를 얻을 수 없다. 단언컨대 일학습병행제와 NCS기반의 교육시스템의 성공은 교육풍토조성에 달려있다는 것을 결코 잊어서는 안 된다. 제도는 시행만이 능사가 아니다. 제도정착의 걸림돌부터 타파하는 것이 더 중요하다.

스위스와 프랑스를 비롯한 기능선진국의 기능경기대회는 초중고교 학생은 물론 일반인까지 무려 10만 여 명 이상이 참관한다. 초등학생들은 담임교사의 인솔로 참관수업을 한다. 경기장 주변에서 경기 과정을 일일이 기록하는 모습도 쉽게 볼 수 있다. 직업에 대한 현장학습으로 한국에서는 결코 볼 수 없는 교육이다. 이것은 기능선진국이 된 차별된 직업교육 정서로 능력중심 사회를 실현한 원천 동력이다. 지난 10월 열렸던 제49회 전국기능대회가 학생들과 국민들의 무관심 속에 기능인들만의 행사로 치러진 것과는 대조적이다. 이런 기능경시 풍조가 세계 최고의 기능강국이 기능선진국이 되지 못하는 이유 중 하나다.

능력존중 교육 풍토부터 조성을

능력중심 사회는 서둘러서 실현될 수 있는 것이 결코 아니며 우리만의 강점을 살려 차별된 능력중심 사회를 실현할 직업교육의 백년대계를 세워야 한다. 지금 가장 절실한 것은 능력의 가치를 존중하고 제대로 대우하는 선진국과 같은 교육풍토 조성이다. 또한 무너진 직업교육의 정체성 회복도 시급하다. 능력중심 사회는 새로운 직업교육 시스템이 뿌리 내릴 수 있는 교육풍토가 조성될 때 실현된다는 사실을 잊어서는 안 된다

* 서울경제신문 2014년 12월 23일 *

⋮

맞춤형 직업교육의 한계

정부가 능력중심 사회실현을 위해 강도 높게 추진하는 정책 중 하나가 국가직무능력표준(NCS) 개발과 보급이다. NCS는 고용노동부와 한국산업인력공단이 개발하고 교육부가 참여하는 것으로 'NCS=능력중심사회' 정책으로 소개돼 기대가 되지만 한편 우려도 된다. 정부는 NCS를 한 개인이 산업현장에서 자신의 업무를 성공적으로 수행하기 위해 요구되는 지식·기술·태도 등 직무능력을 과학적이고 체계적으로 도출해 표준화한 것이라고 설명한다.

직능 표준화만으로 기술인재 못 길러

NCS는 교육훈련기관(공급자) 중심의 인력 양성체계를 기업체(수요자) 중심으로 전환하기 위해 산업 분야별 직무능력을 표준화한 것으로 2002년 처음으로 용접 등 5개 분야 20개 직무가 개발됐지만 한

동안 묻혀 있었다. 지난해부터 다시 개발을 시작해 올 연말까지 총 833개 직무의 NCS를 개발한다고 한다. 정부가 NCS개발에 박차를 가하는 것은 직업교육시스템을 개선해 능력중심사회를 실현하기 위함이라고 한다.

NCS기반의 기업체 중심 인력 양성은 교육기관에서 진로와 취업을 걱정할 필요가 없고 기업도 필요한 인력육성과 수급이 수월해져 경쟁력을 크게 높일 수 있다고 한다. 또한 구직자도 불필요한 스펙 쌓기로 시간과 돈을 낭비할 필요가 없다는 것이 개발주체의 설명이다. 능력중심 사회실현의 걸림돌이 단지 인력 양성시스템에서 비롯됐다면 성공이 기대되는 개선이다. NCS의 실효성도 검증돼야 하지만 NCS의 적용만으로 중소기업 인력난이 해소되고 대기업의 입사 고시에만 매달리는 직업정서와 만연된 대학만능주의가 타파될지는 의문이다.

염려되는 것은 NCS라는 틀 속에서 직업교육의 정체성을 찾는 창조적 교육관이다. 다양성과 창의성을 겸비한 직업교육의 무한한 강점이 창출될지도 크게 우려된다. 비록 이상적으로 개발된 NCS라 하더라도 천편일률적인 특성화고와 전문대의 NCS기반 특성화에서 과연 창의적 강점을 표출할지도 염려된다. 제한된 맞춤형시스템은 산업화시대 인프라 구축에 필요한 종지 같은 인력육성은 주효할지 모르지만 지식기반시대의 항아리 같은 창의적 인재육성은 사실 어렵다.

NCS가 '알고 있는가'에서 '할 수 있는가'로 바꾸는 국가표준이라면 현행 국가자격제도는 알고 있는 것만으로 부여한 국가자격인지

혼란스럽다. NCS는 평생교육의 로드맵 구축차원에서 보면 필요한 제도지만 강요된 직업교육의 본질이 돼서는 안 된다. 한국은 국제기능올림픽에서 스위스를 비롯한 직업교육선진국들이 결코 이루지 못한 세계 최고의 기능강국 자리에 올랐지만 안타깝게도 기능선진국은 아니다. 기능선진국의 반열에 들지 못하는 원인이 바로 능력중심사회실현의 걸림돌이라는 사실이다.

기술인 존중 풍토 육성 비전이 먼저

'NCS=능력중심사회'는 모두의 바람이다. 그러나 고질적인 풍토병 학벌만능주의를 단지 NCS나 선진제도 도입의 임기응변적 처방만으로는 쉽게 치유될 수는 없다. 말을 물가로 데리고 갈 수는 있어도 억지로 물을 먹일 수는 없는 것과 같이 NCS기반으로 진로와 취업이 해결된다고 해서 능력중심사회가 실현되고 숙련전문가가 육성되는 것은 결코 아니다. 숙련전문가는 창의적인 기본교육, 능력의 가치를 존중하는 대우와 전문가 육성 비전이 보일 때만 본인 의지에 의해 육성될 수 있다. 이 의지는 사회정서에서 비롯된다. 이런 정서구축이 곧 능력중심사회의 실현인 것이다. 말뿐인 기능인 우대보다는 능력을 제대로 대우할 풍토조성이 NCS개발과 보급보다도 더 중요하고 시급한 현실임을 직시해야 한다.

* 서울경제신문 2014년 5월 15일 *

전문대 특성화 제대로 하려면

전문대가 단기대학의 강점을 발휘하지 못하는 가운데 정부가 5년 간 1조5,000억원을 투입해 130개교의 전문대 중 84개교를 특성화 전문대학으로 육성한다고 한다. 환영할 일이지만 국민 혈세가 투입 될 특성화사업이 '실상은 특성화 장애물'이라는 비판도 제기되고 있 어 많이 우려된다. 그동안 전문대는 압축성장의 동력으로 산업발전 에 크게 기여했지만 고등직업교육의 정체성을 확고하게 다지지는 못했다.

전문대는 5년제 고등전문학교로 출발해 개방대·산업대 등 근 반 세기 동안 변화를 거듭해 오늘의 전문대학과 심화과정에까지 이르 렀다. 한때 '일+학습' 병행을 위해 개방대와 산업대도 설립됐지만 특성을 살리지 못하고 일반대학이 돼버렸다. 전문대 심화과정은 전 문학사 과정을 마친 후 일정 기간 실무에 종사한 자가 전공에 따라 1~2년의 심화과정을 이수하면 학사학위를 취득하는 제도다. 따라서 명장(名匠)과 같은 최고의 숙련기술인 육성의 한 과정으로 볼 수 있 지만 실무경험 없이 심화과정입학이 허용되면서 4년제 대학으로 만 들었다는 논란도 불러왔다.

최고의 숙련기술인은 교육기관의 역할만으로 육성될 수 있는 것이 결코 아니다. 따라서 숙련기술인 육성을 위한 명분을 내세운 전문대의 대학원과정 설립은 바람직하지 못하다. 시급한 것은 전문대가 고등직업교육기관의 보편적 이상을 실현할 시스템을 갖추는 일이다. 그동안은 집중적으로 단기대학의 존재가치와 직업교육의 강점을 키우기보다는 학벌 만능주의에 편승한 현상변화만을 추구해 스스로가 본질을 간과해버린 것이다. 4년제 대학 때문에 전문대 발전의 걸림돌이 됐다는 것과 전문대 때문에 특성화고가 직업교육의 완성학교가 되지 못했다는 목소리는 교육기관의 정체성 실종을 대변하는 증거다.

전문대의 특성화는 고등직업교육의 정체성 회복과 존재가치의 역량을 키우는 데 역점을 둬야 한다. 현 정부가 내세운 창조경제의 무한한 강점을 창출해야 할 고등직업교육의 본질을 유한한 틀에 맞춘 '국가직무능력표준'에 맞춰서는 결코 안 될 것이다. '공부 못하면 기술이나 배워'라는 교육정서를 타파하고 직업교육은 공부 못하면 하는 것이 결코 아님을 보여줄 성장잠재력을 키울 개혁만이 절실할 뿐이다. 국가직무능력표준이 한 개인이 산업현장에서 자신의 업무를 성공적으로 수행하기 위해 요구되는 지식·기술·태도 등 직무능력을 과학적이고 체계적으로 도출해 표준화한 것이라고 하지만 이 제도가 시행된다고 전문대학의 강점이 창출될 것으로 착각해서는 안 될 것이다.

독일과 스위스의 직업교육이 무한강점을 발휘하는 것은 직업교육, 대우, 전문가 육성 비전으로 이어지는 전문가 육성을 위한 로드맵이 구축돼 희망을 주기 때문이다. 능력중심사회의 동력이 어디에서 비롯됐는지도 제대로 파악해야 한다. 국가직무능력표준과 연계해 취업률을 80% 이상 끌어올리는 것도 중요하지만 능력의 가치를 제대로 대우할 일자리의 질과 전문가 육성 비전은 전문대의 존재가치를 높이는 더 중요한 핵심동력이다. 전문대를 고등직업교육의 메카로 육성하는 특성화사업은 능력중심사회를 다지는 초석이다. 하지만 '취지는 좋으나 현실은 제대로 반영 못했다'는 우려의 목소리를 결코 교육부가 그냥 넘겨서는 안 된다.

＊ 서울경제신문 2014년 3월 17일 ＊

직업교육 성공하려면

지난달 박근혜 대통령이 다보스포럼 참석을 위해 스위스를 국빈 방문하던 중 베른 상공업직업학교를 방문한 것은 매우 의미 있는 일이다. 이런 박 대통령의 행보는 스펙보다 능력중심의 세상을 만들기 위한 의지로도 볼 수 있다. 그러나 고교졸업생 10명 중 7명 이상이 대학에 진학하는 대학만능주의로 야기된 '대학졸업장=실업증'이라는 현실의 난제를 근본적으로 해결하지 않는 한 능력중심 사회의 실현은 사실상 기대할 수 없다.

대학만능주의 실업자 양산 부작용

스위스는 직업교육의 강점과 대물림되는 숙련기술 노하우로 제조업의 든든한 기반을 다진 모델 국가로 작지만 강한 기술부국이다. 또한 국제기능올림픽에서는 항상 한국과 우승을 겨뤄온 전통적인 기능강국이다.

기능올림픽대회의 성적으로만 보면 한국은 스위스보다 분명 우위에 있는 기능강국이다. 하지만 스위스는 고교졸업자 10명 중 2~3명 정도만 대학에 진학하고 능력을 존중하는 명실상부한 기능선진국이다. 아이러니하게도 한국은 기능선진국의 반열에 들지 못한 기능강국일 뿐이며 세계 최고의 기능강국 역량이 제조업의 경쟁력으로 흡수되지 못하고 있다.

스위스가 기능선진국이 된 것은 직업교육의 보편적 이상을 실현할 시스템을 잘 갖췄기 때문이다. 따라서 기능올림픽도 직업교육의 강한 본질에서 현상으로 표출된다. 한국은 직업교육의 본질을 간과한 현상만 추구한 정책으로 기능선진국이 되지 못한 것이다. 한국의 직업교육이 강점을 발휘하지 못하는 가장 큰 원인은 학벌만능의 만연된 교육정서에 있다. 동유럽의 스포츠강국이 스포츠선진국이 되지 못하고 올림픽 무대에서 사라진 이유도 한번쯤 되새겨볼 필요가 있다.

스위스의 선(先)취업 후(後)교육의 직업교육 시스템은 능력중심사회의 기반을 다진 초석이며 일거다득(一擧多得)의 강점을 창출하는 산실로 평가되고 있다. 스위스의 직업교육이 강한 것은 좋은 직업교육 시스템 때문이라기보다 직업교육이 강점을 발휘할 수 있게 한 사회정서에서 비롯됐다.

기술의 가치존중과 숙련기술인 육성 비전 등의 로드맵이 구축돼 기능인에게 희망을 주고 있기 때문이다. 우리는 스위스 직업교육의 강점이 '직업교육 대우(능력의 가치존중) 전문가 육성 비전'을 하나로 하는 직업교육 육성을 위한 삼위일체시스템에서 비롯된 것임을 깨닫지 못하고 있다. 무엇보다도 '대우와 전문가 육성 비전'은 스위스 직업교육의 강점을 만드는 동력이다.

실질적 기능인 대우정책 마련을

청와대는 스위스의 직업교육 시스템을 벤치마킹해 기술인력 육성에 활용하겠다는 뜻을 밝힌 바 있다. 스위스의 직업교육 시스템을 활용한다고 똑같은 강점이 창출될 것으로 착각해서는 안 된다. 좋은 재목은 좋은 묘목을 심는 것만으로는 얻을 수 없다. 좋은 토양과 풍토의 조성은 어린 묘목을 좋은 나무로 가꾸고 재목을 얻기 위한 필수조건이다. 우리는 직업교육의 문제가 야기될 때마다 본질을 살리기보다 보여주기식의 제도와 간판바꾸기 등의 현상만을 추구해 대학만능주의를 심화시켰을 뿐이다. 기능인이 제대로 대우받지 못하는 암울한 실상은 외면하고 실효성도 없이 외치는 기능인 우대정책으로는 직업교육을 살릴 수 없다. 단언컨대 한국의 직업교육을 살리는 길은 선진 직업교육 시스템 도입보다 세계 최고의 기능강국에서 직업교육이 뿌리내리지 못한 원인에서 대책을 찾는 것이 순리다.

＊ 서울경제신문 2014년 2월 20일 ＊

대학을 대학답게

얼마 전 대학재학 중 경찰초급간부가 된 제자로부터 e메일을 받았다. 내용인즉 복학해 학업을 마쳐야 할지 아니면 자퇴를 해야 할지 고민이라는 것. 출중한 스펙을 다 쌓아도 직장 구하기가 하늘에 별 따기보다도 어려운 것이 현실인지라 딱히 뭐라고 말해야 할지 고민한 적이 있었다. 대학 재적학생 10명 중 3명이 휴학 중에 있다는 대학교육협의회의 최근 공시정보는 현실을 잘 대변하고 있다.

취업 위한 스펙·간판 취득기관 전락

이런 세태는 대학이 학벌중심사회에서 필요한 간판과 스펙만을 취득하는 기관으로 전락했음을 극명하게 보여주는 실상이다. 이는 대학이 보편적 이상을 실현할 진리탐구의 정체성을 잃고 있음의 증거이기도 하다. 한마디로 지금 대학들이 겪고 있는 문제는 교육의 백년대계를 간과한 포퓰리즘 정치에서 비롯된 대학만능주의의 교육정책 때문이다. 대학의 문제가 사회적 이슈가 될 때마다 근본적인 해결책을 찾기보다는 인기에 영합한 정책만을 펴왔기 때문이다. 이로인해 전문대학과 특성화고의 정체성마저 연쇄적으로 잃게 만든 것이다.

학령인구감소가 현실로 도래하면서 대학의 구조조정은 이제 발등의 불이 됐다. 하지만 대학을 대학답게 육성할 수 있는 개혁과 혁신의 기회로 삼아야 한다. 단지 정원조정만으로는 대학의 정체성 회복은 물론 대학을 대학답게 살릴 수 없다. 대학졸업이 곧 실업자가 되는 현실을 직시해야 한다. 이공계 졸업생의 경우 대학졸업장 · 학사학위증 · 공학인증 · 기사자격증 · 외국어 · 컴퓨터스킬 등등을 포함한 정부공인 각종 자격증을 한 보따리 짊어지고 대학문을 나서지만 정작 이 자격증을 경쟁력으로 인정하는 곳은 대한민국 어디에도 없다는 사실이다. 단지 입사지원서를 제출하기 위한 스펙에 불과할 뿐이다.

온갖 노력으로 쌓은 스펙이 경쟁력이 되지 못하는 각종 제도의 난무로 본질은 간과하고 현상만을 지나치게 추구한 겉치레교육만 남았다. 게다가 학점인플레이션, 졸업학점의 하향조정, 수업일수 축소, 필수과목 축소, 실효성을 간과한 영어강의 등등은 보이기 위한 홍보효과는 있을지 모르지만 분명 경쟁력을 외면한 변질이다.

대학졸업장이 곧 경쟁력이 되는 교육시스템 구축이 대학이 바로서는 길이다. 인성을 갖춘 전문가 육성을 위한 시스템 개혁과 혁신이 대학 구조조정의 본질임을 직시해야 한다. 도토리 키재기식 평가와 실속도 없는 각종 제도는 과감하게 혁신해야 한다.

교육시스템 개혁 정체성 회복부터

대학을 대학답게 살리는 일은 형평성을 중시하는 공평과 평등의 능력중심사회를 다지는 초석이다. 대학은 미래의 가치 있는 유 · 무형의 국가경쟁력을 키우는 산실이 돼야 한다. 빈곤탈출과 산업화의 동력이 교육열의 강점에서 비롯됐지만 국내총생산(GDP) 10위권의 압축성장 이후 교육열의 강점은 학벌만능주의라는 망국병을 불러왔다. 이를 근본적으로 해결할 수 있는 길은 대학의 올바른 정체성 회복을 위한 혁신과 개혁이다.

스펙 쌓기에 내몰린 대학생과 자식 때문에 등골이 휜 학부모의 신음소리를 결코 외면해서는 안 된다. 암울한 대학의 현실을 외면하고 능력중심사회를 외치는 것은 어불성설이다.

* 서울경제신문 2014년 1월 22일 *

⋮

대학의 학문범죄를 막으려면

한국에는 아직도 세계 10위권 경제 규모에 걸맞은 선진 대학이 없다. 고작해야 세계 100위권 내외에 이따금 오르내리는 한두 대학만 있을 뿐이다. 1970년대 고등교육기관은 168개교에 20만여 명이었으나 2011년에는 434개교에 373만5000여 명으로 늘어났다. 산업화 과정을 거치면서 우후죽순처럼 급속하게 양적 팽창을 한 것이다. 대학의 양적 성장이 국가 발전에 기여한 면도 크지만 질적인 측면에서 보면 제대로 된 인재를 육성할 수 있는 선진 대학으로서 정체성은 결코 확립하지 못했다.

대학 변화 양상을 면면이 살펴보면, 모든 대학은 한결같이 경쟁력 향상을 위한 개혁과 혁신, 그리고 특성화를 외쳐왔지만 실상은 천편일률적으로 양적 성장에만 치중해왔다. 그 결과 대학들이 학위증 할 인매장으로 전락하고 말았다. 교육백년대계라는 포장 속에서 임기응변적 정책을 펼친 데 따른 결과이고, 대학의 실상이다. 특히 사회적 지탄을 받고 있는 가짜 박사와 논문 표절 등은 심각한 학문범죄 행위다. 이 모두는 대학 정체성의 본질인 '진리 탐구와 자유'를 망각한 데서 비롯된 일이다.

학문범죄는 한국에만 있는 일은 아니다. 다만 학문범죄에 빠진 심각한 상황을 모르고 있는 것이 문제다. 가르치는 자와 배우는 자가 마땅히 행하고 지켜야 할 기본적 도리가 정립되지 않은 것이다. 교수는 교육·연구·사회봉사에 대한 충실한 사명자로서 윤리가 필요하다면 학생은 배우는 자로서 학습윤리가 필요하다. 그동안 대학들은 이런 윤리의식을 잊은 채 앞만 보고 내달려왔다.

지금까지 공직자 임용 청문회와 19대 총선을 통해 표출된 학문범죄는 당사자 책임으로만 돌릴 일이 결코 아니다. 이런 표절이 가능한 대학 문화와 시스템이 더 큰 문제인 것이다. 대학은 국가 미래를 책임질 중차대한 성장동력의 원천이다. 대학 경쟁력을 키우고 글로벌 대학을 만드는 핵심은 하드웨어적인 시스템에 대한 혁신과 개혁도 필요하지만 상아탑만이 지니는 도덕과 윤리가 살아 숨 쉬도록 정체성을 확립하는 일이다. 정체성 확립 없는 개혁과 혁신은 단지 변질에 불과하며 대학의 생명인 '진리 탐구와 자유'에서 비롯되는 진정한 경쟁력을 기대할 수 없다.

2007년 외국 가짜 박사 사건이 사회적 이슈가 됐을 당시 교육부 산하 기관인 학진(학술진흥재단)이 외국 박사학위 신고자 중 의심 신고자 1000여 명을 확인하고 처리 방향을 검토 중이라고 할 때만 해도 '짝퉁 박사'는 영원히 사라질 것으로 기대했다. 하지만 이유는 알 수 없으나 5년이 지난 지금도 의심 신고자가 해당 사이트에서 외국 박사학위 취득자로 검색되고 있다. 가짜 박사 참칭(僭稱)자들은 신고자 책무사항에 주지한 '허위로 신고한 자에 대하여 형사 고발'과 같은 법적 조치 등은 아랑곳하지 않고 학진의 신고필증을 마치 국가가 보증한 것처럼 악용해온 것이다.

도덕 가치가 땅에 떨어진 병든 시대일수록 국민은 사회악을 뿌리칠 수 있는 지도자를 더욱 갈망한다. 후안무치한 박사 참칭자들이 대학 강단과 사회 곳곳에서 버티고 있는 한 학문범죄 단절은 기대할 수 없다. 심각한 학문범죄는 범죄 당사자 문제만 해결했다고 근절되는 것은 아니다. 학문범죄가 반복되고 용인될 수밖에 없는, 만연한 문화와 제도에 더 큰 문제가 있음을 깨달아야 한다. 대학의 생명인 '진리 탐구와 자유'가 살아 숨 쉬게 하려면 거짓된 문화를 바꾸는 쇄신이 필요하다. 상아탑을 더럽혀 온 학문범죄를 막는 길은 윤리의식이 바로 선 대학을 만들어야 한다. 이 같은 정체성 확립 없이는 시대를 선도할 글로벌 대학으로 발전하는 것도, 또 품격 있는 일류 선진국도 요원할 뿐이다.

* 매일경제 2012년 5월 7일 *

:

고졸 채용, 그 다음이 문제다

대기업과 시중은행의 고졸 인력 채용이 사회적 이슈다. 대학을 나와도 직장 구하기가 하늘의 별따기보다 힘든 세상에 고졸자 채용 확대는 능력 중심 사회를 다지는 초석이 될 수 있어 환영할 일이다.

능력 중심 사회를 이룰 성공 관건은 만연한 교육정서를 어떻게 타파하느냐 하는 것과 고졸자에 대한 멸시와 상대적인 차별대우 해소에 있다. 단지 고졸 인력 채용만으로 고질적인 교육정서가 하루아침에 바뀌고 능력 중심 사회가 실현되는 것은 결코 아니다. 지금 현실에서 고졸 인력 고용 창출도 중요하지만 정작 더 중요한 것은 능력 중심 사회의 초석을 이룰 총합적인 시스템이 필요하다.

한국직업능력개발원에 따르면 우리나라 직업 중 2년제 이상 대졸 학력을 필요로 하는 직업은 불과 27%뿐이며 고졸 학력만으로 충분한 직업이 44.7%나 된다. 그리고 나머지는 아예 학력과 무관한 일들이다.

이런 현실에도 불구하고 일반고 졸업생 중 81.5%, 특성화고 졸업생 중 71.1%가 대학에 진학한다. 2011년 교과부 교육기본통계를 보면 전문대를 포함한 고등교육기관은 434개교나 되며 대학생이 373만5000명에 이른다.

고등교육기관이 많은 것이 나쁜 것은 아니다. 다만 4년제 대학이나 2년제 전문대학을 나와도 제대로 취업에 성공하는 사람이 불과 50%대밖에 안 되는 것이 문제일 뿐이다. 이 통계만을 근거로 본다면 대학생 50%가 간판교육에 매달려 있다는 결론이다. 이 때문에 학력과 직업 간 미스매치도 심각하다.

학력 인플레이션은 국가가 풀어야 할 심각한 난제다. 혼란한 학력 인플레이션 속에서 한국 대학생들은 국가가 공인하는 학사학위와 전문학사 학위 취득은 물론 각종 전문자격증을 소지하고도 일자리를 얻기 위해 또 다른 스펙을 쌓는 데 고통스럽게 젊음을 허비하고 있다. 작년 봄부터 대학생들이 부르짖고 있는 반값 등록금이나 대학 졸업장이 실업자 증명으로 전락해버린 것도 학력 인플레이션에서 비롯된 현상이다.

당장 반값 등록금 문제가 해결된다 해도 대졸자 일자리가 창출되는 것은 아니다. 임기응변적인 현상을 치유하는 데 불과하다. 반값 등록금보다 더 심각한 '대학 졸업장=실업증'이라는 잠재된 문제가 해결된 것이 결코 아니기 때문이다. 이것이 교육의 모든 것이 대학으로만 통하는 대학 만능 교육정책에서 비롯된 학력 인플레이션의 실상이다.

고졸 인력 채용은 능력 중심 사회를 이룰 핵심이며 학력 인플레이션을 해소할 본질이다. 고졸 인력 고용 창출도 중요하지만 더 중요한 것은 고졸 인력을 숙련 전문가로 키울 로드맵을 구축해 희망을 갖게 해야 한다. 궁극적으로는 고졸 인력의 다양하고 참신한 재능을 인재로 키워 기업의 브랜드가 될 수 있게 해야 한다.

이를 위해서는 고용 창출만을 강요할 것이 아니라 국가가 혁신적인 정책 비전을 제시해 따르게 해야 한다. 혁신적인 시스템 구축 없는 고졸 인력 채용 확대는 직장 안에서 또다시 차별에 시달릴 학벌 중시 정서를 해소할 수 없을 뿐만 아니라 결코 능력 중심 사회를 이룰 수가 없다.

기능강국이 기능선진국이 되지 못하는 것도 숙련 전문가로 크게 키울 시스템이 부재하기 때문이다. 고질적인 학벌만능주의는 누구 잘못이라고 탓하기에는 너무 오랜 세월이 흘렀다. 한마디로 오랜 세월 원칙 없는 정책에서 비롯된 누적된 잘못일 뿐이다. 언 발에 오줌 누는 임기응변식 처방으로는 누적된 잘못을 치유할 수 없음을 통찰해야 한다.

고졸 채용 확대는 중요하다. 그러나 결코 속빈 강정이 돼서는 안 된다. 무엇보다도 평생직장으로 머물 수 있도록 품격 있게 대우할 시스템을 갖춰야 한다. 이것이 학력 인플레이션으로 인한 국가적 난제를 해결하고 능력 중심 사회를 이루는 왕도이기 때문이다.

＊ 매일경제 2012년 2월 3일 ＊

'반값 등록금'보다 심각한 '반값 졸업장'

반값 등록금 요구는 원칙 없는 대학교육 정책에서 비롯된 혼란이다. 지금의 상황은 수십여 년 동안 마치 '언 발에 오줌 누는 식'의 조치로 병을 키워 중증환자를 만들어 놓고 당장 드러난 현상만을 임기응변적으로 치유하려는 것과 같다.

한 세대 전인 1970년대 초 고등교육기관의 수가 168개교, 학생은 20만 명이었다. 2010년에는 411개교에 364만 명으로 무려 18배 이상 늘어났다. 대학의 증가는 실력보다 학벌을 중시하는 정서에 편승해 앞을 내다보지 못한 '원칙 없는 정치'에서 비롯된 것이다. 외과 수술 없이는 치유가 절대 불가능한 중증환자를 보고도 병명(病名) 진단조차 제대로 못하는 여야 정치인들을 지켜보는 국민들 마음은 그저 씁쓸할 따름이다. 대학과 대학생의 기하급수적 증가는 교육이 오로지 대학으로만 집중돼 왔기 때문이다. 최근 2년 과정 단기대학을 4년 과정 대학교로 만들고, 학장을 총장으로 바꾼 것도 이런 사례다. 여야 합의로 제도를 만들었다. 하지만 이는 학벌보다 실력이 인정받는 공정한 사회를 만드는 정책이 아니다.

이처럼 잘못된 정책이 쌓인 결과가 '반값 졸업장'이다. 반값 등록금 문제의 본질은 반값 졸업장에 있다. 넘쳐나는 대학생으로 '대학 졸업장=실업증'이 돼버렸다. 비싼 학비를 내고 받은 졸업장이 그 반 값의 가치도 인정받지 못하는 현실이 됐다. 당연히 등록금이 비싸다는 결론이 나온다.

비록 지금 당장 반값 등록금 문제가 해결된다 해도 본질의 치유는 아니다. 단지 현상 치유에 불과한 미봉책일 뿐이다. 지금의 응급조치도 필요하지만 궁극적으로 학력 인플레로 야기된 총체적 문제를 백년대계의 틀에서 해결해야 한다.

원칙 없는 정책으로 망가진 대학교, 단기대학 그리고 전문계고를 설립 취지대로 정비하는 것이 우선이다. 수요와 공급의 균형 있는 인재 육성 계획 수립과 각급 학교 졸업장의 가치를 인정하는 임금체계 개선이 시급하다.

반값 등록금의 원칙 없는 해결은 자칫 '반의 반값의 대학 졸업장' 사태를 초래할 수 있다. 등록금 인하와 졸업장의 가치 하락이란 악순환은 더 큰 사회적 위기를 불러올 수도 있다. 정치권은 더 이상 포퓰리즘에 휘둘리는 무책임한 대책을 내놓아선 안 된다.

* 중앙일보 2011년 6월 23일 *

전문대학을 대학교 만들어선
경쟁력 없다

한국에서 교육은 오로지 대학으로 통하고 있다. 이런 만연된 교육 정서에 편승해 분별없이 설립된 대학의 난립으로 학력 인플레는 물론 대졸 실업자만을 양산하는 결과를 초래했다. 대학과 대학생이 넘치는 판국에 전문대학이 경쟁력 강화를 이유로 학교의 장(長)인 학장이 총장으로 바뀐 데 이어 대학의 명칭도 대학교로 바뀐 것이다. 사실상 4년제 대학이 146개교 더 늘어난 셈이다. 이는 겉으로는 학벌보다는 실력이 우선하는 공정한 사회를 외치지만 학벌을 더 중시하고 있는 교육정책의 실상이다. 전문계고가 직업교육의 완성학교가 되지 못하고 연계 교육기관으로 전락한 것도 학벌을 중시하는 교육정책으로 인한 대학의 난립 때문이라는 교육현장의 목소리는 그냥 넘길 일이 아니다.

난립하는 대학을 정비해야 하는 판에 '대학'을 '대학교'로 바꾸고 수업 연한을 늘려야 경쟁력이 강화될 수 있다는 논리는 설득력이 없다. 좋은 나무가 좋은 열매를 맺는다. 나무가 본질이면 열매는 현상에 불과하다. 현상은 포장에 불과하며 본질의 강점을 키우는 경쟁력이 아니다. 전문대학은 단기대학으로서 강점을 갖는 본질의 역량 강화에 역점을 둬야 한다. 실무경험이 없는 심화과정 입학 허가는 수업 연한만을 늘린 것에 불과하다.

이제라도 대학들은 현상의 변화만을 모색하지 말고 본질에 충실한 개혁으로 경쟁력을 키우는 대학의 백년대계를 모색해야 한다. 한국에는 세칭 일류대학도 있고 교과부 평가 최우수대학도 즐비하게 생겨났다. 그러나 세계대학 평가가 말해 주듯 아직도 내세울 만한 글로벌 대학이 없다. 한국은 실력보다는 학벌을 중시하는 교육정서로 인해 잠재된 국가경쟁력이 경제성장의 동력이 되지 못하고 있다.

한국의 대학들은 언 발에 오줌 누는 식의 원칙 없는 교육정책으로 중병에 빠져 있다. 난립하는 대학을 대학답게 정비하고 설립 취지에서 벗어난 대학의 변질을 바로잡아야 할 상황에 전문대학의 포장만의 변신은 대학의 백년대계를 세우는 교육정책으로는 볼 수 없다. 대학의 경쟁력은 포장이 아닌 본질의 개혁에서 비롯된다는 사실을 결코 잊어서는 안 된다. 대학생 수도 획기적으로 줄이고 공부하기 힘든 대학을 만들어 제대로 된 인재를 육성해야 한다. 지금처럼 실력을 경시하고 간판을 중시하는 교육정책으로는 21세기 지식기반 사회를 이끌 선진국이 될 수 없음을 깨달아야 한다.

＊ 중앙일보 2011년 5월 12일 ＊

경쟁력 없는 대학 문 닫아야 한다

　한국에서 대학의 간판은 출세를 위한 많은 요건 중에서도 제일 중요한 요소다. 우리 사회가 겉으로는 학벌보다 실력이 우선하는 공정한 사회를 외쳐대지만 예나 지금이나 실력보다 학벌이 우선하기 때문이다. 이 같은 대학 만능의 교육정서에 편승해 현재 한국의 고등교육기관 수는 무려 407개교나 되며 대학원도 1115개교에 이른다. 스위스 국제경영개발원(IMD)의 대학교육경쟁력 평가에 따르면 한국의 고등교육 이수율은 57개국 중 4위지만, 대학교육의 사회 부합도는 51위로 최하위에 속한다.

　분별없이 설립된 대학의 난립은 입학만 하면 쉽게 졸업하는 대학교육시스템 등으로 학력 인플레를 더욱 가속화시켰음은 물론 '졸업장=실업증'이라는 고학력 실업자를 양산하는 결과를 초래했다. 지금처럼 대학 졸업자가 넘쳐나도 정작 쓸 만한 인재가 없는 것은 마치홍수 때 먹을 물이 없는 것과도 같다.

　현 대학교육시스템으로는 종지 같은 인재는 양산할 수 있어도 항아리 같은 인재는 결코 육성할 수 없다. 항아리 같은 인재를 육성하기 위해서는 뼈를 깎는 개혁이 필요하다. 돈이 없어서가 아니라 실력이 없어서 대학을 다닐 수 없는 대학을 육성해야 한다. 경쟁력도 없이 난립하는 400여 개에 이르는 대학 중 25%는 문을 닫아야 한다.

지금 대학가는 연일 등록금 투쟁으로 시끄럽다. 준비된 일자리에 비해 대학 졸업자가 많은 현실 속에 대학생들은 등록금을 적게 내고 많은 혜택을 받기 원한다. 이런 요구에 대해 정부는 물가 안정의 일환으로 대학등록금을 동결 내지는 3% 이내에서 인상을 유도하고 있다. 우리 고등교육기관의 절반인 200여 개교가 일반대학이며 85.3%가 사립대학이다. 사립대학들의 재정 압박이 이만저만이 아니다. 등록금 인상 억제만이 능사는 아니다. 이런 정부의 임기응변 정책으로는 제대로 된 인재를 육성할 수 없다.

교육당국은 등록금 안정에 협조하는 대학은 정부가 지원한 예산에 대해 자율적인 집행권한을 확대하겠다고 한다. 그동안 교과부가 주도한 정책에 충실한 대학들은 재정지원과 더불어 교과부 평가 최우수 대학이 됐지만 이는 대학의 경쟁력 향상에 도움이 안 되는 정책일 뿐이다. 지금 우리 대학들은 동맥경화증이라는 중병을 앓고 있다. 이는 적극적인 외과 수술만이 최선의 대안이다.

* 중앙일보 2011년 3월 14일 *

'졸업장=자격증' 제도는
아직 시기상조다

　이주호 교육과학기술부 장관은 내년부터 전국 전문대학과 특성화고 졸업생에게 시험 없이 각각 산업기사와 기능사 국가기술자격증을 졸업과 동시에 부여하겠다고 밝혔다(19일자 A14면). 이유는 자격증 취득을 위한 사교육비가 너무 과중해 공정한 사회의 관점에서 바로잡기 위해서라고 했다. 교육의 본질적 관점에서 '졸업장=자격증'은 지극히 당연한 일이다. 독일 등 유럽 선진국들에선 이미 정착돼 있다. 프랑스의 6년제 건축대학의 경우 졸업시험에 합격하면 졸업장으로 정부 공인 건축사면허증을 준다.

　'졸업장=자격증'은 전문대학과 전문계고의 본질회복이라는 의미에서도 환영할 일이다. 하지만 이번 장관의 발표는 임기응변적인 발상으로 보여 당혹스럽다. 제도시행 목적이 단지 사교육비를 줄이기 위한 대책으로 자격증을 시험 없이 준다는 것은 교육의 근간을 흔들 만큼 심각한 문제점이 내포돼 있다. 우선 인증은 거친다고 해도 천차만별의 학교수준 차이를 무시하고 졸업만 하면 주어질 자격증이 과연 '자격증=취업보장'과 같은 희망으로 이어질지 의문이다.

　더욱 우려되는 것은 직업교육의 하향평준화로 인한 기능경시 풍조와 이공계 기피를 더욱 심화시킬 게 뻔하기 때문이다. 기업들 말대로 장마 때 정작 먹을 물이 없는 것처럼 사람이 넘쳐나도 쓸 만한 인재가 없다는 현실에 비춰볼 때 자격증이 제대로 인정이나 받을지도 의문이다. 이는 근시안적 교육정책에 지나지 않는다.

분별없는 각종 대학 난립과 실속 없는 대학진학으로 이어져 '대학졸업장=실업자'라는 현실은 정말 안타까운 국력 손실이다. 이는 교육이 교육을 망치게 한 아이러니의 표본이자, 원칙도 없이 교육정서에만 편승해 교육당국과 교육기관이 공조해 만든 잘못된 정책의 결과다.

21세기 지식기반사회를 맞이한 우리의 현실은 기능경시 풍조와 이공계 기피로 그야말로 직업교육의 최대 위기를 맞고 있다. 이는 직업교육의 미래를 내다보지 못한 정책의 부재 때문이다. 준비도 안 된 부실한 직업교육시스템 속에서 '졸업장=자격증' 제도는 시기상조다. 목표이자 희망인 '졸업장=자격증'이 곧 '자격증=취업보장'이 되기 위해서는 직업교육시스템의 본질의 개선이 시급하다.

* 조선일보 2010년 10월 22일 *

좋은 나무가 좋은 열매를 맺는다

'학점 세탁 부추기는 대학'이라는 기사는 경쟁력을 잃어가는 대학의 한 단면이다. 이는 '실력보다 간판'을 더 중시하는 우리의 교육풍토가 만들어낸 씁쓸한 제도다. 또한 세계 최고의 교육열에도 불구하고 우리의 대학 교육 경쟁력이 형편없는 이유이기도 하다. 최근 수년간 스위스 IMD(국제경영개발원) 평가만 보더라도 한국 대학교육의 경제 · 사회 요구 부합도는 평가대상국 55개국 중 최하위에 머물고 있다. 마치 홍수 때 먹을 물이 없듯이 사람은 넘쳐나도 쓸 만한 인재가 없다는 기업의 목소리도 다 이유가 있는 염려다.

좋은 나무가 좋은 열매를 맺는다. 나무가 본질(to be)이면 열매는 현상(to do)에 불과할 뿐이다. 대학이 '학점 세탁소'가 된 것은 그동안 교육개혁이 만든 일종의 현상 변화의 포장이다. 또 입시철만 되면 현상을 본질의 강점처럼 수험생을 현혹하는 홍보도 치열하다.

현상의 포장술은 한마디로 변질에 불과하다. 변질을 내세워 우수학생 유치에 열을 올리는 일도 문제지만 정작 인재를 육성할 본질의 외면은 더 큰 염려다. 열매로 나무의 품종을 개량하려는 지금 국내 대학들의 모습은 경쟁력 손실의 표본이다. 학점세탁 대열에는 세칭 명문대학뿐만 아니라 거의 모든 대학이 동참하고 있는 것이 현실이다. A, B학점만을 양산하는 평가 제도를 비롯하여 교육개혁 최우수대학이 정원을 걱정하는 아이러니도 현실이다. 또 자율화라는 이름으로 필수과목을 대폭 축소해 전자공학을 전공하고도 전자제품 기판 회로도를 못 읽는 충격의 목소리도 산업현장에서 들리고 있다. 대학의 내면을 살펴보면 실상은 한층 심각하다. 현행 140학점 체제를 최소 125학점으로까지 하향 조정하고 있는 대학이 있는가 하면 한 학기 교육과정도 16주에서 15주로 운영하는 대학도 점점 늘고 있다. 교육비 절감효과는 있을지 모르지만 경쟁력 저하는 불을 보듯 뻔하다.

지금의 시스템이 지속된다면 대학의 경쟁력 추락은 자명하다. 세계 최고의 대학들은 최고수준의 교육시스템의 바탕 위에 개방성과 진취성 그리고 차별화된 독창성 등을 모두 갖추고 있다. 이들 대학의 경쟁력은 지속적인 개혁의 강점에서 포장보다는 실력을 키우는 본질의 현상에서 나온다. 국내 많은 대학들은 수년 안에 글로벌 대학이 되겠다는 목표도 내놓고 있다. 그러나 학점세탁소가 된 지금의 대학교육시스템으로는 결코 목표를 이룰 수 없다. 먼저 대학이 직면한 경쟁력 저하의 고질병에 대한 올바른 진단과 처방이 급선무다. 그리고 본질을 바꿀 계획과 실천의지가 필요하다. 단지 대학 졸업생을 배출하는 것이 중요한 것이 아니라 어떤 졸업생을 배출하여 쓰임을 받게 할 것인가가 더 중요함을 잊어서는 안 된다.

* 조선일보 2009년 12월 10일 *

마이스터高의 성공 조건

내년 3월 문을 여는 전국 21개 마이스터고 3600명의 신입생 모집 전형이 12일부터 학교별로 실시되고 있다. 마이스터고는 전문계고의 본질 회복이라는 의미에서 크게 환영할 만한 일이다.

마이스터고는 이명박 정부의 '고교다양화 300프로젝트' 중 핵심 과제다. 마이스터고의 핵심은 특화된 전문 교육을 통해 지식기반사회를 주도할 글로벌 기술인재 육성, 졸업 후 협약기업 취업과 군 입대 연기 그리고 군 입대 시 관련 분야 특기병 근무, 특별전형을 통한 (전문)대학 진학 경로 구축, 마이스터로 성장할 수 있도록 하는 지속적 지원 등이며 학비 면제와 기숙사 생활의 특전도 주어진다. 이 모두는 교육과 취업 그리고 최고의 전문가 양성 등 전문계고의 본질에 충실할 수 있는 시스템 구축에 꼭 필요한 사항이다. 그러나 교육의 양극화로 심화된 전문계고의 중병을 치유하고 직업교육의 르네상스를 이룩하기 위해서는 무엇보다도 고질병의 올바른 진단과 치유법이 제시돼야 한다.

마이스터고의 성공 열쇠는 '실력보다 학벌'을 중시하는 우리의 뿌리 깊은 교육풍토를 어떻게 타파하느냐가 더 큰 문제다. 이공계 기피와 만연한 기능 경시 풍조, 그리고 왜 전문계고가 완성학교가 되지 못하고 연계교육으로 전락했는지도 풀어야 할 숙제다. 정부의 최고 재정적 지원을 받고 있는 명문 전문계 특성화고교에 최고의 대학 진학률을 자랑하는 플래카드가 걸려 있는 아이러니도 지금의 현실이다. 이는 마치 회사 간판과는 전혀 다른 제품을 생산하고 명품임을 자랑하는 것과도 같다. 분별없는 대학설립이 전문계고를 망치게 했다는 일선 교육자의 고언은 이유 있는 염려다. 이는 교육이 교육을 망치게 한 사려 깊지 못한 교육정책의 단상이다.

마이스터고의 본질이 산업인력 양성임을 감안할 때 자칫 포장만 달리한 또 다른 학교가 될까 염려된다. 한국형 마이스터고는 제조업 현장에서 기술력을 인정받는 창의적인 기술인력 양성을 목표로 하는 제도지만 졸업과 동시에 마이스터(Meister ; 장인)가 되는 것은 아니다. 따라서 기술 명장으로 키우는 시스템 구축이 필요하다. 대학 진학 경로 구축보다는 전문기술력을 향상시키는 자격증 제도가 더 바람직하며 군 입대 연기와 같은 미온적인 정책보다는 한때 교육대학에서 시행됐던 병역특례제도(RNTC)의 시행이 검토돼야 한다.

기능올림픽은 끝났지만 기적을 이룬 역량을 경제성장 동력으로 흡수하는 혁신과 개혁을 해야 한다. 이를 미룬다면 제조업 강국의 길은 요원하며 '실력보다 학벌'이 우선하는 고질병도 결코 치유할 수 없다. 언제까지나 메달만 따는 기능강국만으로 머물러 있어서는 안된다. 마이스터고의 설립이 늘 그랬던 것처럼 보여주기식의 명칭이나 간판만 바꾸는 식의 현상 변화가 아닌 21세기 국가경쟁력을 키우는 새로운 교육시스템을 갖춘 완성학교가 되길 기대한다.

＊ 조선일보 2009년 10월 14일 ＊

전문계高, 경제성장 동력 되려면

캐나다 캘거리에서 열린 제40회 국제기능올림픽대회에서 한국은 45개 직종 중 40개 분야 45명의 선수가 참가하여 모든 평가 부문에서 역대 최고의 기량을 발휘해 종합우승을 차지했다.

제조업 강국인 2위 스위스와 3위 일본을 비롯하여 유럽 기능선진국들의 집중 견제에도 불구하고 압도적인 점수 차로 완벽하게 이겨 더욱 통쾌하고 자랑스럽다. 산업화 시대 일부의 편중된 분야에서만 메달을 획득했던 것과는 달리 이번 대회는 모바일로보틱스 · CNC밀링 · 자동차차체수리 · 실내장식 · 요리 등 모든 분야에서 고르게 금메달을 석권해 21세기 지식기반 사회를 주도할 인재강국임을 과시했다.

국가대표 합숙소로는 도저히 믿어지지 않는 열악한 환경과 사회적인 무관심속에서도 비인기분야 대표선수라는 자신과의 싸움과 갈등을 극복하고 그들의 다짐대로 마침내 세계최고가 돼 국위를 선양하고 국가브랜드의 가치를 높인 쾌거다.

기능올림픽의 우승을 국가적 경사로 여겼던 과거와 달리 이번 대회에서도 기능올림픽의 역사를 새로 쓰는 기적은 이뤘지만 통상 그랬듯이 오직 그들만의 일이다. 변화라면 예년과는 달리 일부 언론이

기능올림픽의 실상을 다뤄 기능인들에게 큰 힘이 된 것이다.

결과가 말해주듯 한국은 자타가 공인하는 세계최고의 기능강국이지만 기능선진국이 결코 아니다. 일찍이 기능강국의 역량을 기능선진국으로 승화시켜 오늘의 제조업 강국이 된 일본, 독일, 스위스와는 매우 대조적이다. 한국이 기능강국에서 기능선진국으로 발전하지 못하는 문제점을 살펴보자.

첫째, 전문계고는 본질인 산업인력 양성에 충실해야 한다. 모든 것이 대학으로만 통하는 뿌리 깊은 교육정서로 전문계고에는 교육 양극화의 부작용이 심화됐다. 전문계고는 직업교육의 완성학교가 아니라 연계교육기관일 뿐이다. 우리나라 명문 전문계고의 교정에는 졸업생 대부분의 대학 진학을 자랑하는 플래카드가 늘 걸려있다.

기업에 취업한 학생도 소개하고 있지만 더욱 아이러니한 것은 정부의 재정적 지원을 받고 있는 전문계특성화 학교임을 크게 자랑하고 있다는 것이다. 마치 간판과는 다른 제품을 생산하고 자랑하고 있는 것과도 같다. 이 모두는 임기응변적인 교육정책의 잘못된 변화를 보여주는 실상이다. 새롭게 문을 연 마이스터고의 본질도 산업인력 양성임을 감안할 때 자칫 포장만 달리한 또 다른 학교가 될까 심히 염려된다.

둘째, 기능인을 제대로 대우하는 안정된 일자리를 마련해줘야 한다. 기능강국의 역량이 제조업강국으로 이어져야 한다. 세계최고의 제품은 기술과 열정으로 만들어 진다. 말로만 기능인이 우대(優待) 받는 사회가 돼야 한다고 떠들지만 기술과 기능의 가치만큼의 대우

(待遇)를 못 받고 있는 것이 현실이다. 기능인을 제대로 대우해야 제조업강국이 될 수 있다.

셋째, 우수기능인들을 국가핵심성장 동력인 최고의 전문가로 키워야 한다. 기능올림픽 우승자들은 재능을 인정받은 것일 뿐 아직 전문가는 아니다. 이들을 전문가로 키워야 브랜드의 가치를 높일 수 있다. 현대와 삼성이 기능장려 협약을 맺어 기능올림픽입상자를 특별 채용하고 있는 것이나 우수 기능인을 공무원으로 채용하는 계획을 추진하고 있는 것은 기능선진국을 다지는 초석이다.

바라는 것은 채용만으로 그치지 말고 제대로 대우해 전문가로 키우는 비전을 제시해야 한다. 이상 3가지를 하나로 하는 '삼위일체시스템'을 갖춘다면 전문계고는 본질에 충실한 직업교육의 완성학교로 거듭날 수 있을 뿐만 아니라 기능인이 신나게 일하는 제조업강국이 될 수 있다.

그리고 기능올림픽도 대표선수만을 힘들게 양성하는 모순에서 벗어나 경제성장 동력인 우수한 기능인력이 전문계고에서 자연스럽게 양성될 수 있어야 한다. 기능올림픽대회는 끝났지만 기적을 이룬 역량을 경제성장 동력으로 흡수하는 과감한 혁신과 개혁을 해야 한다. 언제까지나 메달만 따는 기능강국으로 머물러 있어서는 안 된다. 기능인을 제대로 대우하는 기능선진국이 돼야 명실상부한 국가브랜드의 가치를 한층 높일 수 있다.

＊ 교원신문 2009년 10월 12일 ＊

세계 100대 대학,
'겉치레 개혁'으론 안 된다

　무분별한 대학 설립과 세계 최고의 대학진학률은 대학만을 지향하는 우리 교육정서에서 비롯된 결과다. 세계 최고의 교육열에도 불구하고 교육 경쟁력은 형편없다. 2008년 스위스 국제경영개발원(IMD) 평가에 따르면 한국 대학교육의 경제·사회 요구 부합도는 평가 대상국 55개국 중 53위이다. 교육 분야 경쟁력은 35위로 1년 전보다 6계단이나 뒷걸음질했다. 홍수 때 먹을 물이 없듯이 사람은 넘쳐나도 쓸 만한 인재가 없다는 기업의 목소리는 이유 있는 염려다.

　정부가 마침내 부실 사립대의 구조조정에 나선다고 하지만 더 시급한 점은 방만하고도 비효율적인 국공립 대학의 구조조정이다. 지금까지 대학의 구조조정은 이해관계에 따라 간판만 바꿔 다는 식이었다. 조건 없는 개혁만이 글로벌 대학이 되는 강점을 찾는 첩경이다.

　대학의 개혁은 국가를 든든하게 하는 경쟁력을 키우는 일로 무엇보다 목표와 준비된 계획 그리고 강력한 실천이 있어야 한다. 세계 최고의 대학은 최고 수준의 교수와 교육과정의 바탕 위에 개방성과 진취성 그리고 차별화된 독창성이 결합된 시스템을 갖추고 있다. 이들 대학의 경쟁력은 개혁의 강점에서 나온 자연스러운 현상일 뿐이다.

우리 대학육성 정책은 이런저런 이유로 지역과 학교 안배 등 나눠주기로 귀착된다. 이런 정책으로는 외국 대학에 인재를 보내는 피더스쿨(feeder school) 역할이나 할 뿐 뛰어난 전문가 육성은 절대 불가능하다. 국내 대학은 몇 년 안에 세계 100대 대학이 되겠다는 원대한 목표를 내놓고 있다. 분별없는 흉내 내기로는 목표를 이룰 수 없다. 남을 치유한 처방으로 나의 고질병을 고칠 수 없다. 국내 대학이 세계 100대 대학의 반열에 들지 못하는 가장 큰 이유는 본질을 바꿀 준비된 계획과 실천 의지가 전혀 없어서다.

좋은 나무는 좋은 열매를 맺는다. 나무가 본질이면 열매는 현상에 불과하다. 입시철만 되면 현상을 본질의 강점처럼 수험생을 현혹하는 도토리 키재기식의 홍보가 치열하다. 현상의 포장술은 한마디로 변질에 불과하다. 변질을 내세워 우수학생 유치에 열을 올리는 일도 문제지만 인재를 육성할 수 있는 본질의 외면은 더 큰 염려다. 열매로 나무의 품종을 개량하려는 대학의 모습은 국력 손실의 표본이다.

교육개혁 최우수 대학이 정원을 걱정하는가 하면 자율화라는 이름으로 필수과목을 축소해 전자공학을 전공하고도 전자제품 기판 회로도를 못 읽는 학생이 적지 않다. 훈련을 선택해서 받게 하고 용감한 병사를 육성하려는 모순된 시스템 때문이다. 대학의 내면을 살펴보면 실상은 더욱 심각하다. 140학점 체제를 125학점으로까지 하향 조정하는가 하면 한 학기 교육과정도 16주에서 15주로 운영하는 대학이 점점 늘어난다. 교육비 절감 효과는 있을지 모르지만 교육의 질과 경쟁력 저하는 불을 보듯 뻔하다.

민족의 역사와 문화를 이어온 대학의 개혁은 참 어려운 일이다. 시대에 맞지 않는 교육정서의 깊은 꿈에서 하루 빨리 깨어나야 한다. 대학 발전을 저해하는 고질적인 학연과 지연도 속히 청산돼야 한다. 국내 토종 학자가 세계 명문대 교수로 초빙되는 현실에서 객관적으로도 우수한 인력을 국내 학자라는 이유만으로 스스로가 부정하는 모습은 심히 잘못됐다. 명실상부한 대학 개혁으로 21세기를 주도할 명품 인재를 육성하는 세계 100대 대학이 몇 년 안에 탄생하길 바란다.

* 동아일보 2009년 1월 13일 *

전문계고를
新 성장 동력으로 키우자

이공계 기피와 기능 경시풍조 속에서도 기능경기대회는 여전히 전문계 고교생들에게는 꿈과 희망의 무대로 통하고 있다. 지난 9월 30일 폐막된 제43회 전국기능경기대회에 참가한 50개 직종 1833명의 선수 규모와 그들의 열정만으로도 충분히 짐작할 수 있다.

내년 캐나다 캘거리에서 열리는 제40회 국제기능올림픽의 규모가 50개국 43개 직종 967여 명임을 감안해 볼 때 지금도 전국기능경기대회는 명실상부한 우리나라 기능인의 최고 축제다. '나도 한번 세계 최고가 되겠다'는 남다른 염원이 있기 때문이다. 이런 열정은 국제기능올림픽 역사상 15번이나 종합우승한 기능강국의 쾌거를 이룩함은 물론 산업화의 원동력이 됐다.

그러나 아이러니하게도 한국은 아직도 기술과 기능의 가치를 제대로 인정하고 대우하는 명실상부한 기능선진국은 결코 아니다. 이는 한마디로 기능올림픽대회의 결과가 본질(to be)에서 자연스럽게 나온 현상(to do)이 아니라는 사실과 우리 사회에서 기술과 기능의 가치를 아직도 제대로 인정하지 않고 있음을 뜻한다.

한편 전문계 고교가 직업교육 완성학교로 제 역할을 하지 못하고 교육의 양극화로까지 심화돼 우수한 기술인적자원이 국가경쟁력이 못되는 반증이기도 하다. 이런 현실에서 21세기 지식기반사회를 이끌 산업인력 양성의 메카로서 전문계고를 신 성장 동력으로 키울 수 있는 대책을 살펴본다.

첫째, 직업교육 완성학교로서의 본질에 충실 할 수 있는 시스템을 갖춰야 한다. 그동안 전문계고가 많은 개혁과 혁신을 했다고 하지만 여전히 직업 교육의 본질에서 크게 벗어나 있다.

이는 무엇보다도 모든 것이 대학으로 통하는 우리만의 교육정서에 편승하여 본질에 충실하기보다는 연계교육 같은 손쉬운 보여주기식의 사려 깊지 못한 정책으로 안주한 결과며 포장만 달리한 현상의 대책으로 본질을 치유하려했기 때문이다. 문제가 표출될 때마다 임기응변적인 '언 발에 오줌 누는 식'의 처방만을 한 것이다. 이런 정책

처방이 쌓여 지금의 골이 깊은 교육 양극화에 이른 것이다. 최근 IT 산업경쟁력이 세계 3위에서 8위로 하락한 것도 직업교육과 무관하지 않다.

둘째, 가치에 합당한 대우(待遇)와 안정된 일자리를 보장해야 한다. 정부는 기술자가 우대(優待)받는 사회를 만든다고 항상 외치지만 대우(待遇)도 못 받는 실상을 전혀 파악하지 못하고 하는 말이다. 대우도 못 받는 현실에서 우대를 말하는 것은 정말 어불성설이다.

기능강국의 자원을 튼튼한 제조업을 떠받치는 국가경쟁력으로 흡수하려면 반듯이 제대로 대우하는 일자리를 보장해야 하며 현실적인 고충도 국가가 적극 해결해줘야 한다. 실례로 2013년부터 폐지되는 산업기능요원도 국가경쟁력의 큰 틀에서 재고돼야 한다.

앞으로 21세기 지식기반사회를 이끌 신 성장 동력은 역시 기술과 기능이며 이는 국가경쟁력의 핵심이기 때문이다. 우리 청소년들은 24회에 걸쳐 국제기능올림픽에 출전하여 총 451개의 메달을 획득했지만 이 중 15% 정도가 국가발전의 성장 동력이 되지 못하고 있음은 안타까운 일이다.

셋째, 전문가(마이스터) 양성 시스템을 구축하여 국가경쟁력으로 키워야 한다. 전문가 탄생이나 신기술 개발은 저절로 되는 것이 결코 아니다. 올림픽에서 메달을 따는 것도 중요하지만 더 바람직한 것은 메달리스트나 우수한 전문계고 출신을 최고의 국가브랜드를 갖는 글로벌 전문가로 육성하는 국가적 차원의 비전을 제시해야 한다.

우리는 수년전부터 기능올림픽의 '회원국 간 상호협력' 프로그램의 하나로 베트남과 인도에 기능 전수를 실시하고 있다. 기능 전수 프로그램은 우리 전문가들이 세계의 무한한 활동 무대로 진출하는 부가가치가 매우 큰 국가적 사업으로 적극 장려해야 한다.

이상 3가지 핵심을 '삼위일체시스템'으로 하는 비전을 제시한다면 전문계고는 직업교육 완성학교로 거듭날 수 있다. 그리고 본질에서 나오는 우수한 기술과 기능은 국가브랜드의 가치를 높이는 신 성장 동력으로 21세기 지식기반사회를 주도할 수 있다.

기능올림픽은 직업교육의 본질에 대한 하나의 현상에 불과하지만 대회가 갖는 진정한 의미는 기능선진국으로 발전하는 직업교육정보 교류의 장이며 청소년들에게는 희망의 '엔돌핀'을 솟아나게 하는 일로 국민 모두가 성원해야 한다.

최근 이슈가 되어 설립하는 마이스터 고교도 앞서 언급한 3가지 핵심이 빠진다면 결국 요란하게 포장만 달리한 또 다른 학교가 된다는 것을 결코 잊어서는 안 된다.

* 교원신문 2008년 10월 24일 *

전문계 고교 바로 서려면

한국은 아직도 기술과 기능의 가치를 제대로 인정하고 대우하는 명실상부한 기능선진국은 결코 아니다. 이는 한마디로 국제기능올림픽이나 기능경기대회의 결과가 본질(to be)에서 자연스럽게 나온 현상(to do)이 아니라는 사실과 우리 사회에서 기술과 기능의 가치를 아직도 제대로 인정하지 않고 있음을 뜻한다. 전문계 고교가 직업교육 완성학교로 제 역할을 다하지 못하고 교육의 양극화로까지 심화돼 우수한 기술 인적자원이 국가경쟁력이 못되는 반증이기도 하다. 이런 현실에서 21세기 지식기반사회를 이끌 산업인력 양성의 메카로 전문계 고교를 신성장동력으로 키울 수 있는 대책을 살펴본다.

첫째, 직업교육 완성 학교로서의 본질에 충실할 수 있는 시스템을 갖춰야 한다. 그동안 전문계 고교가 많은 개혁과 혁신을 했다고 하지만 여전히 직업교육의 본질에서 크게 벗어나 있다. 이는 모든 것이 대학으로 통하는 우리만의 교육정서에 편승해 본질에 충실하기보다는 연계교육 같은 손쉬운 보여주기식의 사려 깊지 못한 정책으로 안주한 결과며 포장만 달리한 현상의 대책으로 본질을 치유하려했기 때문이다. 문제가 표출될 때마다 임기응변적인 '언 발에 오줌 누는 식'의 처방만을 한 것이다. 이런 정책 처방이 쌓여 현재의 골이 깊은 교육 양극화에 이른 것이다. 최근 IT산업 경쟁력이 세계 3위에서 8위로 하락한 것도 직업교육과 무관하지 않다.

둘째, 가치에 합당한 대우와 안정된 일자리를 보장해야 한다. 정부는 기술자가 우대받는 사회를 만든다고 항상 외치지만 대우도 못 받는 실상을 전혀 파악하지 못하고 하는 말이다. 대우도 못 받는 현실에서 우대를 말하는 것은 그야말로 어불성설이다. 기능강국의 자원을 튼튼한 제조업을 떠받치는 국가경쟁력으로 흡수하려면 반드시 제대로 대우하는 일자리를 보장해야 하며 현실적인 고충도 국가가 적극 해결해 줘야 한다. 실례로 2013년부터 폐지되는 산업기능요원도 국가경쟁력의 큰 틀에서 재고돼야 한다. 앞으로 21세기 지식기반 사회를 이끌 신성장동력은 역시 기술과 기능이며 이는 국가경쟁력의 핵심이기 때문이다. 우리 청소년들은 24회에 걸쳐 국제기능올림픽에 출전해 총 451개의 메달을 획득했지만 이 중 15% 정도가 국가 발전의 성장 동력이 되지 못하고 있음은 안타까운 현실이다.

셋째, 전문가(마이스터) 양성 시스템을 구축해 국가경쟁력으로 키워야 한다. 전문가 탄생이나 신기술 개발은 저절로 되는 것이 결코 아니다. 올림픽에서 메달을 따는 것도 중요하지만 더 바람직한 것은 메달리스트나 우수한 전문계 고교 출신을 최고의 국가브랜드를 갖는 글로벌 전문가로 육성하는 국가적 차원의 비전을 제시해야 한다. 우리는 수년 전부터 기능올림픽의 '회원국 간 상호협력' 프로그램의 하나로 베트남과 인도에 기능을 전수하고 있다. 기능 전수 프로그램은 우리 전문가들이 세계의 무한한 활동 무대로 진출하는 부가가치가 매우 높은 국가적 사업으로 적극 장려해야 한다.

이상 3가지 핵심을 '삼위일체시스템'으로 하는 비전을 제시한다면 전문계 고교는 직업교육 완성학교로 거듭날 수 있다. 그리고 본질에서 나오는 우수한 기술과 기능은 국가브랜드의 가치를 높이는 신성장동력으로 21세기 지식기반사회를 주도할 수 있다. 기능올림픽은 직업교육의 본질에 대한 하나의 현상에 불과하지만 대회가 갖는 진정한 의미는 기능선진국으로 발전하는 직업교육 정보 교류의 장이며 청소년들에게는 희망의 엔도르핀을 솟아나게 하는 축제이기도 하다. 최근 설립하는 마이스터 고교도 앞서 언급한 3가지 핵심이 빠진다면 결국 요란하게 포장만 달리한 또 다른 학교가 된다는 것을 결코 잊어서는 안 된다.

* 한국대학신문 2008년 10월 20일 *

⋮

전문가 키우는 '마이스터 고교'의 성공 조건

정부는 미래형 직업 분야의 전문가 양성을 위해 마이스터고 20개를 키울 계획이다. 전문계 고등학교인 마이스터고는 기존 우수 특성화고 중에서 지정하고, 학교당 25억원(총 500억원)씩 지원한다고 한다. 정부 계획대로라면 2011년까지 50개의 마이스터고가 생긴다. 마이스터고의 설립은 전문계 고교의 본질 회복이라는 의미에서 크게 환영할 만한 일이다. 현재의 전문계 고교는 본질이 변질돼 더 이상 직업교육의 완성 학교가 되지 못하고 있기 때문이다.

마이스터고는 이명박 정부의 '고교 다양화 300프로젝트' 중 핵심 과제다. 마이스터고가 21세기 국가 발전을 위한 새로운 희망의 성장 동력이 되도록 하기 위해 정책 당국은 무엇보다 우리의 교육 정서와 전문계 고교의 실상부터 정확히 파악해야 한다. 기능올림픽에서 15번이나 종합 우승한 기능강국이면서도 기능선진국이 되지 못한 것은 무슨 이유인지 곱씹어 보는 일부터 시작해야 한다는 뜻이다. 마이스터고의 성공을 위해선 세 가지 조건이 충족돼야 한다는 게 필자의 생각이다.

첫째, 21세기 국가 핵심 전략 산업을 예측하고 이를 위한 산업기술 전문가를 양성한다는 전제를 세워야 한다. 이런 전제에 충실할 수 있는 교육시스템을 우선 구축해야 한다. 둘째, 졸업생을 제대로 대우하는 확실한 직업을 제도적으로 보장해야 한다. 전문계 고교생 10명 중 7명이 대책 없는 진학의 길을 택하는 것도 제대로 대우하는 직업이 보장되지 않았기 때문이다.

셋째, 우수한 졸업생을 분야별 최고의 마이스터로 육성하는 시스템을 구축해야 한다. 전문가 탄생이나 신기술은 저절로 개발되는 것이 아니다. 마이스터고의 우수한 졸업생을 국가나 기업이 나서서 전문가로 양성해 브랜드의 가치를 높이고 이들의 기술력이 국가의 성장 동력이 되도록 해야만 독일과 같은 존경받는 마이스터가 탄생될 수 있다.

이들 세 가지 조건은 한결같이 중요하다. 이들을 하나의 시스템으로 연계하는 '삼위일체의 정책'으로 추진할 때 명실상부한 마이스터고가 될 것이다. 아무쪼록 이번 마이스터고의 설립이, 늘 그랬던 것처럼 명칭이나 간판만 바꾸는 보여주기식의 변화가 아닌 새롭고 효율적인 개혁이 되기를 기대한다.

* 중앙일보 2008년 5월 14일 *

거짓말쟁이는 강단에 설 수 없다

가짜박사와 엉터리박사가 대학에서 판을 치고 있다. 이들은 이미 결코 교단에 설 수 없는 도덕적 심판을 받았지만 법률적 심판논리를 들어 강단을 떠나지 않고 있다. 지난 2월 한 지방대학에서는 가짜박사 행세를 하고 있는 동료교수를 대학당국과 검찰에 고발까지 했지만 처벌 가능한 명백한 범죄사실을 밝혀내고도 이런저런 이유를 들어 이해할 수 없는 조치만 취했다고 한다.

가짜박사는 거짓을 참인 것처럼 꾸민 허위학력자로 못된 꾀로 남을 속인 범죄자들이다. 외국에 존재하지도 않는 가공의 대학에서 학위를 취득했다고 하는가하면 외국의 학부과정을 졸업하고도 소도 웃을 법한 코미디 같은 이유를 들어 박사라고 주장하는 사기한들이다. 요즘 같은 정보 민주화 시대에도 가짜박사들은 각종 엉터리 서류 등을 공유하면서 지금도 박사라고 주장하고 있으니 참으로 놀랍고 기가 막힐 노릇이다.

그러나 거짓말은 여러 사람을 일시에 속일 수도 있고 또 한사람을 오랫동안 속일 수는 있어도 결코 영원히 속일 수는 없는 일이다. 참으로 부끄럽고 한심한 것은 이들 중 상당수가 현직 대학교수라는 사실이다. 이런 허위사실도 놀랍지만 가짜박사 교수들의 그동안의 행태는 교육자의 탈을 쓴 '후안무치'가 아닐 수 없다.

엉터리박사는 허울만 있고 내용이 빈약하여 신뢰할 수 없는 박사로 가짜와는 그래도 다른 학력범죄로 볼 수 있다. 외국의 비인가 대학에서 학위를 취득한 경우와 학사운영이 부실한 대학에서 편법으로 학위과정을 밟은 경우 등이다. 최근 밝혀진 엉터리 박사들은 자신의 학위논문 영문제목 조차도 쓰지 못함은 물론, 초등학교 수준의 기초영어 질문에도 답을 못했다고 한다. 비록 이들이 학위과정은 밟았다 할지라도 정도가 아닌 편법으로 학위를 취득한 것은 분명한 학문적 권위와 명예를 통째로 편취한 행위다.

이토록 가짜와 엉터리가 판치는 실상에도 불구하고 정부나 대학당국은 별다른 조치를 취하지 않는 것은 이해할 수 없는 일이다. 오히려 일부 대학에서는 관대함마저 보이고 있다니 참으로 통탄할 일이며 마치 대학이 사명마저도 포기한 듯하다. 오늘날 대학은 국가경쟁력을 키우는 강력한 도구가 되고 있는 현실에서 교수는 대학의 경쟁력을 키우는 핵심이다. 따라서 교수의 학력관련 범죄는 대학 경쟁력의 심각한 저해요인이다. 대학이 거짓의 문화를 척결해야함은 결코 승리를 얻기 위함이 아니라 대학을 대학답게 하기 위함이다. 오늘날 한국경제가 양적으로는 세계 10위권으로 발전했다지만 아직도 질적으로는 OECD 국가 중 최 하위권을 형성하고 있는 것도 가짜와 엉터리가 판치는 것과 결코 무관하지 않다.

크게 염려되는 것은 가짜와 엉터리박사가 과연 대학교수의 기본 책무인 교육, 연구, 봉사의 사명과 이상적인 민주사회를 창출하고 시범을 보이는 지적행동의 사명을 제대로 수행할 수 있을지 의문이다. 거짓말쟁이라는 낙인이 줄 멸시는 물론 공소시효가 없는 무서운 도덕적 양심으로부터 자유로울 수 없는 정신적 고통을 어떻게 견디고 강단을 지킬지 심히 걱정된다. 도덕적 양심은 성공한 사람이나 역설적인 지도자의 계명 속에서 항상 함께하는 불변의 키워드로 지도자 정신의 뿌리이자 지식사회의 부패를 막을 소금이기도하다. 아무리 현행법상 가짜와 엉터리박사를 조치할 수 없다하더라도 거짓말쟁이를 결코 강단에 서게 할 수는 없다. 왜냐하면 요즘같이 도덕의 가치가 땅에 떨어진 시대에 사기한에게 공적인 사회악을 뿌리칠 수 있는 건전한 인재의 양성을 책임지게 할 수 없기 때문이다.

그리고 대학도 진정으로 대학의 생명인 '진리 탐구와 자유'가 살아 숨 쉬게 하기 위해서는 거짓된 문화를 반듯이 바로 잡아야 한다. 이것은 대학의 경쟁력을 키우는 일이며 실추된 대학의 명예와 권위도 회복하는 일이다. 그리고 교수를 올바른 스승으로 바로 서게 하는 사명적 행동이기도 하다. 지금이라도 그동안 학력범죄로 상아탑을 더럽혀온 거짓말쟁이들은 한때 허황된 과욕이 저지른 죄를 깊이 반성하고 스스로 대학을 떠나는 일말의 교육자로서의 양심적 행동을 보여주길 촉구한다.

* 한국대학신문 2008년 4월 14일 *

논문 제목도 영어로 못 쓰는 가짜 학력 교수 대학 떠나길

이번 학기에도 학생들은 비싼 등록금을 내고 허위 학력 교수들에게 강의를 들어야 한다. 왜냐하면 지난해 '신정아 사건' 이후 사회적으로 큰 문제가 됐던 허위 학력 교수를 대학과 관계 당국이 철저히 조사해 단호한 조치를 취할 것처럼 큰소리쳤지만 아직도 그들이 강단을 지키고 있기 때문이다. 최근에는 법원이 러시아에서 엉터리 박사 학위를 취득한 교수와 강사들에게 무죄 판결을 내려 큰 충격을 주었다. 올해 2월에는 지방의 한 대학에서 허위 학력 교수에 대한 대학 당국의 이해할 수 없는 조치에 분개해 동료 교수를 검찰에 고발하는 사태도 발생했다.

지금까지 밝혀진 가짜 또는 엉터리 박사들의 유형을 보면 '외국에 존재하지도 않는 가공의 대학에서 학위를 취득했다고 한 가짜 박사', '외국과 학위시스템이 다르다는 이런 저런 이유로 박사라고 주장하는 가짜 박사', '외국의 비인가 대학에서 학위를 취득한 엉터리 박사', '소위 학위공장으로 알려진 대학이나 학사 운영이 부실한 대학에서 편법으로 학위를 취득한 엉터리 박사' 등 네 가지 유형으로 분류할 수 있다. 인천시 조사에 따르면 허위 학력자 9명은 자신이 작성한 논문의 영어 제목조차 제대로 쓰지 못했다고 한다.

허위 학력 교수가 과연 대학 교수의 기본 책무인 교육 · 연구 · 봉사의 사명과 이상적인 민주사회를 창출하고 시범을 보이는 지적 행동의 사명을 제대로 수행할 수 있을까. 최근 국무위원 후보자가 인사청문회도 하기 전에 스스로 중도 사퇴한 것은 능력이 부족해서가 아니라 인재 평가의 핵심 키워드인 정직성(integrity) 때문임을 돌아볼 필요가 있다. 과연 허위 학력자들이 공소시효가 없는 도덕과 양심으로부터 자유로울 수 없는 정신적 고통을 어떻게 견디고 강단을 지킬지 심히 걱정된다. 지금이라도 허위 학력 교수들이 한때 허망된 과욕이 저지른 죄를 깊이 반성하고 대학을 떠나기 바란다.

* 중앙일보 2008년 3월 12일 *

기술과 열정이 세계 일류 만든다

"오로지 하나만 쳐다보고 살다 보니 어느새 세계 1등이 됐네요."
엔드밀 세계 시장 점유율 60%를 달성한 세계 일류의 절삭공구 제조
기업 'YG-1' 송호근 사장의 성공의 변이다. 뛰다 보니 1등이 됐다는
말이다. 뛴다고 모두 1등이 되지는 않는다. 세계 최강 미니기업이 오
늘의 성공을 거두기까지는 물 위에 떠서 아름다운 자태를 연출하는
백조의 보이지 않는 물갈퀴질처럼 열정적으로 사력을 다해 개발한
신기술이 있었다.

'세계 최강 미니기업' 中企에 희망

동아일보가 특집으로 기획해 1월부터 40여 회에 걸쳐 연재한 '세계
최강 미니기업'의 성공 신화는 국민과 기업에 신선한 충격을 주는 삶
의 활력소다. 무엇보다 활로가 보이지 않아 좌절과 실의에 빠진 중소
기업에 새로운 도전 의욕과 희망을 갖게 하는 성공 노하우를 총망라
한 바이블과 같다. 국민에게는 오랜만에 갈증을 해소하는 후련함과
가슴 뿌듯한 자부심을 느끼게 한다. 이번에 소개한 20개의 세계 최강
국내 미니기업이야말로 실패의 역경을 딛고 불굴의 도전정신으로 세
계 일류가 됐다. 우리 모두 아낌없는 찬사를 보낼 일이다.

마사이 신발을 만드는 MBT 설립자 카를 뮐러 씨는 한국의 시골

에서 요양하던 중 논두렁을 걷다가 푹신한 흙을 밟을 때 통증이 완화되는 데서 아이디어를 얻었다. 그리고 무릎 관절과 허리 통증으로 고생하는 사람이 하나쯤 갖고 싶어 하는 '꿈의 신발'을 개발했다. 세계 최고가 된 경영자들은 준비된 자의 신비한 능력과 거기서 나오는 열정으로 세계 일류 제품을 만들었다.

국내외 40개 세계 최강 미니기업의 공통적인 성공 키워드는 글로벌 마인드, 고객 신뢰, 발로 뛰는 열정적 최고경영자(CEO)로 집약되지만 무엇보다도 기술과 기능이 고객의 이상을 실현하는 경쟁력의 핵심이었다.

이들 기업은 끊임없는 연구개발 투자와 혁신, 틈새를 노리는 전략, 국제적 분업을 통한 효율성을 중시했다. 이들 기업은 단어가 모여 문장이 되고 문장을 모아 최고의 스토리를 만드는 마법과도 같은 '조합의 노하우'를 갖고 있었다. 최고의 스토리는 마침내 멜로디, 리듬, 하모니가 어우러져 세계를 감동시키고 있다.

하지만 오늘날 세계 최고의 위치와 감동은 영원할 수 없다. 시장은 안주하는 기업을 외면한다. 새로운 감동은 오로지 기술력에서 비롯되며 기술력의 기본은 전문 교육에서 나온다. 정부는 세계 최고를 만드는 기술력의 원천인 전문 교육의 본질을 회복시켜야 한다.

국내 전문 교육은 심각한 위기에 직면해 있다. 간혹 전문계 고교 육성책이 나오긴 했지만 대부분 선심성이거나 임기응변적이라 전문 교육의 본질을 회복시킬 만큼 지속적이고 체계적이지 못했다. 한마디로 '언 발에 오줌 누는 식의 안일한 정책'만 있었다.

기능올림픽에 더 관심 가질 때

이런 현실에서 기능올림픽도 그들만의 일로 제쳐 둔 채 관심을 기울이지 않았다. 11월 일본에서 열릴 국제기능올림픽 대표선수 47명이 땀 흘려 훈련하는 중이다. 대표선수의 각오와 열의는 세계 최강 미니기업을 이룬 경영자나 연구진과 비슷하다. 이들은 전문계 고교생의 희망이자 세계 최고 전문가로 키워야 할 소중한 자산이다.

열정만으로 세계 최고가 되지는 않는다. 세계 최고의 감동은 기술 교육의 기본에서 비롯된다는 사실을 결코 잊어서는 안 된다. 세계 최고 수준의 기술과 기능은 우리의 자산이며 코리아의 브랜드 가치를 높이는 국가 경쟁력이다. 기능올림픽 대표선수를 국민 모두가 열정으로 성원하기 바란다.

* 동아일보 2007년 7월 17일 *

글로벌 대학 제대로 만들려면

대학의 생명인 '진리 탐구와 자유'는 오늘날 국가경쟁력을 키우는 강력한 도구가 되고 있다. 외환위기는 우리 대학들로 하여금 세계화에 눈을 뜨게 하였으며 개혁의 필요성을 절감케 한 계기가 되었다.

이를 계기로 국내 대학들은 생존을 위한 나름의 개혁도 모색하게 되었다. 하지만 각 대학이 마련한 개혁은 준비가 안 된 '비전 없는 꿈의 계획'에 불과할 뿐 결코 국가경쟁력의 도구가 되지 못하고 있다. 무엇보다도 경쟁력을 키울 수 없는 가장 큰 저해 요인은 '작은 종지는 만들 수 있어도 결코 항아리를 만들 수 없는 우리의 교육시스템'에 있다.

지난해 뉴스위크의 세계 100대 대학 선정에 들지 못한 것이나 스위스 국제경영개발원(IMD)의 고등교육의 유용성 평가에 대한 기업의 인식도 조사에서 60개국 중 59위를 차지한 것은 아직도 갈 길이 먼 우리 대학들의 경쟁력의 실상이다.

리콴유 싱가포르 전 총리는 얼마 전 국내 대학에서 열린 강연에서 "글로벌 대학은 최고 수준의 학생과 교직원, 최고 수준의 교과과정·개방성·진취성이 총체적으로 결합된 대학을 의미한다."고 말했다. 그리고 리처드 레빈 예일대 총장은 "대학은 경제를 발전시키는 과학적 발견의 중심이자 경쟁력을 확보·유지하는 데 필요한 인재를 기르는 중요한 수단"이라고 언급했다.

글로벌 대학이 되기 위해서는 먼저 대학의 경쟁력이 어디서 비롯되는지 알아야 한다. 대학의 경쟁력은 '진리 탐구와 자유'에서 비롯된다. 자유에서 나오는 진리 탐구야말로 경제발전의 성장동력이며 국가경쟁력의 강력한 도구로 작용한다. 계획성 없는 대학 설립이나 목적마저 퇴색해버린 양적 팽창은 대학 스스로 대학의 생명을 잃게 한 요인이다. 대학이 좋은 직업을 얻기 위한 도구나 지식의 전수장으로 전락해 가고 있는 현실에서 국가경쟁력에 필요한 인재를 양성하는 일은 더욱 요원하다.

모든 교육이 대학으로 집중된 대학 만능주의의 병폐는 기술과 기능의 경시뿐 아니라 직업교육이나 전문가 양성을 위한 교육조차 제대로 할 수 없게 한 원인이기도 하다. 교육이 대학을 가기 위한 수단으로 존재하는 상황에서 대학을 대학답게 생명을 불어넣는 개혁이야말로 모든 교육을 살리는 일이다. 실패한 교육정책에서 비롯된 대학의 통폐합 같은 구조조정은 필연적이며, 이는 우리 대학의 경쟁력을 높이는 전화위복의 계기가 될 수도 있다. 무엇보다도 이해관계를 떠나서 대학의 생명인 '진리 탐구와 자유'가 살아 숨쉬게 하는 강력한 개혁만이 글로벌 대학을 만들 수 있다.

그리고 명품을 만들 수 있는 시스템을 갖춰야 한다. 최고의 명품은 질 좋은 원료를 사용하는 훌륭한 생산시스템에서 만들어 낼 수 있다. 우수학생 유치도 중요하지만 더 중요한 것은 훌륭한 인재를 양성하는 교육시스템을 갖추는 일이다. 교수의 경쟁력은 글로벌 대학의 핵심이며 명품 인재를 키우는 힘이다. 따라서 교수는 인재를 기르는 참스승으로서 끊임없는 자기혁신과 지식사회의 부패를 막을 수 있는 지도자 정신의 덕목을 갖춰야 한다. 아직도 없어지지 않는 짝퉁 논문이나 짝퉁 박사 등과 같은 지식범죄는 세계화의 걸림돌이며 경쟁력의 저해 요인이다.

세계의 10대 글로벌 대학은 연구업적뿐 아니라 개방성과 다양성 모두에 강점을 갖고 있다. 우리 대학의 세계화는 대학만의 일이 아니며 반드시 이루어야 할 국가적 목표다. 그러나 지금과 같은 교육 시스템 속에서의 글로벌 대학은 자칫 꿈의 계획에 불과할 수 있다. 따라서 정부에서는 대학이 국가경쟁력의 도구가 될 수 있는 시스템 개혁의 비전을 제시해야 한다. 무엇보다도 '종지밖에 만들 수 없는 시스템에서 항아리와 같은 명품을 만들 수 있는 시스템'으로 탈바꿈 해야 한다. 이것만이 글로벌 대학이 될 수 있는 유일한 길이다.

* 중앙일보 2007년 1월 22일 *

실업고 교육 시스템 확 바꾸자

윤종용 삼성 부회장과 이상수 노동부 장관이 지난해 12월 21일 체결한 '기능장려 협약'은 실업계 고교생에게 희망을 주고 있는 일로 크게 환영할 만하다. 이 협약이 중요한 의미를 갖는 것은 일류기업 대표와 노동부 장관과의 협약 체결보다 그동안 우수한 기능인력 배출의 산실이었던 전국기능경기대회나 국제기능올림픽대회 출신들을 국가 경제발전의 성장 동력으로 흡수하겠다는 기업의 의지가 담겨 있기 때문이다.

지금 시점에서 볼 때 기부금 기탁이나 일부 학생에게 취업 기회를 제공하는 것도 실업고 학생에겐 큰 희망을 주는 일이다. 그러나 '기능장려 협약'만으론 오래전부터 중증 환자가 돼 버린 실업교육을 치유하기가 매우 어렵다. 우리 실업교육은 마치 수요자가 외면하는 제품만을 양산하고 있는 것으로 비유될 수 있다. 그래서 유용성 측면에서 볼 때 실업교육 자체를 부정하는 사람도 많다. 이는 '산업인력 양성'이란 본질에 충실하지 못하고, 시대 변화에 따른 개혁이 요구될 때마다 임기응변적으로 안일하게 변화했기 때문이다.

윤 부회장은 협약식에서 "자원이 없는 우리나라가 선진국이 되려면 교육과 인재 육성만이 유일한 방법"이라며 교육과 인재 육성의 중요성을 강조했다. 또 노동부 장관과 만났던 실업고 교장단은 '보여주기식의 현상 변화'보다는 보다 본질적인 실업교육의 시스템 개혁을 요청했다. 특히 무분별한 대학 설립으로 인한 대학 정원 채우기가 결국은 실업 교육의 본질을 망치게 했다는 어느 교장 선생님의 고언(苦言)은 교육 당국자가 깊이 새겨야 할 대목이다.

기업 경쟁력으로 국가 경쟁력을 유지해야 하는 현실에서 삼성이 '기능인력 육성'에 관심을 보인 것은 환영할 일이다. 우수한 인적자원을 갖고 있으면서도 기능선진국이 되지 못한 것은 우리의 실패한 실업교육 정책의 한 단면이다. 기능 활성화의 문제는 무엇보다 실업교육의 본질에 있다. 따라서 지금 당면한 문제 해결을 위한 키워드는 실업교육이 '산업 인력 양성'이라는 본질 회복, 기술자·기능인을 제대로 대우하는 정책, 우수한 기능인력을 숙련된 전문가로 육성하는 것 등 세 가지로 집약할 수 있다.

나아가 삼성도 단지 우수 기능인력을 채용하는 데 그치지 않고 이들을 숙련된 전문가로 육성하는 계획을 갖고 있어야 한다. 앞으로 세계 일류제품과의 경쟁에서 절대 우위에 서기 위해선 우수한 기술과 기능인력의 확보가 필수적이다. 그리고 만연된 기술·기능 경시 풍조와 이공계 기피 현실 속에서 기술자·기능인의 명예·가치를 존중하는 문화를 정착시키는 것이 결코 쉬운 일이 아니지만 반드시 정부가 풀어야 할 숙제다. 따라서 정부도 이제는 더 이상 통상적이고 말뿐인 우대정책보다 좀 더 현실적이고 설득력 있는 대우정책을 펼쳐야 한다.

　궁극적으로 실업교육과 기능을 활성화하기 위해선 무엇보다 앞서 언급한 세 가지 키워드를 하나의 시스템으로 연계하는 정책 비전을 정부가 제시하고 추진해야 한다. 그리고 '기능장려 협약'은 기능 활성화에 꼭 필요한 일로 적극 장려해야 한다. 이번 삼성의 '기능장려 협약'을 계기로 다른 대기업들도 기업 경쟁력을 키울 수 있는 인재 양성에 적극 참여해 21세기 코리아의 브랜드 가치를 높이는 데 기여하기를 기대한다. 이와 함께 실업 교육의 본질을 회복시키는 것이 더 큰 기능 활성화의 길이란 사실을 결코 잊어선 안 된다.

＊ 중앙일보　2007년 1월 2일 ＊

실업계 고교가 춤춰야 한국이 큰다

윤종용 삼성전자 부회장과 이상수 노동부 장관이 21일 체결한 '기능장려협약'은 실업계 고교생에게 희망을 준다. 우수한 기능인력 배출의 산실이던 전국기능경기대회나 국제기능올림픽대회 출신을 적극 채용해 국가 경제발전의 성장 동력으로 흡수하겠다는 의지를 담고 있다.

협약식에 앞서 내년 11월 일본 시즈오카에서 열리는 제39회 국제기능올림픽대회 국가대표가 되기 위해 2차 평가전에 참여한 선수들을 격려하는 모습 또한 전에 볼 수 없던 일이다. 이 장관의 즉석 제의로 열린 일선 실업계 고교 교장단과의 대화를 계기로 정부가 실업교육을 살리는 방안에 귀를 기울였으면 하는 바람이다.

학교에 기부금을 기탁하거나 일부 학생에게 취업의 기회를 제공하는 방법은 실업계 고교생에게 희망을 주지만 '기능장려협약'만으로는 중증 환자가 돼 버린 실업교육을 치유하기 어렵다. 지금의 실업교육은 수요자가 외면하는 제품을 양산하는 데 비유할 수 있다. 유용성 측면에서 볼 때 실업교육 자체를 부정하는 사람이 많다. 산업인력 양성이라는 본질에 충실하지 못하고 시대변화에 따른 개혁이 요구될 때마다 임기응변으로 대응했던 결과다.

실업계 고교 교장단은 노동부 장관과의 대화에서 보여주기식의 외형적 변화보다는 실업교육 시스템을 본질적으로 개혁해야 한다고 강조했다. 무분별한 대학 설립으로 대학 정원이 늘어나면서 실업교육을 망쳤다는 지적도 나왔다.

윤 부회장은 협약식에서 "자원이 없는 우리나라가 선진국이 되려면 교육과 인재 육성만이 유일한 방법이라 생각하고 있다"며 교육과 인재 육성의 중요성을 강조했다. 기업의 경쟁력으로 국가 경쟁력을 유지해야 하는 현실에서 기능인력 육성에 관심을 보인 것은 환영할 일이다.

기능강국의 우수한 인적 자원을 가졌으면서도 기능선진국이 되지 못한 이유는 실업교육 정책이 실패했기 때문이다. 문제 해결의 세 가지 키워드는 「산업인력 양성이라는 실업교육의 본질 회복」, 「기술자와 기능인을 제대로 대우하는 정책」, 「우수한 기능인력을 숙련된 전문가로 육성하는 정책」으로 집약할 수 있다.

기업은 우수 기능인력을 채용하는 데 그치지 않고 이들을 숙련된 전문가로 육성하는 계획이 있어야 한다. 이는 국내 기업 브랜드의 가치를 높이는 의미 있는 투자이며 기업의 생존과 직결되는 경쟁력을 키우는 일이다. 세계 일류제품과의 경쟁에서 절대 우위를 가지려면 우수한 기술과 기능인력을 확보해야 한다.

기술과 기능을 경시하는 풍조와 이공계를 기피하는 사회적 분위기 속에서 기술자와 기능인의 명예와 가치를 존중하는 문화를 정착시키기는 쉽지 않지만 정부가 풀어야 한다. 앞에서 언급한 세 가지 키워드를 하나의 시스템으로 연계하는 정책을 정부가 제시하고 추진해야 한다. '기능장려협약'을 계기로 다른 기업이 인재 양성에 적극 참여해 21세기 코리아의 브랜드 가치를 높이는 데 기여하기를 기대한다.

* 동아일보 2006년 12월 29일 *

짝퉁 판치는 한국의 대학가

도덕 가치가 땅에 떨어진 요즘 대학마저도 지식 범죄의 온상으로 비치고 있다. 최근 검찰이 '과학계의 성수대교 붕괴'라고 밝힌 희대의 '과학사기' 사건을 비롯해 짝퉁 논문, 짝퉁 박사 등과 같은 대학의 지식 범죄가 드러났다. 러시아 짝퉁 박사까지 등장했다. 이런 범죄는 우리나라에만 있는 이야기는 아니지만 우리 대학은 그 도가 외국에 비해 지나치다.

이런 지식 범죄는 대학의 개혁과 혁신이 하드웨어적인 것만으로는 결코 성공할 수 없으며 무엇보다도 중요한 것이 정신문화라는 사실을 일깨워 주고 있다. 이런 의미에서 얼마 전 서울대가 발표한 교수

윤리헌장은 크게 환영할 만하다.

미국 GE의 잭 웰치 전 회장은 GE의 사원 자격 요건 중 첫째를 정직(integrity)으로 꼽았다. 그리고 흥사단 장학생으로 미국에 단신 유학해 엔지니어와 사업가로 성공한 '패코스틸'의 백영중 회장도 정직을 강조한다. 그는 자서전 '나는 정직과 성실로 미국을 정복했다'에서 흥사단 3계명 정신 중에서도 첫째 덕목인 "거짓말하지 말고 정직하라"를 생활신조로 미국 제일의 철강 기업 '패코스틸'을 키웠다고 회고하고 있다.

참스승이 갖춰야 할 제일의 덕목도 정직성이 아닌가 생각된다. 그리고 정직은 성공한 CEO나 역설적인 지도자의 계명 속에서 항상 함께하는 불변의 키워드일 뿐 아니라 지도자 정신의 뿌리이자 지식사회의 부패를 막는 소금이기도 하다.

간디 기념 묘소의 비문에는 7대 사회악이 새겨져 있다고 한다. 원칙 없는 정치, 노동 없는 부(富), 양심 없는 쾌락, 인격 없는 교육, 도덕 없는 상업, 인간성 없는 과학, 희생 없는 종교가 그것이다. 이는 지식 범죄의 온상이 돼버린 우리 대학과 지식 사회의 핵심인 교수들이 깊이 되새겨봐야 할 대목이다.

왜냐하면 도둑질한 학문과 지식 범죄가 계속되는 한 대학은 결코 공적(公敵)인 사회악을 뿌리칠 수 있는 건전한 인물을 양성할 수 없기 때문이다. 3.25%의 소금이 바다를 썩지 않게 하는 것처럼 '정직'은 과학계의 제2의 대형 참사를 막을 수 있는 소중한 양심이다. 아무쪽록 우리 대학이 지식 범죄의 온상으로부터 벗어나 국민 모두의 새로운 희망으로 거듭날 수 있기를 기대한다.

* 중앙일보 2006년 6월 20일 *

⋮

실업교육 본질은 산업인력 양성

그동안 실업고는 경제성장 동력으로서 국가 산업발전의 견인차 역할을 해왔다. 국제기능올림픽에서도 열네 번씩이나 세계를 제패하여 기술과 기능강국으로 국위를 선양하는 데 크게 기여했다. 이는 실업고가 '산업 인력 양성'이라는 직업 교육기관으로서의 설립 목적을 살려 충실하게 본래의 역할을 다해 왔기 때문이다. 그러나 끊임없이 계속되는 시대 변화 속에 적절한 자기 혁신을 하지 못한 결과 오늘날 실업교육은 막다른 골목에 봉착해 있다.

이런 상황 속에 최근 정부와 여당이 실업 교육 정책을 내놓았다. 실업고 졸업생 대입 특별전형 비율을 정원 외 5%로 확대하고, 2010년부터 4000억 원을 추가로 더 들여 현재 60%의 학생이 받고 있는 전액 장학금을 실고생 모두에게 장학금을 준다는 것이다. 한마디로 누가 봐도 실업 교육의 앞날이 심히 걱정되는, 도저히 이해가 가지 않는 정책임이 틀림없다. 지금 우리의 실업 교육은 한마디로 표현한다면 마치 그동안 품종 개량에 실패하여 쓸모없는 열매를 맺는 나무와도 같다고 말할 수 있을 것이다. 문제가 본질인 나무에 있음에도 불구하고 현상인 열매만을 바꾸기 위한 정부와 여당의 안일한 실업 교육정책은 분명 혁신도 아니고 개혁도 아니다. 때 아닌 임기응변식 실업고 껴안기라고밖에 생각되지 않는다.

무엇보다도 실업 교육은 직업 교육의 산실로서 국가 경제 발전의 성장 동력으로 산업 인력 양성에 초점이 맞춰져야 할 것이다. 이번의 대입 특별전형 확대가 실업고 내의 또 다른 양극화 갈등을 초래할 뿐만 아니라 실업 교육의 본질을 망치게 될 것은 너무나 자명한 일이다.

또 실업고생 전체에게 전액장학금을 주는 문제는 더욱 이해할 수 없는 정책이다. 목적도 노동의 대가도 분명치 않게 주는 선심성 위로장학금인지는 알 수 없으나 이런 우대정책보다는 아직도 정당한 대우를 받지 못하는 기술자들에 대한 편견 해소정책이 진정으로 실고생의 가슴속 응어리를 풀 수 있고 실업고를 살릴 수 있다는 사실임을 깨달아야 할 것이다. 장학금을 주는 일은 참으로 좋은 일이지만 차라리 열악한 실업고의 인프라 구축에 투자하는 것이 우선순위라고 본다. 그동안 40회를 실시한 전국 기능 대회만 보더라도 대회 때마다 경기를 하기 위해 약 100억 원 정도의 예산으로 경기장 시설 장비를 마련하여 어렵게 치르고 있으며, 아직도 국제대회 기준으로 대회를 치를 수 있는 변변한 경기장 하나 갖추지 못하고 있는 실정이다. 4000억 원의 돈이면 실업고 40개교는 충분히 수준급 학교로 인프라를 구축할 수 있는 예산이다.

이번의 실업고 대책은 본질을 해결하기보다는 보여주기식의 정책일 뿐, 누가 봐도 실업고 육성을 위한 설득력 있는 정책 비전으로 볼 수 없을 것이다. 정부는 지금이라도 실업 교육 전반에 대한 로드맵을 마련하여 실업고의 설립 취지대로 직업교육 산실로서 산업 인력 양성에 충실할 수 있는 시스템 개혁의 비전을 제시해야 할 것이다. 교육을 정략적 목적으로 이용하려 한다면 응어리를 풀기보다는 더 응어리를 맺게 한다는 사실도 꼭 기억해야 할 것이다.

* 조선일보 2006년 4월 9일 *

교육 양극화 해소의 첫걸음

3월중 대통령이 실업계 고등학교를 방문하여 학생들을 격려할 것이라고 한다. 그리고 오늘은 여당 소속의원 143명이 지역구나 지역구 인근 700개 실업계 고등학교를 방문하여 일일 교사 활동 등을 통하여 실상도 파악하고 대책도 마련키로 했다고 한다. 아마도 일련의 계획들은 '못사는 집 아이, 공부 못하는 아이'라고 생각하고 있는 실업고 학생과 부모들의 가슴속 응어리를 풀어줘야 한다는 판단과 교육의 양극화 해소 차원에서 비롯된 조치로 풀이된다.

그 동안 실업계 고교생의 최고 희망인 국제기능올림픽 대표 선수들마저도 누구 하나 따뜻한 관심과 격려를 받지 못한 비인기 분야의 설움을 지켜봤던 터인지라 일단은 대통령까지 실업교육에 관심을 갖게 한 것은 커다란 배려일 뿐만 아니라 참으로 이례적인 일로 크게 환영할 만한 일이다. 아무쪼록 이번의 대통령의 격려 방문이나 의원들의 실업고 방문 활동이 실업교육의 실상을 정확히 파악하는 계기가 되었으면 하는 바람이다. 한편 염려되는 것은 대통령의 격려와 여당위원들의 일련의 행보가 자칫 임기응변적 주기식의 활동으로만 끝나게 되지는 않을까 하는 점이다.

얼마 전 자동차분야 명장 출신으로 기능올림픽 대표선수를 지도했던 기업의 대표를 만난 적이 있는데 성공한 기업인은 우리의 실업교육의 미래를 크게 걱정하고 있었다. 무엇보다도 기술자가 자부심을 갖고 충실하게 일할 수 있는 제도와 여건을 갖추지 못한 점과 기능강국의 우수한 기술 인력이 국가의 경제성장 동력으로 활용되지 못하는 것을 매우 안타깝게 생각하고 있었다. 지금의 교육 양극화로까지 대두된 실업 교육의 문제는 단순히 대통령의 방문이나 격려만으로 쉽게 해결될 일이 결코 아니다. 물론 대통령의 방문과 격려가 갖는 의미는 실업교육을 위한 활력과 위로가 될 수 있을지는 모르나 이는 본질적인 해결책이 될 수는 없을 것이다.

그 동안 우리의 실업 교육은 직업 교육의 산실로서 시대 변화에 대비하는 진정한 개혁과 혁신에 충실하지 못하고 포장만 달리한 현상의 변화만을 지나치게 추구했다는 사실도 결코 간과해서는 안 될 것이다. 직업 교육의 본질을 외면하고 현상유지만을 위한 다른 교육 시스템으로의 변화가 주된 목표이거나 실속 없는 변화를 위한 명칭 바꾸기 등에 집착하지 않았는지도 되돌아볼 일이다. 그리고 우리 사회에 아직도 만연되고 있는 기술과 기능 경시 풍조 해소와 기술자의 사회적 대우와 보장정책 등도 반드시 해결해야 할 중요한 문제이다. 이와 같은 문제는 학생과 학부모의 가슴 속 응어리를 풀기 위해 반드시 기본적으로 해결해야 할 선결 과제다.

그리고 실업고 문제 해결은 먼저 정부가 설득력 있는 실업 교육 육성의지를 보여줘야 할 것이다. 무엇보다도 실업 교육 전반에 대한 로드맵을 마련하여 학생과 학부모에게 비전을 제시하여야 할 것이다. 그리고 정부 기관이나 기업의 수요와 연계된 특성화고교 육성 방안도 고려해볼 문제다. 이는 수요자가 교육과 취업의 일체를 책임 지게 하는, 보다 현실적이고 특성화된 교육 시스템을 말하는 것으로 기업에서도 필요한 전문가를 스스로 양성하므로 기업의 브랜드를 한 층 높일 수 있는 길이 될 것이다.

또한 일정한 자격을 갖춘 우수한 기술 인력을 정부기관에서 채용 하는 방안, 학력 위주 사회에서 기술자가 정당한 사회적 대우를 받을 수 있는 법적 제도 마련, 낙후된 실습시설 교체와 실습비 등의 지원방안, 실업고 교사들이 투철한 사명감을 갖도록 하는 일 등이다.

최근에 더욱 심각한 교육 양극화로까지 대두된 지금의 실업 교육

문제는 오늘을 준비했던 과거의 안일한 정책의 결과로 보아야 할 것이다. 따라서 실패를 바로잡는 미래에 대한 준비는 진정 힘 있는 여당이 지금 바로 해야 할 개혁이다. 그리고 교육이 어떤 정략적 목적으로 이용되는 것은 자칫 가슴 속 응어리를 풀기보다는 결코 풀 수 없는 더 단단한 응어리를 맺게 한다는 사실도 깨달아야 할 것이다. 지금의 실업교육 문제 해결은 그 동안 품종 개량에 실패하여 아름다운 열매를 맺지 못하는 나무처럼 현상인 열매에 있는 것이 아니라 본질인 나무에 있다는 사실이다. 아무쪼록 앞으로 일련의 행보가 무너진 성장 동력인 실업 교육을 살리고 학생과 부모들의 한 맺힌 응어리를 정책과 제도로 풀 수 있는 시스템 개혁의 계기가 되길 기대한다.

* 매일경제 2006년 3월 3일 *

⋮

실업교육은 경제성장 동력이다

대전에서 열린 제40회 전국기능경기대회에 대통령이 격려 방문을 한 것은 1998년 이후 7년 만의 일로 참가 선수들은 물론 실업교육 관계자들까지 큰 기대를 갖게 하였다. 왜냐하면 제38회 국제기능올림픽에서 금메달(3개) 순위 6위라는 역대 최악의 성적을 기록하여 추락하고 있는 기능 한국의 실상을 보여줬던 터라 이번 대통령의 경기 참관이 실업교육과 기능 한국의 부활을 위한 새로운 전기가 되기를 간절히 바라고 있었기 때문이다.

전국기능경기대회는 1966년 제1회 대회를 시작으로 어느덧 40회를 맞이하였다. 그 동안 국내기능경기와 국제기능올림픽은 우수한 기능인력 배출의 산실이었을 뿐만 아니라 국가 경제발전의 성장동력 역할을 해왔다. 또한 우리 기능인들은 1967년부터 국제대회에 참가하여 종합우승만도 14번씩이나 차지하면서 국제기능올림픽을 주도하였고 국위도 선양했다.

그러나 우리가 이와 같이 우수한 기능인력을 배출했으면서도 아직까지도 실업교육을 직업교육으로 정착시키지 못한 것은 깊이 반성해야 할 일이다. 더욱이 세계 제일의 기능강국으로 새 시대의 변화를 리드해야 할 리더로서 역할을 못 한 것도 매우 안타까운 일이다. 그 동안 우리는 올림픽에서 메달 획득만이 목표가 되어 가장 중요한 실업교육의 본질을 외면하지 않았는지도 생각해볼 일이다. 실업교육이 국가 발전의 든든한 성장동력이 되지 못하는 근본적인 문제점을 지적하고자 한다.

첫째, 실업교육은 직업교육의 산실이 되어야 한다. 따라서 실업교육을 시대 변화에 맞게 먼저 본질(to be)을 혁신해야 한다. 지금과 같은 현상(to do)만의 변화로는 결코 실업교육이 바로 설 수 없음을 깊이 깨달아야 할 것이다. 대학 진학이 주된 목표가 된 것이나 포장만 달리한 보여주기식의 학교와 학과 이름 바꾸기 등의 변화가 개혁의 실상이다.

또한 기능 훈련 예산이 학교 체육부 예산의 절반에도 못 미치는 학교가 있는 것도 사실이다. 이는 만연된 사회의 기능 경시 풍조를 해소하려는 노력이라기보다는 본질을 외면한 현상의 변화로 매우 염려되는 일이다. 그 동안 이공계 기피와 기능 경시 풍조 속에서도 스위스 독일 프랑스 오스트리아 일본 등은 직업교육과 기능정책을 시대 변화를 대비하여 능동적으로 본질을 혁신한 나라들이다. 그 결과 오늘의 기능강국으로 부상할 수 있었던 것이다. 우리가 기능올림픽에서 밀려난 것도 본질의 혁신을 외면한 실업교육 현상의 변화에서 온 결과로 봐야 할 것이다.

둘째, 기능인이 자부심을 가지고 자기분야에 종사할 수 있는 사회적인 여건과 시스템을 마련하는 일이다. 기능 경기나 올림픽 입상자들에게 포상금을 올리는 일이나 열린 경기 등을 통한 이벤트성 행사도 필요하지만 이것만으로 기능인들에게 지속적인 희망과 자긍심을 갖게 할 수는 없을 것이다. 무엇보다도 기능인력의 저변 확대와 사회적 지위를 보장하는 제도를 마련하는 일이다.

셋째, 우수한 기능인력이 각기 전문분야에서 안정적으로 일할 수 있는 취업 기회가 주어져야 한다. 무엇보다도 기능인력을 경제발전의 성장동력으로 흡수해야 한다.

그러기 위해서는 기업이나 정부도 우수한 기능인력을 적극 채용할 필요가 있다. 특히 기업도 우수한 기능인력만을 찾을 것이 아니라 필요한 전문가를 양성하는 데 눈을 돌려야 하며 이를 기업의 브랜드로 키워야 할 것이다.

이상은 성장동력 실업교육과 기능 한국이 무너지고 있는 실상이다. 그러나 분명한 사실은 실업교육이 본질이라면 기능경기나 올림픽은 현상에 불과하다는 것이다. 현상의 변화로는 결코 본질을 혁신할 수 없다. 무엇보다도 좋은 나무를 통하여 실한 열매를 맺도록 하여야 할 것이다. 아무쪼록 대통령의 참관을 계기로 위기의 실업교육과 추락한 기능 한국의 실상이 올바르게 진단되어 혁신의 전환점이 될 수 있기를 기대한다. 따라서 정부는 기능인력을 국가 발전의 성장동력으로 키울 수 있는 비전을 제시하여야 할 것이다.

＊ 매일경제 2005년 10월 13일 ＊

보여주기식 대학개혁 안 돼

새해 벽두부터 대학 개혁이 큰 이슈가 되고 있다. 교육부 발표에 따르면 전국 358개 대학 중 약 4분의 1에 해당하는 87개 대학이 자의든 타의든 간에 문을 닫아야 할 운명을 맞고 있다.

학생수 감소가 주원인이라고는 하나 지금의 상황을 전적으로 대학들만의 책임이라기보다는 우리의 근시안적인 교육정책이 가져온 대학의 양적 팽창 결과로 보아야 할 것이다. 지방 국립대를 중심으로 가속되고 있는 생존을 위한 대학 간의 통폐합도 줄을 이을 것으로 예상된다.

구조조정이든 통폐합이든 이 모든 것은 교육부가 판단하고 결정할 사항이다. 그러나 이것이 대학의 경쟁력을 강화하는 계기가 되길 바란다. 단지 간판만 바꿔다는 식의 통폐합이나 변화를 위한 개혁이 되어서는 결코 안 될 일이다.

무엇보다도 대학 간의 이해관계를 떠나서 새로운 대학을 설립한다는 백지 상태에서의 통폐합 계획 수립이 필요하다.

비록 어떤 희생이 따르더라도 일련의 계획 아래 강력한 개혁과 구조조정만이 대학의 경쟁력을 강화하는 길이 될 것이다. 짝짓기식 통폐합의 현실에서 그동안 대학의 교육 개혁을 통해 나타난 중요한 문제점을 지적하지 않을 수 없다.

첫째, 반드시 미래를 준비하는 백년대계의 비전이 있어야 한다. 몇 해 전 50년 산 위스키가 시판됐을 때 값은 차치하더라도 없어서 구입하지 못했다고 한다. 이는 50년 전에 오늘을 준비한 백년대계의 결실이다. 우리의 오늘 속에는 이런 백년대계의 비전을 찾을 수 없다.

이는 폐교 위기까지 몰린 무분별한 대학들의 양적 팽창과 지금의 대학 경쟁력이 잘 대변하고 있다. 미래의 비전이 없는 생존을 위한 대학 간 이해관계의 충족만으로 통폐합되어서는 안 될 것이다.

단지 통폐합 결과로 예상되는 외형적인 몇몇의 지표만을 경쟁력 향상의 효과로 내세우는 근시안적인 발상은 크게 우려되는 점이다.

둘째, 포장만 달리한 개혁은 결코 대학의 경쟁력을 키울 수 없다. 국제경영개발원(IMD)의 2004년 세계 경쟁력 평가 보고서에서 대학 교육관련 경쟁력 평가 내용을 보면 우리 교육 시스템의 경제수요 대처 능력은 52위이며 그리고 대학 교육의 경쟁사회 부합 정도는 59위를 기록하고 있다. 이는 한마디로 우리 대학들이 경쟁 사회를 주도할 인재를 공급하지 못하고 있음을 객관적으로 나타내는 수치다. 요즘처럼 인재가 넘쳐나고 있을 때도 일찍이 없었다. 그러나 홍수 때 정작 먹을 물이 없는 것처럼 기업들은 쓸 만한 인재를 찾을 수 없다고들 한다. 지금의 현실에서 대학들의 내면을 면면이 살펴보면 더욱 심각함을 느낀다.

그 동안 우리 대학들은 많은 개혁을 했다고 주장한다. 교육부가 인정하는 최우수 대학을 비롯하여 특성화·다양화·자율화 등이 그 대표적인 자랑거리다. 자율화라는 포장 속에는 마치 병사에게 훈련을 선택하여 받게 하고 용감한 병사가 태어나기를 바라는 모순도 들어 있다. 그러나 일련의 개혁이 대학의 경쟁력을 높였다고 믿는 사람은 거의 없다. 변화를 위한 실속 없는 개혁이 심각한 학력 저하와 경쟁력 추락의 원인이 됐다는 사실이다. 지금이 아무리 어려운 시기라고는 하나 최우수 대학에서 길러낸 인재가 기업들에 필요한 전문가가 되지 못하는 현실과 IMD 보고서가 이를 잘 증명하고 있다. 한마디로 포장만 달리한 변화만을 위한 개혁이 되고 만 것이다.

셋째, 본질이 개혁되어야 한다는 사실이다. 좋은 나무가 좋은 열매를 맺을 수 있는 것처럼 좋은 대학에서 훌륭한 인재가 배출될 수 있다는 사실이다.

여기서 본질(to be)이 나무라면 현상(to do)은 열매에 해당한다. 그 동안 우리 대학들은 가장 중요한 본질보다는 현상만의 변화를 지나치게 추구한 것이다.

이는 진정한 개혁이라기보다는 변질이라고 말함이 더 타당할 듯하다. 훌륭한 인재를 통하여 좋은 대학이 만들어지는가 아니면 좋은 대학에서 훌륭한 인재가 만들어지는가를 곰곰이 생각해 봐야 할 것이다. 대학 수를 줄이는 통폐합으로의 겉포장은 자칫 본질을 망각한 현상의 변화가 될 수 있기 때문이다.

생존을 위한 통폐합도 중요한 일이지만 더 중요한 것은 변화를 위한 실속 없는 개혁의 겉치레를 버리고 훌륭한 인재를 길러낼 수 있는 시스템을 갖추는 목표가 교육당국과 대학들이 해야 할 가장 절실한 개혁의 본질이요 통폐합의 사명인 것이다. 무엇보다도 평범한 종지보다는 항아리 같은 전문가를 양성할 수 있어야 할 것이다.

* 매일경제 2005년 2월 12일 *

각 당 대학육성 공약 실망스럽다

제17대 총선에 임하는 각 당의 대학교육 정책을 살펴봤다. 모두가 대학교육의 경쟁력을 높이겠다는 것이다. 오늘의 대학교육을 맡고 있는 교수로서 반가운 일이 아닐 수 없다. 그러나 그 내용은 한마디로 실망스러울 뿐이다. 무너지고 있는 대학의 현실을 너무나도 모르고 있을 뿐만 아니라 정작 대학교육의 경쟁력을 높이려는 설득력 있는 비전을 찾아볼 수 없기 때문이다. 무엇보다 그간의 개혁과 제도의 모순에서 나타난 대학교육의 경쟁력 저하요인을 먼저 알아야 할 것이다. 그동안 대학들이 많은 변화를 모색한 것은 사실이다. 그러나 지금까지의 개혁이 대학의 경쟁력을 향상시켰다고 믿는 사람은 아무도 없을 것이다.

그동안의 변화와 개혁을 면면이 살펴보면 교육의 백년대계는 이미 무너진 지 오래며, 교육당국은 마치 1년 농사의 결실을 바라듯 수많은 정책과 제도가 난무하는 가운데 혼란만 가중시키는 과오를 범했다. 그리고 실속 없이 포장만 달리하는 대학 개혁만을 주도해 왔다는 사실이다. 이는 대학 변화의 결과를 보면 잘 알 수 있다. 먼저 웬만한 대학치고 최우수 대학이 아닌 대학이 없다. 최우수 대학이 많음에도 대학들은 왜 경쟁력을 갖추지 못하는 것일까. 다른 것으로의 변화와 포장만이 최우수의 판단이었기 때문일까. 특성화 · 다양화 · 자율화를 통한 실속 없는 포장의 변화 속에 수많은 대학이 생겨났으며,

새로운 학부와 학과도 만들어졌다. 이는 마치 붕어가 없는 붕어빵과도 같다. 프랑스 건설 분야의 엘리트 양성 고등교육기관인 국립 다리와 도로학교(Ecole Nationale des Ponts et Chaussures)는 매우 고전적인 옛 이름을 갖고 있으면서도 지금도 명문 교육기관으로 자리 잡고 있다.

또 하나의 경쟁력 저하요인으로 학생 스스로가 골치 아픈 과목보다는 학점 관리 위주의 편안한 과목을 선택해 학점을 채우고 졸업할 수 있는 제도는 결코 세계무대에서 경쟁력을 가질 수 있는 전문가를 양성할 수 없다. 이는 마치 병사에게 훈련을 선택해 받게 하고 용감한 병사가 태어나기를 바라는 것과 같다. 평범한 전문가보다 뛰어난 전문가가 더 경쟁력을 발휘한다는 사실을 알아야 한다. 지금 우리에게는 여러 개의 종지도 필요하지만 큰 항아리가 더 필요할 때다.

작금의 교육개혁과 제도는 이공계 기피현상을 더욱 부채질했을 뿐 아니라 학력을 크게 저하하는 결과를 가져왔다는 사실을 간과해선 안 된다. 물론 이공계 기피는 비단 우리나라만의 문제는 아니다. 또 다시 실패한 특성화·다양화·자율화로 대학의 경쟁력을 높이겠다면 이는 중병을 앓고 있는 대학들에 대한 올바른 처방이 아니다.

무엇보다 뛰어난 전문가를 양성할 수 있는 시스템을 갖추게 될 때 비로소 대학이 경쟁력을 지니게 된다는 사실을 깨달아야 할 것이다. 교육당국은 지금이라도 대학의 실상을 정확하게 진단해 대학들이 경쟁력을 갖출 수 있는 정책을 마련하기 바란다.

＊ 중앙일보 2004년 4월 13일 ＊

3부

친환경건축 (연구자)

키워드 : 친환경건축의 정체성 · 건축과 에너지 ·
층간소음 · 난방의 문화 · 신재생에너지 ·
녹색건축 인증제도 · 에너지절약과 효율 ·

「**친환경건축**」은 27편의 기고문으로 편집 구성돼 있다. 건축 환경과 건물에너지 분야를 전공한 교수로서 견해를 주로 피력하였다. 무엇보다도 용어만 어지럽게 난무하는 친환경건축을 올바르게 정의하고 그 정체성 확립의 시급함을 강조하였다. 또한 친환경건축의 실현을 위한 「덜 쓰고 덜 배출하는 건물시스템」 구축을 역설하였다. 그리고 에너지와 관련하여 에너지의 추상적인 절약도 좋지만 정량적인 에너지효율증진의 필요성의 대국민 홍보를 위해 노력하였다. 에너지빈국에서 에너지사용 선진국이 되기 위한 국가시스템의 혁신을 당부하였다. 급조한 제도라고 할 수 있는 녹색건축과 에너지효율등급의 실효성을 강조하였다. 근본적으로 친환경건축을 위한 건축적 방법의 설계기법의 중요성과 간과해버린 건축물의 안전시스템 구축의 당위성을 알렸다.

지극히 혼란스럽고 용어만이 난무하는 가운데 친환경건축의 개념을 정립하였다. 즉, ① 덜 쓰고 덜 배출하는 쾌적한 환경의 건물시스템 구축, ② 엔트로피 증가를 억제하는 건물, ③ 4R(Reduce, Reuse, Recycle, Regenerate)을 실현하는 건물 등 3가지 목적을 추구하는 정의를 제시하였다. 이런 개념을 토대로 창출된 건물이 비로소 친환경이 실현된 건물이라고 말할 수 있을 것이다. 이와 같은 개념의 도입은 환경 친화적 건물 설계를 위한 기본으로 확실하게 엔트로피 증가를 억제 할 수 있는 첩경이다. 또 이런 개념의 설계방법 분석은 건물을 창출하는 건축가의 윤리적 책무임을 강조하였다.

환경과 에너지시대를 맞이하여 친환경건축을 표방하고 등장하는 건물도 많고 용어 또한 풍년이다. 마치 친환경이라는 접두사를 붙이지 않으면 말이 안 될 정도로 생활의 문화 속에 친환경건축은 깊이 자리하고 있다. 그러나 친환경건축을 올바르게 이해하고 있는 일반인뿐만 아니라 정통한 전문가도 많지 않은 것이 현실이다. 이런 현실 속에서 찜통 공공청사도 지어졌고 녹색건축제도와 에너지효율등급제도도 등장하여 현행제도의 문제점의 핵심을 지적하였다. 또한 발코니확장, 음식물쓰레기, 에너지절약과 에너지효율, 층간소음 등의 문제점에 대하여 전문가로서 의견을 피력하였다.

발코니가 살린 소중한 생명

2014년은 인재(人災)로 얼룩진 고통과 아픔의 한해였다. 인재는 일어나서는 안 될 일이 일어날 수밖에 없는 무사안일의 총체적 부실에서 비롯된 재난(災難)이다. 인재의 근원인 총체적 부실을 혁신하지 못한다면 예고 없이 닥칠 천재(天災)에도 속수무책일 수밖에 없다. 이는 원칙도 없고 책임질 자도 없는 무사안일의 국가시스템 난맥에서 비롯된 불법·탈법·무법이 만들어낸 일이다. 경제성장보다도 더 중시했어야 할 안전제일의 정체성을 확립하지 못했기 때문이다. 우리의 나날은 마치 언제 무너질지 모르는 부실 시공한 위험한 건물 속에서 사는 것과도 같다.

최근 잇따른 화재로 필요성 입증

재난을 막을 왕도는 오직 유비무환뿐이다. 적재적소에 맞는 관리운영의 책임주체를 포함한 본질적인 안전시스템을 구축해야 한다. 그동안 우리는 안전성의 참 유익을 간과해버린 무지한 정책을 편 경우가 많았다. 최근 일어난 다중이용업소의 화재만 봐도 여실히 증명된다. 피난공간으로써의 발코니 역할이 대단히 중요하다. 하지만 발코니의 방 확장 합법화로 건축양식이 주는 안전성과 친환경적 기능을 당장만을 위한 사용면적 증가와 바꿔버렸다.

지난해 발생한 일산 5층 상가건물화재의 "테라스 덕분에… 80여 명 살았다"는 언론기사와 또 강남 행복요양병원 화재는 발코니와 테라스의 화재대피 실효성을 극명하게 보여줬다. 현행 다중이용업소의 피난발코니 설치규정인 0.68(1.5×1.5m)평의 대피공간만 확보했다면 소중한 생명을 구하지 못했을 것은 자명하다. 건축법 시행령 제2조에서 "발코니란 건축물의 내부와 외부를 연결하는 완충공간으로서 전망이나 휴식 등의 목적으로 건축물 외벽에 접해 부가적으로 설치하는 공간을 말한다"고 정의하고 있다. 일산의 상가 화재는 5층 테라스가 발코니와 같은 완충 공간 역할을 했기에 소중한 생명을 살린 것이다.

발코니는 원래 서양건축에서 안전성과 편리성을 위해 발전된 전통 건축양식이다. 우리는 2005년 발코니 구조변경 합법화로 건축양식의 특성을 송두리째 없애버렸다. 발코니는 화재 시 유일한 대피통로도 되지만 위층과 아래층의 연기와 화염확산을 지연시켜 초기 대피가 가능한 유일한 생명보존 공간이다. 통상 화재피해의 75% 이상이 연기(스모크 또는 가스)에 의한 것을 감안할 때 안전대책 없는 발코니 확장이 얼마나 위험한가를 알 수 있다. 발코니 확장 대안으로 규정한 불과 1평도 안 되는 대피 공간은 화재 시 무용지물임을 깨달아야 한다.

안전 위해 확장 막고 기능 살려야
또한 발코니는 처마 역할을 하면서 자연환경을 최대한 이용할 수 있는 친환경적인 건축시스템이다. 계절에 따른 일사량의 조절과 공기전달 층간 소음을 차단해주는 역할도 한다. 그리고 외부와 완충 공간으로써 겨울에는 창가의 차가운 냉기 유입과 결로(이슬 맺힘)를 막아 주고 여름에는 뜨거운 복사열을 차단해 에너지 절약에도 유익하다. 공동주택 화재 시 대피할 수 있는 유일한 공간은 발코니뿐이다. 발코니 확장으로 화재위험에 노출된 채 살고 있는 공동주택은 위험천만하다. 다른 안전대책이 마련되지 않는 한 발코니의 특성은 반드시 되살려야 한다. 어찌 재난 위험이 발코니뿐이겠는가. 늦었지만 국민을 보호하는 일은 만연된 무사안일에서 비롯된 부실시스템의 난맥부터 바로 잡아야 한다.

＊ 서울경제신문 2015년 1월 5일 ＊

음식물쓰레기 분쇄 처리 적극 도입하자

음식물쓰레기 처리에 따른 고충이 이만저만이 아니다. 주거양식과 생활수준에 부응하지 못하는 현행 수거처리 방식은 국민 생활에 불편을 가중하는 것은 물론 자원화의 실효성도 없어 막대한 국가재정 손실로 이어지고 있다. 세계 각국의 음식물쓰레기 처리방법은 주방용 오물분쇄기 사용 여부에 따라 달라진다. 오물분쇄기를 사용하는 경우는 분쇄한 오물을 오수(汚水)와 우수(雨水)의 동일 배관을 통해 배출하는 합류식과 분리 배출하는 분류식으로 나뉜다. 오물분쇄기 사용이 금지된 경우는 수거처리를 한다. 우리나라는 원칙적으로 분쇄기 사용이 금지돼 수거처리 외에는 사실상 다른 처리 방법이 없다.

음식물쓰레기 처리의 불편 해소와 효율적인 자원화를 위해서는 주거양식과 지역적 환경여건을 고려한 처리 방식이 중요하다. 미국·일본·유럽의 대부분 국가는 오물분쇄기 사용이 일반화되어 있어 음식물 처리에 별 고충이 따르지 않는다. 특히 일본의 경우는 분쇄한 쓰레기를 건물 내 정화조에서 처리 배출하는 방식과 분쇄한 쓰레기를 수거처리 하는 방식을 병용하기도 한다. 핀란드나 노르웨이를 비롯한 일부 유럽 국가는 분쇄기 사용을 금지하고 있지만 이는 기후여건상 음식물의 부패속도가 느리고 대부분 주택이 저층이어서 직접 수거하여 자원화 하는 것이 더 효율적이라고 판단했기 때문이다.

현행 우리의 수거처리방식의 문제점은 처리과정의 불편과 악취발생, 자원화의 실패로 제2의 처리비용발생, 처리장 증설비용과 민원발생, 건물의 고층화에 따른 에너지 소비 증가, 수거차 운송과정에 도로에 흘린 침출수로 인한 악취발생과 환경오염 및 교통량 증가 등이다. 현재 전국 약 260여 개소 음식물쓰레기 처리장에서 생산한 비료와 사료를 무료로 공급해도 농민들이 기피하는 것을 볼 때 쓰레기 자원화는 실효성이 없다고 볼 수 있다. 오물분쇄기로 처리하면 다양한 자원을 회수할 수 있다는 장점도 있다. 특히 병합처리 방식의 혐

기성소화처리를 하면 인(燐)과 메탄 등의 자원생산도 가능하다. 주방용 오물분쇄기는 미국에서도 한때 사용을 금지했으나 1971년부터 오수와 우수를 분리 배출하는 조건부 사용을 허가한 후 1997년부터는 오수와 우수 합류 배관에서도 사용이 전면 허가되었다. 일부 시에서는 사용을 의무화하고 있다.

환경부는 2012년 10월부터 음식찌꺼기 20% 미만을 배출하는 제품에 한해 판매를 허용하고 있다. 그만큼 분쇄기 사용이 제한적이다. 부작용을 우려한 조치로 이해되지만 제한만이 능사는 아니다. 2016년부터 분류하수관이 설치된 지역에 한해 분쇄기 사용을 허용하겠다고 하지만 분류하수관 설치 지역이 10~15% 정도에 불과한 것을 감안하면 고통 해소는 요원해 보인다.

우리의 하수도 보급률은 약 85%로 프랑스를 포함한 유럽의 평균 보급률보다 높다. 또 분류식 하수관거가 설치된 지역에서는 수세식 화장실 배수와 주방 배수를 동일 오수관으로 배출할 수 있게 하수도법이 개정돼 분쇄기 사용 여건도 이미 갖춘 상태다. 음식물쓰레기 처리의 편리성과 자원화는 국민 모두의 바람이다. 분쇄기 사용을 제한하기보다는 부작용 해소책 마련과 더불어 사용 대책을 적극 강구하는 것이 국민을 위한 민원(民願) 해결이다.

* 조선일보 2014년 12월 25일 *

신재생에너지 실효성이 중요하다

지난 1월 정부가 발표한 제2차 에너지 기본계획 중 원자력발전과 신재생에너지 비중을 각각 29%, 11%로 확정한 것에 대해 시민사회와 환경단체들이 강한 비판의 목소리를 내고 있다. 비판의 핵심은 원전비중은 너무 높고 신재생에너지 비중이 낮아 신재생에너지 중심으로 계획이 수정돼야 한다는 것이다. 친환경 중심의 에너지계획은 국민 모두의 바람이지만 목표한 에너지의 온전한 수급 실효성이 더 중요하다.

에너지경제연구원 자료에 의하면 2011년 기준 한국의 1차 에너지 중 신재생에너지비중은 2.8%로 경제협력개발기구(OECD) 평균비중 12.8%에 크게 낮음은 물론 OECD 34개 회원국 중 최하위다. 신재생에너지비중이 낮은 것은 신재생에너지사용의 에너지수급 실효성이 없기 때문이다. 상대적으로 값싼 전기료 등의 탓도 있지만 근본적으로는 신재생에너지원별 기후특성을 고려한 적용기술 등의 부족 때문이다. 신재생에너지비중이 높은 국가는 뉴질랜드(37.2%) · 핀란드(33.6%) · 스웨덴(32.8%) 등이다.

경제성 낮은데 시설확대 급급해 낭비

현재 공공기관 건물을 1,000m² 이상 신 · 증 · 개축할 때는 건물 예상 에너지사용량의 12% 이상을 신재생에너지로 쓰도록 하는 설치의무화제도를 시행하고 있다. 시설 의무화보다도 더 중요한 것은 에너지수급 12%의 실효성이다. 막대한 국민 혈세가 들어간 태양광발전시설이 가동을 멈춘 채 도처에 방치된 실상도 제대로 파악해 대책을 세워야 한다. 화석연료발전단가보다 태양광발전단가가 높은 현 상황에서 실효성은 간과한 채 시설 의무화 비율만 높이는 것은 분명한 에너지낭비정책이다.

태양광발전의 경우 현재 3kW의 설치비용은 약 1,000만원 안팎. 하루 4시간 발전기준으로 저압주거용 전기요금을 적용하면 연간 약 80만원의 전기를 생산할 수 있어 12.5년이면 투자비 회수는 가능하다. 이는 최상의 조건에서 단순 계산한 것이다. 그러나 실제에 있어서는 유지관리와 발전효율과 발전 가능시간 등을 고려하면 실제 예상투자비 회수는 20년 이상 걸린다. 따라서 아직은 경제성을 논할 단계는 아니다.

지열은 태양광 설치비의 30% 수준으로 일반건물에 수직밀폐형을 설치할 경우 1kW의 시설비가 약 130만원 정도다. 가장 경쟁력이 있다고 하지만 대부분 전기구동방식이어서 전력사용이 집중되는 여름철과 겨울철의 냉난방부하증가로 인해 전력피크 부하의 한 원인이 되고 있다. 건물의 신재생에너지원은 주로 지열·태양광·태양열이 사용되지만 에너지 수급효과는 기대 이하다. 정부에서 시설비용의 약 30%를 지원해줘 실제 들어가는 비용부담이 적다고 하지만 분명 국민의 혈세이며 정부지원 비용을 제외하고 마치 경제적 가치의 실효성이 있는 것처럼 현혹시켜선 안 될 것이다.

비중 늘리기보다 기술 개발 중점을

신재생에너지 비중을 늘리는 계획보다도 정작 중요한 것은 신재생에너지 이용기술개발이다. 이는 석탄·석유 등 화석연료로 전기를 생산하는 단가와 태양광 등 신재생에너지의 발전단가가 같아지는 균형점을 의미하는 그리드패리티(grid parity)에 대비한 블루오션을 선점하기 위함이다. 태양광모듈이나 지열시스템 등의 신기술개발과 신재생에너지원별 특성을 고려한 건물에너지관리시스템을 연동한 활용기술개발은 경제적 가치의 에너지수급 실효성을 높일 수 있는 대안이다. 건물의 신재생에너지시스템 적용에 있어서는 기본적으로 생애주기비용이나 시설투자비 회수기간 등의 경제성평가를 해야 한다. 그리고 신재생에너지 중심의 문화실현은 신재생에너지 보급의 확대로 이뤄지는 것이 아니라 에너지수급의 실효성을 증진시킬 수 있는 기본기술구축에 있음을 결코 잊어서는 안 된다.

* 서울경제신문 2014년 4월 14일 *

'문열고 난방' 이젠 달라져야

에너지절약을 강도 높게 호소하고 있는 가운데 대부분의 상가가 문을 활짝 열고 난방을 하고 있음은 아직도 에너지사용의 선진문화가 정착돼 있지 않음을 보여주는 우리의 실상이다. 우리나라에서 상가의 개문난방과 개문냉방은 쉽게 볼 수 있는 기이한 현상이다.

에너지 절약 인증제 등 유도책 필요

개문난방을 하면 난방에너지의 과소비는 실로 엄청나다. 바닥면적 80m²(24평) 규모의 상가건물에서 한쪽 면을 개문난방할 경우 무려 시간당 약 20회 전후의 환기가 발생한다. 매장의 쾌적성 유지를 위한 통상 시간당 환기가 1~2회 정도임을 고려할 때 개문난방으로 인해 10~20배의 필요 이상의 환기를 하는 것이다. 이는 마치 실내공기를 덥혀서 시간당 10~20회 그대로 에너지를 버리는 것과도 같다. 또 과소비에너지는 지구온난화의 원인인 탄소배출 증가는 물론 환경오염을 가중시켜 결국 우리 삶의 터전을 황폐화시키게 된다.

우리의 2012년 에너지사용효율을 나타내는 에너지원단위지표는 0.252로 경제협력개발기구(OECD) 주요 선진국인 일본(0.092)·미국(0.152)·프랑스(0.103)·독일(0.099) 등에 비해 월등히 높다. 에너지원단위는 국내 총생산(GDP) 1,000달러의 가치를 창출하는 데 사용한 1차 에너지를 나타낸 것이다. 그동안 지속적인 효율증진이 이뤄졌다고 하지만 여전히 일본의 3배의 에너지를 사용하고 있다. 따라서 에너지사용효율을 일본의 60% 수준으로 높인다면 약 930 억달러의 에너지수입 비용을 줄일 수 있다는 계산이다. 이는 우리의 에너지 과소비 문화와 결코 무관할 수 없으며 국가의 총체적인 시스템 개혁 필요성을 극명하게 보여주는 지표라고 할 수 있다.

잦은 원전가동 중단 소식에다 벌써 올겨울 들어 전력수급경보인 준비(500만kW 이하)단계 직전까지 가는 사태를 수차례나 맞이하고 있지만 정작 유비무환의 교훈을 잊고 있다. 에너지소비량을 줄이기 위해서는 에너지사용효율증진과 절약이라는 두 가지 관점에서 전략을 세워야 한다. 에너지효율증진은 시스템 개혁을 통한 중장기적인 단계별 목표를 세워 지속적인 추진과 지표관리를 해야 달성될 수 있다. 그러나 에너지절약은 추상적이긴 하지만 에너지효율증진의 원천인 정신운동으로 생활 속에 정착시켜야 한다.

경쟁적으로 물건을 더 팔기 위한 수단으로 어쩔 수 없이 개문난방을 한다지만 밑지는 장사는 할 수 없는 노릇이다. 결과적으로 개문난방이 소비자의 부담증가는 물론 국가 전체의 에너지 소비를 가중시킨다는 사실을 모두가 잊고 있다. '우리 업소는 개문난방을 하지 않습니다. 대신 개문난방비용을 고객에게 돌려드립니다'는 문구가 업소간판과 함께 나붙기를 기대해본다. 이거야말로 일거다득(一擧多得)의 효과로 고객의 사랑을 받기에 충분한 일이다.

난방에너지 과소비 문제 심각

위기에 직면해 숨바꼭질하는 한시적인 관리정책으로는 결코 에너지 소비를 줄일 수 없다. 절약의 문화를 생활 속에 정착시킬 지속적인 정책이 필요하다. 에너지절약에 솔선수범하는 사람에게 혜택을 주는 '개인에너지 인증제'를 검토할 필요도 있다. 에너지절약 정신이 사람으로부터 비롯되기 때문에 좋은 정책이 될 수 있다. 에너지 자원 빈국이 에너지 위기를 극복하는 왕도는 오직 에너지사용 선진국이 되는 것이다.

* 서울경제신문 2013년 12월 30일 *

층간소음 분쟁 해결하려면

겨울철 공동주택의 층간소음 분쟁이 우려된다. 한국환경공단이 지난 1년 동안 상담한 1만3,427건의 층간소음 민원 중 37%인 5,023건이 겨울철인 11~2월에 발생했기 때문이다. 소음 발생의 원인은 아이들이 뛰는 소리와 발걸음 소리가 73%, 망치질과 같은 쿵 하는 소리 4.6%, 가구 끄는 소리 2.3%로 밝혀졌다. 이 결과로만 보면 소음 분쟁은 대부분이 바닥의 충격 때문에 발생한 것이다. 이는 충격음에 취약한 공동주택의 구조적인 탓도 있지만 실상은 거주자의 주거문화의 영향이 더 크다고 할 수 있다.

바닥에 직접 충격이 분쟁 주원인

소음은 성가심과 짜증을 유발하는 원하지 않는 소리를 말한다. 소음원의 발생은 주거문화와 관련된 사항이지만 소음의 전달은 공동주택의 구조적인 시스템에 관련된 문제다. 공동주택의 상하층 간 또는 측벽세대 간 소음은 공기와 구조체를 통해 전달된다. 공기 전달음은 실내에서 발생한 음이 칸막이 구조체를 투과해 발생한다. 진공 청소기 소리, 개 짖는 소리, 악기 소리, 세탁기 소리, TV 소리, 배수관의 물소리, 큰 소리의 대화 등이 공기를 통해 전달되는 소음원이다. 구조체 전달음은 발 소리처럼 바닥 등의 구조체에 직접 충격을 가해 아래층에 전달되는 음을 말하며 층간소음 분쟁의 주원인이다.

공동주택의 바닥 충격음을 줄이는 대안으로는 바닥 슬래브 두께를 늘리거나 이중 바닥 구조를 고려할 수 있다. 통상 구조체의 질량을 두 배로 증가시키면 충격음은 5데시벨(dB)이 줄어든다. 이중 바닥 구조는 충격음을 효과적으로 줄일 수 있지만 건축공사비 증가를 감수해야 한다. 그러나 건물의 장수명화와 설비 시스템의 유용성을 고려한다면 실현 가능한 방법 중 하나다. 현행 바닥 충격음의 차음 성능 등급은 표준바닥 구조를 기준으로 경량충격음 58(4등급)~43(1등급)dB, 중량충격음 50(4등급)~40(1등급)dB로 해 각각 4단계의 성능 등급을 표시하고 있다. 통상 2등급 정도의 바닥 구조만 갖춰도 충격음을 크게 줄일 수 있다.

소음발생 줄이는 이웃 배려가 먼저

공기 전달음에 의한 소음분쟁은 크지 않은 것으로 밝혀지고 있다. 공기 전달음은 음원 발생실과 수음실 간 음압 레벨 차로 차음 성능 등급을 표시한다. 실간 음압 레벨 차가 클수록 차음 성능이 우수함을 나타낸다. 인접된 A, B실의 경우 A실에서 진공청소기에 의한 75dB의 발생 음원의 에너지 중 칸막이벽을 통해 B실로 투과된 음에너지가 1%라면 차음률은 99%로 완벽에 가깝지만 A실에서 B실로 투과돼 전달된 소음 레벨은 55dB이나 된다.

따라서 음압 레벨의 차는 불과 20dB밖에 안 된다. 칸막이벽의 1%의 차음 결함에도 불구하고 B실로 전달된 소음 레벨의 영향은 매우 크다. 국제적으로는 실간 음압 레벨 차 55~30dB 범위에서 차음 등급을 정하고 있다. 우리는 차음 성능 등급이 외국과 비교해 부족한 기준은 결코 아니다. 그러나 소음 분쟁은 도를 넘고 있다. 선진국들이 소음 분쟁이 적은 것은 생활양식에서 비롯된 바닥 카펫이나 다다미 등이 충격음 완화에 유리한 이유도 있지만 이미 선진 주거문화가 정착돼 있기 때문이다. 공동주택의 적정 차음 시스템 개발이 지속돼야 하지만 최선의 대책이 될 수는 없다. 무엇보다도 소음원이 발생을 자제하려는 선진 주거문화에서 해결책을 찾아야 한다. 따라서 선진 주거문화 정착을 위한 층간소음 해결 매뉴얼을 마련해 실천해야 한다. 이는 거주자의 생활 패턴을 고려한 소음 노출 시간과 소음 크기를 고려한 공동주택의 소음 한계 규정이 필요하다. 결과적으로 층간소음 해결책은 구조적 시스템 개선도 중요하지만 이웃을 배려하는 선진 주거문화 정착에 달려 있다.

* 서울경제신문 2013년 12월 9일 *

실효성 없는 친환경건축

환경과 에너지는 인간의 삶 그 자체다. 환경이 인간을 위한 삶의 터전의 전부라면 에너지는 터전의 동력이다. 인간은 에너지 없이 살 수 없을뿐더러 오염된 환경 속에서도 건강한 삶을 결코 누릴 수 없다. 인간은 공기 없이 3분 이상을 버틸 수 없는 나약한 존재다. 이처럼 환경과 에너지는 인간에겐 더없이 소중하다. 에너지는 사용량만큼의 유해물질을 배출해 삶의 터전을 심각하게 오염시킨다. 이것은 사용 가능한 에너지가 쓰레기가 되는 것을 의미하며 이 현상은 지금도 계속되고 있다. 한마디로 자원 고갈의 진행이며 탄소배출로 인한 온난화 촉진으로 삶의 터전을 황폐화시키지만 누구도 막을 수는 없다. 다만 이 진행 속도를 늦출 수 있을 뿐이며 그 대안이 친환경인 것이다. 그러나 생활 속의 친환경은 긍정적인 면만 부각돼 있을 뿐 정작 감당해야 할 고통은 잊고 있다.

과도한 디자인으로 무늬만 친환경

21세기 친환경의 패러다임 속에 친환경건물을 짓겠다고는 하지만 제대로 된 친환경건물은 쉽게 볼 수 없다. 친환경재료나 요소기술 적용만으로 친환경건물이 되는 것으로 과장돼 있다. 이런 상황에서 탄소 제로건물, 패시브 하우스, 제로 에너지 하우스, 에코 하우스, 생태건축, 지속 가능한 건축, 그린 빌딩, 그린 홈 등을 비롯해 에너지 플러스 건물까지 등장했다. 이들 건물은 친환경의 장점만을 추상적으로 내세우고 있을 뿐 실효성은 의문이다. 친환경 건물의 정체성은 물론 친환경이 추구하는 목적조차도 정립돼 있지 않은 상황에서 포장만 친환경 건물로 탄생되고 있는 것이다. 이름만 붙이면 친환경 건물이 되는 것으로 착각하고 있어 혼란스럽다.

친환경 건물은 덜 쓰고 덜 배출하는 건물시스템을 기본적으로 구축해야 한다. 단열성능이 좋은 남향건물은 난방 에너지소비뿐만 아니라 난방설비 용량도 크게 줄일 수 있다. 단열과 건물방위를 통한 열적 성능향상은 건축적인 설계기법이며 난방에너지와 설비용량을 줄이는 것은 설비적인 설계기법이다. 건물은 언급한 두 설계기법의 조합으로 설계한다. 그러나 친환경건물은 요람에서 무덤까지의 생애주기 설계기법을 적용한 매우 정밀한 설계를 해야 한다. 적용된 요소기술 하나의 실효성보다는 건물 전체의 실효성을 더 중시해야한다. 이는 나무를 통해서 풍성한 숲을 얻는 이치와도 같다.

유사인증 정비 · 설계지침 재정립을

최첨단 친환경요소 기술을 적용해 지은 최신식 공공청사가 지탄을 받은 것은 친환경건축의 정체성을 잊은 과도한 디자인 때문이다. 그 결과 겨울철 한낮에 남쪽은 찜통이 되고 북쪽은 냉골이 되는 건물이 탄생된 것이다. '에너지효율등급제'나 '녹색건축'이 친환경건축 실현을 위한 제도가 되려면 인증의 실효성을 정량적으로 보여줘야 한다. 추구하는 목적이 같은 유사인증을 중복해서 받아야 하는 것은 에너지 낭비를 초래하는 제도의 모순이다. 분별없는 신·재생에너지 이용만을 고려한 태양광 발전이나 태양열 이용시스템의 적용도 문제다.

유한한 자원의 낭비를 막고 환경 부하를 줄일 수 있는 친환경건물 설계는 건축가가 지켜야 할 윤리이자 사명이다. 하지만 요란한 친환경관련 제도와 용어만 난무할 뿐 건축가가 이용할 수 있는 친환경건축의 설계기법은 정립돼 있지 않다. '녹색건축'과 '에너지효율 등급' 등 인증제도가 있다곤 하지만 설계과정에서 건축가가 손쉽게 적용할 수 있는 여건이 못 된다. 건축가가 할 수 있는 것은 기껏해야 친환경 재료 사용이나 요소기술을 적용하는 정도의 수준에 머물고 있다. 따라서 친환경건축의 정체성 확립과 실현을 위한 건축설계지침의 제도적 정립은 꼭 필요하다.

* 서울경제신문 2013년 11월 12일 *

숲을 못 보는
'친환경건축' 인증제도

제2차 국가에너지기본계획(2013~35년)을 수립한 워킹그룹은 2035년까지 원전 의존율을 낮추고 전기요금을 올려 전기 소비를 줄이는 정책 권고안(案)을 내놨다. 에너지 소비량을 줄여 에너지 사용 선진국이 되는 것은 에너지자원 개발 못지않게 중요하다.

우리는 국가 에너지 사용량의 4분의 1 이상을 건물에서 소비하고 있으며, 그 대부분을 냉난방에 쓴다. 건물의 에너지 소비 절감은 탄소 배출도 줄이고 환경도 보전할 수 있다. 이는 자연 생태계와 공존하는 친환경 건물을 지을 때 효과가 더욱 증진된다.

그동안 환경부·국토교통부·산업통상자원부에서는 지속 가능한 건축의 실현을 목적으로 친환경 건물 인증제도를 법제화하고 정착을 위해 힘써왔다. 주요 인증제도로 '녹색건축'과 '에너지효율등급'이 있다.

녹색건축은 기존의 친환경건축물 인증과 주택 성능 등급을 통합한 것으로 녹색건축의 강점을 내세울 만한 인증항목이나 모호한 항목을 전혀 개선하지 않아 "포장만 바꾼 제도"라는 지적이다. 평가 방식도 정량적 평가로 보이지만 실제로는 단순 가점 방식이다. 반면,

에너지효율등급제는 정량적 평가이긴 하지만 제도의 실효성과 평가 툴(tool)의 신뢰성이 제대로 검증되지 않아 시행 과정에서 '잡음'이 우려된다. 특히 관련성이 많은 두 인증제도 간의 상호관계를 비교 분석할 지표가 없다는 점이 염려된다.

같은 목적의 유사 인증을 여러 번 받는 것과 사실상 동일한 인증제도를 2개 부처에서 운영하는 것은 효율성을 간과한 것이다. 이는 국가 경쟁력 낭비라고 할 수 있다.

평가의 신뢰성도 정립되지 않은 상황에서 에너지효율등급을 다룰 '건축물 에너지 평가사'만 양산될 우려도 있다. 제도 시행 실적만을 고려해 각종 인센티브제도가 쏟아져서도 안 될 것이다. 친환경건축 관련 인증제는 덜 쓰고 덜 배출하는 쾌적한 건물 환경 시스템 구축을 위해 필요하다. 그래야 자원 낭비를 막고 환경 부하를 줄일 수 있다. 하지만 새로 내놓은 '녹색건축'과 '에너지효율등급' 인증제도는 과연 실효성을 가질 수 있을지 의심된다. 이는 마치 숲을 못 보고 나무만 보면서 인증제도를 입안한 것이나 마찬가지다. 두 인증제도는 운영기관은 물론 친환경건축 정체성의 관점에서도 통합해 다시 만들어야 한다.

* 조선일보 2013년 10월 29일 *

전력수급 백년대계

  찌는 듯한 무더위 속에서 겪는 블랙아웃 위기는 무비유환(無備有患)으로 인한 고통이지만 안정된 전력수급이 요원한 것이 더 걱정이다. 우리의 발전설비 용량은 8,374만9,000kW에 달하지만 전력공급 능력은 7,072만6,000kW에 불과하다. 블랙아웃은 전기사용량이 전력 공급량을 초과해 발생하는 최악의 재앙이다. 정부가 블랙아웃을 막기 위해 강도 높은 전력수요 관리를 실시하는 가운데 국민들에게 절전을 연일 호소하고 있다. 예비전력 500만kW를 기준으로 100만kW씩 떨어질 때마다 단계별 절전행동 요령을 마련한 비상 5단계 시스템을 운영하고 있는데 최악의 상황인 심각단계는 예비전력이 100만kW 이하가 될 때 강제로 순환단전 조치를 취하는 시나리오다.

근시안적 정책 무비유환 불러

  블랙아웃 위기가 일상처럼 돼버린 것은 에너지가 국민의 생존과 직결되는 심각성을 간과한 원칙 없는 정치에서 비롯됐다. 30여년 동안 국가를 통치한 역대 어느 정권도 지금의 전력수급 위기상황의 책임에서 결코 자유로울 수 없다. 정권이 바뀐다고 결코 바뀔 수 없는 것이 에너지 정책일진대 새 정부가 들어설 때마다 보여주기식의 온갖 에너지 정책이 난무했지만 정권퇴진과 함께 사라지는 한시적 국가 시스템 운영이 전력수급 위기를 초래한 것이다. 한마디로 포퓰리즘 정치에서 비롯된 역대 정부의 '모럴해저드'다. 닥칠 위기를 예견하고도 정작 할 일을 안 해 겪는 고초다. 이런 정책으로 우리는 국내총생산(GDP) 1,000달러를 생산하는 데 1차 에너지를 경제협력개발기구(OECD) 주요 선진국의 2~3배나 소비하며 에너지 사용의 선진 문화도 정착돼 있지 않다.

원전비리는 지탄을 받아 마땅하지만 그들의 책임만으로 돌릴 수는 없다. 이는 공직자의 공직윤리 망각과 국가정체성 실종에서 야기된 제도와 정책의 모순이 비리를 키워왔기 때문이다. 비리가 난무할수록 국민들은 정직한 참공직자를 더욱 갈망한다. 참공직자에게만 국민의 생명과 재산을 믿고 맡길 수 있기 때문이다. 이순신 장군을 존경하는 것은 밤잠을 이루지 못하는 국가사랑의 헌신이 있었기 때문이다.

에너지 효율 높은 산업구조로 바꿔야

최근 1년 동안 원전비리 대책을 다섯 번씩이나 내놓았지만 비리는 점입가경으로 끝이 보이지 않는 이유도 깊이 성찰해야 한다. 수조원이 들어간 원전이 불과 수천만원의 비리로 멈춰선 것은 용서받지 못할 범죄다. 총체적 비리로 원전발전 용량의 41.5%인 861만kW의 전력을 생산하지 못하고 있지만 사실 안전은 더 우려된다.

만시지탄이나 정부는 전력수급 백년대계를 수립해야 한다. 자원개발도 필요하지만 전기사용 의존도를 줄이는 산업과 생활 구조개편

등을 비롯한 에너지 효율화 증진과 에너지 절약을 위한 시스템 개혁이 필요하다. 중요한 것은 지속적인 지표관리다. 시스템 개혁의 정신인 에너지 절약문화도 정착시켜야 한다. 절전이 전력수급 안정화의 본질은 결코 아니지만 절약은 아무리 강조해도 지나침이 없는 제2의 자원이다. 자원빈국이 에너지 위기를 극복할 수 있는 방도는 지속적인 지표관리로 에너지 사용 선진국이 되는 길뿐이다. 비록 전력안정화가 이뤄져도 에너지절약운동과 전력수급 5단계 시스템 운영은 유비무환(有備無患)의 초석으로 지속돼야 한다.

안정된 전력수급은 국민의 생존수단으로 국가발전의 원동력이며 지속가능한 발전의 원천이다. 그러나 원칙 없는 정치와 비리가 난무하는 말뿐인 정책으로는 이를 기대할 수 없다. 위기의 시대를 살아야 하는 국민에게 행복추구권을 보장하는 근원은 유비무환임을 결코 잊어서는 안 된다.

* 서울경제신문 2013년 8월 16일 *

공동주택의 소음해소대책

　최근 공동주택의 상하층간과 측벽 세대간의 소음갈등은 심각한 사회적인 문제가 되고 있다. 이는 소음에 매우 취약한 공동주택의 구조적인 문제 때문에 발생되고 있는 일이지만 거주자의 인내와 협조만으로는 해결할 수 없는 한계성의 표출이기도 하다. 근본적인 해결책이 마련하지 않는 한 당분간 소음갈등은 지속될 수밖에 없는 상황이다. 따라서 공동주택의 소음을 해소할 수 있는 구조적인 시스템의 개선은 시급한 상황이 됐다. 통상 음의 제어는 두 가지 관점에서 추구하는 목적이 상반된다. 첫째는 원하는 음(wanted sound)을 잘 전달하기 위함이며 다른 하나는 성가심과 짜증의 근원인 원하지 않는 음(unwanted sound)인 소음의 제어에 있다. 원하는 음이든 원하지 않는 음이든 모든 음원은 전달매체를 통해 사람에게 전달된다.

　건물의 소음대책은 음원, 전달매체, 수음으로 구성된 음향시스템을 통해 수립할 수 있다. 음원과 수음이 주거문화와 관련된 것이라면 전달매체를 통한 차음은 시스템 개선에 관한 사항이다. 공동주택의 상하층 및 측벽 세대간 소음의 전달은 공기와 구조체를 통해 일어난다. 공기전달음은 실내에서 발생한 음이 칸막이 구조체를 투과하므로 발생한다. 진공청소기 소리, 개짖는 소리, 악기소리, 세탁기 소리, TV소리, 배수관의 물소리, 큰 소리의 대화 등은 공기를 통해 전달되는 소음원이다. 일명 충격음인 구조체전달음은 발자국소리처럼 바닥 등의 구조체에 직접 충격을 가해 아래층에 전달되는 음을 말하지만 위층에서는 공기전달의 음원이 된다.

공기전달소음을 막으려면 칸막이벽에서 음의 투과를 완벽하게 막아야 한다. 인접한 A, B실의 경우 A실에서 진공청소기에 의한 70dB의 음에너지 중 칸막이벽을 통해 B실로 투과된 음에너지가 0.1%라면 차음은 99.9%로 거의 완벽하다. 그러나 칸막이벽의 공기전달음의 투과에 의한 차음척도인 감음지수는 30dB에 불과하다. 따라서 A실에서 B실로 전달된 소음 레벨은 40dB이 된다. 이처럼 투과음에너지가 0.1%임에도 불구하고 칸막이벽을 통해 B실로 전달된 소음은 매우 크다. 100%의 차음만이 공기전달소음을 완벽하게 줄일 수 있음을 알 수 있다.

충간소음의 주원인인 구조체전달음의 차음성능은 구조체의 질량(mass)과 단절(isolation)에 따라 크게 좌우된다. 우리의 공동주택 특성을 감안하면 바닥슬래브의 질량 증가와 바닥슬래브의 단절은 소음을 줄이는 현실적이고 가장 이상적인 대안이다. 바닥슬래브의 질량을 증가시키면 음의 투과를 획기적으로 막을 수 있다. 이는 밀도가 큰 구조체에서 음의 파동은 작은 진폭으로 진동하기 때문이다. 이 경우 구조체를 투과해 다른 실로 전달된 음 역시 작은 진폭을 갖게 돼 소음전파는 줄어든다. 실제로 구조체의 질량을 두 배로 증가시키면 차음성능은 5dB이 향상된다. 바닥슬래브의 단절, 즉 이중바닥구조는 음의 투과를 막는데 매우 효과적이다. 이중바닥구조가 차음성능이 우수한 것은 서로 다른 재료의 연결점에서 음은 다른 파동으로 변환돼 에너지를 잃기 때문이다. 이중바닥구조는 건축공사비 증가를 간과할 수 없지만 건물의 장수명화와 설비시스템의 유용성을 고려하면 현실적으로 실현가능한 대안 중 하나다.

소음문제해결은 서로를 배려하는 주거문화 정착과 차음시스템 구축에 달려 있다. 주거문화 정착을 위해서는 주거소음도 교통소음처럼 소음노출시간과 소음크기를 고려한 소음한계규정을 마련해야 한다. 이는 선진주거문화실천 매뉴얼작성의 기준이 되기 때문에 필요하다. 완벽한 차음시스템 구축은 가능하지만 시급한 것은 생애주기 비용과 투자비용회수를 고려한 적정차음시스템 개발이다. 그러나 소음해결의 문제는 첨단차음시스템 구축보다도 선진주거문화 정착에 있다는 것을 결코 잊어서는 안 된다.

* N&Times 2013년 3월 25일 *

:

친환경건축, 정체성 회복돼야

환경과 에너지는 인간의 삶 그 자체다. 환경이 인간을 위한 삶의 터전의 전부라면 에너지는 터전의 동력이다. 인간은 에너지 없이 살 수 없을뿐더러 오염된 환경 속에서도 건강한 삶을 결코 누릴 수 없다. 인간은 공기 없이 3분 이상을 버틸 수 없을 만큼 나약한 존재다. 이처럼 인간에게 환경과 에너지는 더 없이 소중하다. 인간이 사용하는 에너지는 사용량만큼의 유해물질을 배출해 삶의 터전을 오염시킨다. 환경용량의 유한함 속에서 가용에너지의 불가용에너지로 이동은 지금도 계속되고 있다. 이 현상은 자원 고갈의 진행이며 탄소 배출로 인한 온난화 촉진으로 삶의 터전을 황폐화시키지만 누구도 막을 수는 없다. 다만 이 진행 속도를 늦출 수 있을 뿐이며 유일한 대안이 친환경이다. 그러나 생활 속의 친환경에 대한 이해는 지극히 추상적이다.

21세기 친환경의 패러다임 속에 신축건물마다 친환경건물을 표방하지만 정작 제대로 된 친환경건물은 보기 어렵다. 마치 친환경재료나 일부의 요소기술 적용만으로 친환경건물이 되는 것으로 과장돼 있다. 이런 상황에서 탄소제로건물, 패시브 하우스, 제로 에너지 하우스, 에코 하우스, 생태건축, 지속 가능한 건축, 그린 빌딩, 그린 홈 등을 비롯하여 에너지 플러스 건물까지 등장하고 있다. 이들 건물은 친환경건물의 장점만을 추상적으로 내세우고 있을 뿐 정작 친환경의 정체성 실현은 의문이다. 친환경건물의 본질은 물론 친환경이 추구하는 목적조차도 정립돼 있지 않은 상황에서 포장만의 친환경건물이 탄생되고 있다. 이름만 붙이면 친환경건물이 되는 것으로 착각하고 있어 안타깝다.

친환경건물로 지은 최신식 공공청사가 겨울철 한낮에 남쪽은 찜통이 되고 북쪽은 냉골이 된 것은 친환경의 본질을 간과한 오버디자인 때문이다. 또 현재 시행하고 있는 에너지효율 등급제도나 친환경 인증제도는 친환경의 정체성 실현과 에너지소비량을 줄이는 데는 한계가 있다. 마치 나무만 보고 숲을 보지 못한 근시안적인 제도입안의 결과다. 추구하는 목적이 한결 같음에도 불구하고 포장만 달리한 유사제도의 난립은 국가경쟁력 낭비의 표본이다. 친환경인증건물이 에너지효율등급 등외 판정을 받은 것은 물론 경제성을 고려하지 않는 신·재생에너지이용 시스템의 분별없는 적용도 문제다. 어떤 친환경시스템 적용이든지 건물 전체의 에너지 수급효과를 반듯이 고려해 적용해야 한다.

친환경건축은 지역의 기후조건에 따라 다양하게 계획하고 설계해야 하지만 추구하는 목적만큼은 같아야 한다. 즉, 「덜 쓰고 덜 배출하는 쾌적한 건물환경시스템 구축」, 「엔트로피증가를 억제하는 건물」, 「절약하기, 다시쓰기, 재활용하기, 재생산하기의 본질을 실현하는 건물」이 돼야 한다. 따라서 친환경건물은 건물이 생태계의 일부로 자연과 공존하며 거주공간의 쾌적성을 최대로 고려한 생애주기 설계기법을 기본적으로 적용해야 한다. 풍요로움과 지속 가능한 성장을 위한 친환경건물은 친환경의 정체성을 실현한 설계를 말한다. 그래도 이것이 예고된 인류의 재앙에 대비하는 길이다.

유한한 자원의 낭비를 막고 환경부하를 줄일 수 있는 친환경건물 설계는 건축전문가의 윤리이자 사명이다. 지금 우리의 현실은 선진국 제도를 흉내낸 실효성도 의문인 제도만 난립할 뿐 건축전문가가 믿고 따를만한 일관된 법과 제도가 없다. 따라서 친환경건물을 짓기 위한 로드맵조차 정립돼 있지 않다. 무엇보다도 절실한 것은 친환경 건축 정체성 회복을 위해 잘못된 법과 제도를 바로잡는 개혁과 혁신이다. 97%의 에너지를 수입해 그 4분의 1 이상을 건물분야에서 소비하고 있는 한국이 에너지 빈국에서 에너지사용 선진국이 될 수 있는 유일한 길은 친환경건축의 정체성을 회복시켜 제대로 된 친환경 건물을 짓는 길 뿐이다.

＊ N&Times 2013년 3월 25일 ＊

지자체 신청사의 '디자인 오버'

혈세 낭비의 표본이 된 일부 지자체 호화 청사의 국민적 지탄이 채 가시기도 전에 2014년까지 지방혁신도시와 세종시 등으로 이전하는 공기업 신축청사에 대해 호화청사 논란이 끊이지 않고 있다. 지방으로 이전할 예정인 기관 147곳 중 121곳이 신청사 건축을 준비 중이라고 한다. 이들 기관 중 일부는 만성적자 운영으로 빚더미에 있으면서도 또 빚을 내 신청사 건축을 계획하고 있어 국민을 더욱 실망케 하고 있다.

공기업의 청사 신축에 대해 크게 염려하는 사항은 방만한 청사 규모와 국민 혈세를 쏟아붓는 천문학적인 공사비다. 게다가 공공기관의 역할과 기능에 충실할 수 있는 효율적인 청사가 아니라 건축주(建築主)의 요구에 따른 지나친 상징성을 추구하는 것도 문제다. 주변 환경에 전혀 어울리지 않는 건물 내 외형의 디자인 오버(design over)는 청사라는 공공건물을 흉물스럽고 골칫덩어리가 될 건물로 만들어버린다.

건축 계획의 기본을 간과한 지나친 디자인 추구는 방만한 청사 규모와 천문학적인 공사비 증액의 요인으로 작용한다. 디자인 오버는 건축의 기본인 구조·기능·미와 환경과 에너지 문제를 분별없이 조합한 잘못된 디자인의 극치로 볼 수 있다.

신축 공기업 청사들은 친환경건물을 내세워 계획되고 있다고 하지만 친환경 인증을 받았다는 건물들이 오히려 디자인 오버로 에너지 효율의 등외 등급 판정을 받은 경우가 많다.

장점만을 내세워 적용된 공공청사의 유리벽도 디자인 오버 사례 가운데 하나다.

국내에서는 10여 년 전부터 수려한 외관, 공기 단축, 공사비 절감 등을 이유로 외벽 전체가 유리로 된 일명 장막벽인 커튼월(curtain wall)이 경쟁적으로 적용되고 있다.

유리 커튼월은 아름답고 탁 트인 개방감과 여기서 일하는 사람들에게 쾌적감을 주기도 하지만 외부의 일순간적인 기후변화에 민감하게 반응하는 특성을 지니고 있다. 따라서 창가로 유입되는 뜨거운 복사열과 차가운 냉기 등을 결코 막아낼 수 없다.

해가 떠 있는 겨울철 낮 동안 같은 건물 같은 층의 경우만 살펴봐도 남쪽으로 접한 방은 찜통이 되는 반면 북쪽으로 접한 방은 냉골이 돼 남쪽은 냉방을, 북쪽은 난방을 해야 하는 상황도 벌어져 결국 냉·난방 에너지 소비만 증가시킨다.

유리 커튼월은 유리의 3가지 특성인 열 손실과 취득을 나타내는 열 관류율, 조망과 채광을 좌우하는 가시광선 투과율, 실내의 과열과 냉방에너지 저감에 영향을 주는 태양열취득계수 등을 꼼꼼히 살펴서 적용해야 하며 적용 시에는 유리의 단점을 보완할 건축 디자인이 꼭 필요하다.

통상 유리 커튼월에는 판유리를 가공한 복층유리나 로이코팅 복층유리(태양의 복사열 조절을 위해 코팅한 유리) 등이 사용되지만 단열 성능은 일반 단열벽체의 절반도 안 된다. 그리고 아무리 우수한 광학적 특성을 지닌 로이코팅 복층유리라 하더라도 외벽의 단열재로 사용하는 것은 난센스다.

공기업 청사의 디자인 오버는 건축계획의 기본 개념을 무시하고 지나친 디자인적 상징성만 추구한 데서 비롯된 것이지만 결국은 이 분야에 정통한 전문가의 절대적 역할 부족 문제로 지적할 수 있다. 이런 이유로 우리의 공기업 청사 계획에서는 지역의 주변 특성이 잘 고려된 디자인에 대한 노력을 찾을 수 없다.

호화 청사의 출현을 막고 역사에 남을 기념비적인 청사를 짓는 일은 오직 책임을 맡은 건축주의 의지에서 비롯된다는 사실을 결코 잊어서는 안 된다.

＊ 동아일보 2012년 8월 16일 ＊

수요관리만으론 '블랙아웃' 못 막아

한치 앞을 예측할 수 없는 불확실한 시대에 정전대비 비상훈련은 유비무환을 다지는 일로 국민의 생명과 재산의 보호는 물론 지속 가능한 발전을 위해서도 필수불가결한 훈련이다. 처음으로 실시된 정전대비 비상훈련은 한여름도 아닌데 전력예비율이 위기 수준으로 떨어지는 상황이 계속되자 정부가 취한 극단의 조치이다. 이번 훈련은 평소의 유비무환에서 비롯된 계획된 것은 결코 아니다. 어쨌든 강제절전이 대규모 정전 사태와 같은 위기에 대응할 수 있는 값진 훈련이긴 하지만 블랙아웃의 위기를 근본적으로 해결하는 대책은 될 수 없다. 그 동안 정부는 작년 9·15 대규모 정전을 비롯하여 수없이 반복된 에너지위기를 겪으면서도 국가안보와도 직결되는 근본적인 에너지정책을 수립하지 못했다.

블랙아웃 위기에 직면케 된 것은 안일한 에너지정책에서 비롯된 전력수요 예측의 잘못 때문이다. 생산 원가에도 못 미치는 값싼 전기요금으로 인한 전기사용 일변도로의 성급한 시스템 전환이 폭발적인 전력수요 증가를 불러 블랙아웃의 위기를 자초 한 것이다. 여기에다 청정에너지 사용권장정책에 따라 건물의 냉난방 동력뿐만 아니라 산업현장의 생산동력원을 너무 빨리 전력사용시스템으로 바꿨기 때문이다. 한 주물공장 대표는 전기사용 시스템전환의 기쁨도 잠시일 뿐 월 수천만 원에 달하는 전기료를 감당하지 못해 폐업위기에까지 이른 것을 후회하고 있는 것이 현실이다. 이 뿐만 아니라 값싼 전기료는 에너지저효율시스템의 개선은커녕 오히려 에너지를 펑펑 쓰는 에너지과소비 문화를 조장한 결과를 가져온 것이다.

이번 응급 훈련에서 보여준 500만kW의 전력절약은 평소 절약의 문화에서 비롯된 결과는 아니다. 절전은 평소 생활의 문화 속에 정착돼야 위기 때 효과가 있다. 서울시가 에어컨을 켜놓은 상태에서 문을 열고 영업하는 업소의 과태료 부과와 여름철 실내적정온도를 26도 이상을 준수하라는 지침을 발표했다. 실내냉방온도를 높이는 것은 확실한 에너지절약 수단이다. 현행 냉방설계기준으로 서울의 경우 실내냉방온도를 1도만 낮춰도 냉방에너지는 19.6%나 증가한다. 올여름 전력피크부하의 예상은 7,707만kW로 예비전력이 147만kW에 불과하지만 고통을 감수하고 자율절전만 제대로 실현된다면 피크 시 수요전력 10% 이상의 절약은 결코 어려운 일만은 아니다. 일본은 작년 여름 54기에 달하는 원전이 멈춰선 상황에서도 20%가 넘는 자율절전으로 위기를 넘긴바 있다.

지금의 절약운동은 마치 깨진 독에 물을 절약해서 붓는 것과도 같다. 위기에 직면하여 깨진 독에 물을 절약해서 붓는 것은 합리적인 소비절약 방법이 아니다. 우리는 자원부국에서도 기본적으로 추진하는 에너지관리의 기본정책인 에너지절약과 효율화에 너무 안일했다. OECD 주요 선진국과 같은 국가시스템만 갖춰도 현재 사용하는 1차 에너지 사용을 획기적으로 줄일 수 있다. 시스템 개선은 에너지소비량을 확실하게 줄이는 방법일 뿐 아니라 덜 쓰고 덜 배출하는 친환경의 실현이다. 따라서 소비절약은 먼저 깨진 독을 고치는 시스템 개선이 더 중요하다. 여기에 절약의 문화를 생활 속에 정착시켜야 에너지소비량을 확실하게 줄일 수 있다. 절약은 지속가능한 삶을 위한 것이지만 엄격하게 절제된 생활과 낭비문화를 추방해야 한다.

　자율절전으로 올 여름 블랙아웃의 위기를 넘긴다 해도 전력예비율 확보를 위한 근본대책을 반듯이 마련돼야 한다. 전기요금체계 개선과 전기만을 사용하는 동력원의 시스템도 재고돼야 한다. 지금 절실한 것은 국가안보를 튼튼케 할 근본적인 전력수급계획 수립과 국가품격에 걸맞는 에너지사용시스템을 구축하는 일이다. 이것만이 전력대란을 근본적으로 막고 에너지빈국이 에너지사용강국이 되는 길이다.

* N&Times　2012년 6월 29일 *

사계절 기후 고려하지 않은
'유리벽 청사'

여름에 찜통더위로 시달리던 성남시 청사에서 초겨울 반짝 추위에 희한한 진풍경이 같은 층 사무실에서 벌어지고 있다(23일자 A13면). 이유인즉 사무실의 북향은 냉골이고 남향은 찜통이 된 것이다. 이는 유리벽(유리커튼월) 건물에서 나타나는 지극히 자연스러운 현상일 뿐이다. 다만 사계절이 상존하는 기후에서 유리벽에 사용된 로이(low emissivity)유리의 특성을 전혀 고려하지 않고 획일적으로 외벽을 설계한 것이 문제다.

로이유리는 태양에너지(열과 빛)의 방사율을 조절하기 위해 판유리 표면에 코팅 처리한 것으로 내·외면의 코팅 위치에 따라서도 방사율이 크게 달라진다. 두 장의 판유리를 조합해 코팅 처리한 것이 소위 복층로이유리다. 로이유리는 열성능 측면만 보면 사중의 복복층로이유리라 하더라도 열관류율(열취득과 열손실의 정도를 나타내는 지표로 이 값이 클수록 에너지 소비가 많아진다)은 일반 단열벽체 절반의 열성능에도 미치지 못한다. 외벽이 로이유리로 된 건물은 채광에는 유리하지만 태양복사열의 실내 유입으로 인한 온실효과로 찜통이 될 수밖에 없다. 또 남향이라 하더라도 일사가 없는 야간이나 북향에서는 유리벽의 열관류율이 커서 냉골이 되는 것은 당연한 이치다.

외벽이 온통 유리로 된 지자체 청사들은 대부분이 현상설계나 턴키 방식에 의해 지은 친환경 요소기술이 적용됐다고 자랑하던 건물이다. 미려한 외관의 유리 건물이 주는 시각적인 포장의 현혹이 실용성을 간과한 실례로 과잉 디자인의 극치다. 지역 주민의 위임을 받은 책임자가 심사평가단을 구성하고 절차에 따라 최고 중에서 최고의 작품을 뽑았다고 박수치고 탄생시킨 청사이기에 더더욱 안타까울 뿐이다. 온통 친환경 기술을 적용하고 친환경 우수등급의 인증을 받은 청사가 에너지효율 등급은 등외 판정을 받은 것도 난센스다.

한국은 에너지 자원 최빈국이면서도 에너지 사용효율도 극히 낮고 절약의 문화도 정착돼 있지 않다. 국가 전체의 에너지시스템 효율이 OECD 주요 선진국의 절반 수준에도 미치지 못하고 있다. 지난해 우리는 1217억달러어치의 에너지를 수입했으니, 지금 당장 에너지 효율이 OECD 선진국 수준만 돼도 600억달러 이상의 에너지를 절약할 수 있다. 비록 소 잃고 외양간을 고치는 일이긴 하지만 지자체 청사의 시행착오를 교훈으로 삼아야 한다. 이것이 닥쳐올 에너지대란을 막고 에너지 자원 빈국이 에너지 사용 선진국이 되는 길이기 때문이다

＊ 조선일보 2011년 11월 24일 ＊

최신식 공공청사가 찜통이 된 이유

때아닌 폭염으로 공공청사를 이용하는 민원인은 물론이고 공무원들이 찜통더위에 시달리고 있다. 이런 찜통 청사들은 친환경을 표방하고 지은 최신식 건물이다. 이유는 건물 외피가 깔끔하고 미려한 유리벽(유리커튼월)으로 돼 있지만 유리벽을 통한 과다한 태양열 유입에 따른 온실효과 때문이다. 이 현상만 놓고 보면 유리벽의 특성을 고려하지 않은 결과다.

유리를 건축에 응용하기 위해서는 유리가 지닌 3가지 특성에 대한 기본적인 이해와 고찰이 필요하다. 열 취득과 열 손실의 정도를 나타내는 계수인 열관류율(이 값이 작을수록 단열성능이 우수함), 입사된 태양 복사에너지 가운데 실내의 열로 작용하는 태양열취득계수(이 값이 작을수록 실내의 과열을 막을 수 있고 냉방에너지가 저감됨), 유리를 통해 유입되는 태양 스펙트럼 가운데 가시광선 영역 빛의 양을 나타내는 가시광선투과율(이 값이 클수록 채광과 조망 효과가 우수함) 등이다. 보통유리는 투명하고 가시광선투과율이 높아 채광과 조망에 유리하지만 열관류율이 높아 단열에 불리하고 태양열취득계수도 커 냉방에너지 소비를 증가시킨다.

이런 단점을 개선하기 위해 개발된 것이 로이코팅유리(low

emissivity coating glazing)다. 로이코팅유리는 채광성능을 유지하면서 외부에서 실내로 유입되는 태양의 단파장 복사열을 차단하고 또 실내에서 외부로 손실되는 장파장 복사열을 막을 수 있다. 코팅 위치에 따라 열적 특성을 달리하기 때문에 추운 지역에서는 실내 측, 더운 지역에서는 실외 측 유리면에 코팅을 해야 한다.

보통 유리벽에 사용되는 복층로이유리의 태양열취득계수는 0.5~0.6으로 입사되는 태양열의 50~60%가 실내로 유입된다. 열관류율은 $1.6kcal/m^2 \cdot h \cdot \mathcal{C}$정도로 단열성능도 벽체에 비해 크게 떨어진다. 4중의 복복층유리에 로이코팅을 하더라도 열관류율은 $0.8kcal/m^2 \cdot h \cdot \mathcal{C}$로 향상되지만 태양열취득계수는 크게 줄일 수 없다. 최근에는 태양열취득계수를 0.25까지 줄일 수 있는 기술이 개발되고 있지만 그래도 25%의 태양열 취득은 감수해야 한다. 결과적으로 복층로이유리벽은 채광은 유리하지만 뜨거운 창가의 복사열 실내 유입 억제에는 한계가 있어 여름에는 찜통이 될 수밖에 없다. 또 겨울에는 열관류율이 커 유리벽으로부터 냉기가 유입돼 더욱 춥다. 따라서 거주자의 쾌적성 확보를 위해서는 냉난방에너지의 증가는 물론이고 설비시스템 용량의 증대가 필수다.

에너지 낭비형 건물로 지탄을 받는 공공청사는 친환경건축의 이해 부족에서 비롯된 것이다. 첨단 친환경건축자재와 요소기술을 다 적용해 친환경 우수등급 인증을 받은 청사가 에너지효율등급 등외 판정을 받은 것이 이를 잘 보여준다. 이는 우수한 성능의 건축자재나 친환경 요소기술을 통합해 건물의 성능을 향상시키는 설계기법의 부족에서 온 것이다. 건물은 생태계의 일부로 자연과 같이 공존하면서 외부의 거친 환경의 여과기로서 인간을 위한 쾌적한 실내 환경을 유지해야 한다. 따라서 에너지를 적게 쓰는 건물을 지으려면 먼저 건축적인 설계기법을 통해 최대한 실내 환경을 조절하는 노력을 해야 한다. 건축적 방법의 한계는 설비적 방법으로 감당하는 합리적인 설계를 하는 것이 기본이다.

*동아일보 2011년 6월 29일 *

겨울에 반팔셔츠입는
난방문화 사라져야

한국은 에너지의 97%를 수입해 쓰는 에너지 자원 빈국이면서도 에너지 과소비국이다. 최근에는 설상가상으로 폭설 한파까지 겹쳐 전력 사용량 최고치를 경신하는 전력 비상사태까지 직면했다. 급기야 정부는 전력대란의 위기를 극복하기 위해 백화점을 비롯한 에너지 다소비 건물에 대해 4주간 섭씨 20도 이하로 제한하는 에너지절감 대책도 내놓았다.

난방 온도를 낮추는 것은 확실한 에너지 절약 수단의 하나다. 현행 난방 설계기준으로 서울은 실내외 설계 온도를 각각 20도, -11.9도라 할 때 실내온도를 1도 낮추면 약 3.1%의 에너지를 절약할 수 있다. 실제로는 외기 온도가 -11.9도보다 높을 때가 많으므로 더 많은 에너지를 절약할 수 있다.

건물의 열은 실내외 온도차에 따라 벽, 지붕, 바닥 등과 같은 구조체와 환기를 통해 온도가 높은 곳에서 낮은 곳으로 이동한다. 따라서 건물에서는 열손실과 열취득이 생기므로 난방과 냉방을 한다. 건물 열손실의 정도를 나타내는 척도로는 열손실계수라는 지표가 사용된다. 열손실은 열손실계수와 실내외 온도차에 비례한다. 건물의 에너지 절약은 열손실계수를 작게 하는 방법과 실내외 온도차를 줄이는 방법으로 대별된다. 전자가 건축적인 방법이라면 후자는 에너지 절약을 위한 정신운동으로 볼 수 있다.

우리는 겨울철과 여름철 각각 20도, 26도 내외에서 실내온도 유지를 권장하고 있다. 그러나 이 권장 온도는 온열환경변수를 모두 고려한 열쾌적지표는 아니다. 열쾌적지표는 덥지도 춥지도 않은 인체의 열평형을 이루는 열적으로 쾌적한 실내 환경을 나타내는 척도다. 실내의 열쾌적지표는 합리적인 냉·난방설계는 물론 에너지를 절약할 수 있는 지표지만 우리에겐 일부만 사용될 뿐이다. 쾌적한 실내 환경은 인체의 평균 피부 온도 33도(±0.5)를 유지하기 위한 열평형 공간으로 이는 주로 온도, 습도, 기류, 주벽의 복사열, 착의량, 활동량 등 6가지의 온열환경변수를 조절하여 실현된다. 인체의 열평형은 냉·난방 없이도 온도가 낮으면 옷을 껴입고 온도가 높으면 옷을 벗거나 기류를 증가시키면 유지할 수 있다. 이처럼 6가지 변수 중 착의량이나 기류를 조절하는 것이 냉·난방 장치를 가동하는 것보다 훨씬 더 에너지를 절약할 수 있는 환경 조절 방법이다.

주거문화의 발달과 냉·난방 시스템의 발전은 실내에서의 쾌적함과 편리함을 가져왔다. 그러나 실내에서 겨울철에 반소매 셔츠를 입고 여름철에 스웨터를 입는 것은 잘못된 냉·난방문화에서 비롯된 에너지 낭비의 표본이다. 미국 GE의 잭 웰치 전 회장이 1960년 입사 초기에 세 들어 살던 집주인은 난방에 꽤나 인색했다고 한다. 난방 온도를 높여달라고 하면 스웨터를 껴입으라고 했다고 한다. 이는 집주인의 생활화된 에너지 절약의 문화다. 자연환경에 인내로 적응하는 삶이 친환경의 실천이며 에너지를 절약하는 생활이다.

에너지는 지속가능한 녹색성장의 많은 문제 중에서도 가장 중요한 문제 중 하나다. 우리는 국가 총에너지의 25% 이상을 건물에서 사용하고 있으며 이 중 50%가 냉·난방 에너지로 소비하고 있다. 냉·난방에만 국가 총에너지의 약 13%를 쓰고 있는 것이다. 건물에서 에너지 소비를 줄이는 길은 근본적으로 건물의 열손실계수가 낮은 에너지가 새지 않는 친환경건물을 짓는 것이지만 더 중요한 것은 올바른 에너지를 사용하는 절약문화를 생활 속에 정착시키는 일이다.

잘못된 실내의 냉·난방 문화부터 먼저 달라져야 한다. 왜냐하면 올바른 냉·난방 문화의 정착은 새로운 에너지자원 개발보다도 더 가치 있는 또 다른 자원이며 전력 대란과 같은 위기를 극복하는 길이기 때문이다. 절약이 곧 녹색생활의 실천임을 결코 잊어서는 안 된다.

＊ 매일경제 2011년 2월 28일 ＊

:

'호화청사' 뜯어고쳐야

지방자치단체들의 호화청사 논란으로 연일 시끄럽다. 물론 직접적인 책임은 청사 건립 관계자들에게 있다. 하지만 호화청사를 세우려는 발상이 실현되도록 한 우리의 문화와 정서도 문제다.

최신식 호화청사들은 최근 몇 년 사이 현상설계나 턴키 방식(설계·시공 일괄입찰)을 거쳐 앞다퉈 건설됐다. 예외 없이 친환경건물임을 표방했다. 이 과정에서 관련 공무원과 전문가들의 단계별 평가도 거쳤다. 그러나 아이러니하게도 이들 건물이 하나같이 '에너지 낭비형' 건물로 판명되고 있다.

상징성을 지나치게 추구하다 보니 환경친화적이지도 않고 실용적이지도 않은 건물을 짓게 된 것이다. 우선 많은 청사가 안팎으로 과도한 디자인을 적용했다. 이로 인해 에너지 소비가 크게 늘어나는 등 건물 관리·운영에서 비효율이 초래됐다. 이런 실상은 대부분 건물 준공 후 뒤늦게 알려지고 있는데 이런 시행착오로 혈세가 낭비된다는 사실은 정말 부끄러운 일이다.

현란한 건물 디자인이 비효율을 초래한 사례는 지자체 청사에서만 나타나는 현상이 아니다. 최근 몇 년 사이 준공한 정부의 여러 공공건물에서도 마찬가지 사례가 발견된다. 냉·난방비 등 관리운영비를 감당하지 못해 전전긍긍하는 청사나 공공건물도 한두 곳이 아니다. 사정이 이 지경에 이르자 어떤 곳은 궁여지책으로 에너지 소비를 줄이기 위해 시설 교체를 추진하고 있다고 한다. 상식적으로 이해하기 힘든 수준의 에너지 비효율 건물을 지어놓고서 에너지 절약 계획을 추진한다니 한심한 일이 아닐 수 없다. 이는 앞으로도 혈세를 펑펑 더 쓰겠다는 말이나 다름없다.

호화청사는 건물 설계와 건축의 기본을 무시한 데서 비롯됐다. 보통 건물을 계획하고 설계할 때에는 '구조·기능·미'가 균형되고 조화되도록 하는 것이 기본이다. 여기에 환경과 에너지를 고려해 디자인하는 것이 건물 설계의 기본이다. 이런 원리가 잘 적용된 디자인은 감탄과 찬사를 받는 기념비적인 건물로 부가가치가 큰 관광자원으로 탈바꿈하기도 한다. 지자체 청사를 기념비적인 건물이 되도록 하려면 해당 지역 특성에도 맞고 품격에도 어울리도록 실용적으로 디자인해야 한다.

그런데 지자체들이 친환경건물을 짓겠다면서 온갖 최첨단 친환경 요소 기술을 적용해 놓고도 에너지 과소비 건물을 탄생시킨 것은 디자인·기술 적용이 따로 놀았기 때문이다. 예를 들어 친환경 건물을 표방하면서 비싼 건축비를 들여놓고도 정작 건물 외벽에 친환경 재료를 쓰지 않은 디자인이 그런 사례에 해당한다.

에너지 효율과 절약의 개념도 크게 혼동하고 있다. 에너지 효율이 높은 건물은 정량적 개념으로 '덜 쓰고 덜 배출하는 친환경적인 건물 시스템'을 말한다. 이는 저탄소 녹색성장이 추구하는 본질이기도

하다. 이에 비해 에너지 절약은 추상적 개념으로 정신운동에 불과하다. 에너지를 낭비하는 건물을 지으면서 "에너지를 절약하겠다"며 연도별 목표를 제시하는 것은 마치 "깨진 독에 물을 절약해서 붓겠다"는 것이나 다름없다. 이런 의식 때문에 한국은 아직도 국내총생산(GDP) 1000달러를 생산할 때 사용하는 에너지가 일본의 3배, 경제협력개발기구(OECD) 선진국 평균과 비교하면 2배 이상 많다. 선진국의 절반에도 못 미치는 에너지 효율이다.

지자체 호화청사에 대한 비난 여론이 비등한 이때 혈세와 자원 낭비의 표본이 된 '에너지 낭비형' 청사는 반드시 뜯어고쳐 바로잡아야 한다. 비록 '소 잃고 외양간 고치는' 격이라 하더라도 그동안 빚어진 시행착오에서 값비싼 교훈을 얻기 위해서다. 또 앞으로 지자체 청사들이 국민의 사랑을 받는 역사적 건축물로 탈바꿈하도록 하기 위해서다.

＊ 매일경제 2010년 2월 6일 ＊

⋮

녹색성장 역행하는 초고층 청사

지자체 호화청사의 국민적 지탄이 계속되는 가운데 이번에는 안양시가 100층 규모의 초고층 건물(Sky Tower)을 2018년까지 짓겠다고 나섰다. 신청사 건립이 아무리 시민의 미래를 위한 선택이라 할 지라도 건물의 주인인 시민의 지지를 받지 못한다면 지어서도 안 되고 지을 수도 없음을 깨달아야 한다. 안양시의 신청사 계획이 황당한 발상이라고 지탄받는 몇 가지 이유를 건축적 측면에서 짚어 보고자 한다.

멀쩡한 청사를 헐고 신청사를 짓는 것은 혈세 낭비일 뿐 아니라 자원 낭비로 저탄소 녹색성장에도 역행하는 정책이다. 녹색성장의 이해 부족에서 비롯됐다고밖에 볼 수 없다. 현 청사는 600억원이나 들여 1996년에 준공한 이제 겨우 14년밖에 안된 건물이다. 불과 십수년 쓰려고 현 청사를 지었다면 가설 건물로 지었다는 말인가? 건물 수명은 주요 구조체의 내구연한을 따진다. 보통 구조체에 들어가는 철근이나 철골의 피복을 3~4cm 정도만 하더라도 특별한 관리를 않고도 100년 이상은 구조 안전상 문제가 없다. 또 현 청사를 저탄소 녹색건물로 리모델링하는 비용이 많이 들기 때문에 신청사를 짓는다는 말은 더욱 설득력이 없다. 저탄소 녹색성장의 본질은 풍요로움보다 엄격하게 절제된 '4R운동', 즉 절약하기(Reduce), 다시 쓰기(Reuse), 재활용하기(Recycle), 재생하기(Regenerate)의 생활화를 의미한다. 막대한 리모델링 비용을 들이지 않고도 '4R운동'만으로도 시민의 사랑을 받는 혁신적인 녹색청사로 탈바꿈시킬 수 있다. 또 에너지 절약 의지만 있다면 정신운동만으로도 현재 에너지 수요량에서 10~15% 안팎은 절약이 가능하다. 이 비용으로 단계적인 건물의 시스템 효율화를 추진한다면 에너지 수요를 획기적으로 줄일 수 있는 것이다.

우리는 지탄받는 지자체 호화청사에서 철저한 교훈을 얻어야 한다. 청사 기능과는 어울리지 않는 내·외형의 과도한 디자인으로 인해 건물의 비효율성은 물론이거니와 관리 운영상 '에너지 낭비형'의 표본적 건물이 돼서는 안 되는 것이다. 또한 최근 몇 년 사이에 준공된 지자체 청사들은 대부분 현상설계나 턴키방식(설계·시공 일괄입찰)으로 추진돼, 소위 친환경을 표방한 최신식 건물이면서 '에너지 낭비형'이라고 지탄받는 이유도 되새겨봐야 한다.

청사건립은 시민을 사랑하는 마음에서 비롯돼야 한다. 지금 안양 시민이 절실하게 바라는 것은 거창한 청사가 아니고 시민의 마음을 보듬는 진정한 가치의 소프트웨어라는 사실임을 깨닫기 바란다. 이것이 시민을 위하고 또 시민의 품격을 높여 주는 일이다.

* 조선일보 2010년 2월 2일 *

녹색문화, 에너지 절약부터

한국은 에너지 빈국이지만 에너지 과소비 국가다. GDP(국내총생산) 1000달러를 생산하는데도 1차 에너지를 일본의 3배 그리고 OECD 주요 선진국의 2배 이상 사용하고 있다. 한마디로 선진국의 절반에도 미치지 못하고 있는 에너지 사용 효율이다. 지난해 에너지 수입액이 무려 1415억 달러에 이른다. 일본의 에너지 사용 효율의 60% 수준만 돼도 당장 에너지 수입과 탄소배출을 절반으로 줄일 수 있다. 한국이 에너지 사용 효율이 낮은 것은 에너지를 낭비할 수밖에 없는 방만한 국가시스템과 문화 탓이다.

전력 예비율을 걱정할 만큼 에너지 사용이 많은 여름철을 맞이해 정부가 에너지절약을 위한 기획캠페인을 전개하고 있다. 에너지 사용 효율이 가장 높은 일본의 에너지 절감 사례도 상세하게 소개하고 있다. 모두가 실천해야 할 교훈이지만 남의 나라 일로 받아들일 뿐 국민적인 동참은 기대치 않는다. 에너지절약운동은 추상적이긴 하지만 지속적으로 전개해 생활의 문화 속에 정착시켜야 한다.

그러나 절약 운동만으로는 에너지 사용 효율을 높일 수는 없다. 근본적인 것은 방만한 에너지 사용 시스템을 개선해야 한다. 시스템의 개선 없는 에너지 절약 운동은 마치 깨진 독에 물을 절약해서 부으라는 운동과도 같다.

덜 쓰고 덜 배출하는 절약문화 정착 활성화를 위해 '에너지 개인인 증제'의 시행을 고려해 볼 필요가 있다. 에너지 절약 정신이 투철한 사람에게 에너지 업소를 이용할 때 할인해 주는 제도다. 세계 어느 나라도 시행하지 않고 있는 새로운 제안이다. 확실하게 에너지 절약을 유도할 수 있는 실현 가능한 제도로 시행 가치가 있다. 목적이 뚜렷한 제도의 도입은 궁극적으로는 방만한 에너지 사용 시스템의 혁신과 개혁을 촉진시킬 수 있기 때문이다.

자원고갈에 대비한 그린에너지 개발은 국가가 운명을 걸고 지속적으로 추진해야 할 사업이다. 정부가 추진하고 있는 그린에너지 정책은 크게 우려되는 점이 많다. 선진국이 추구하는 그린에너지 문화에만 성급하게 동참하려고 보급률만 높이는데 초점이 맞춰져 있기 때문이다. 한국의 신재생에너지 보급률은 1987년 대체에너지 기술 촉진법이 제정된 후 2006년 기준 2.26%로 OECD 주요 선진국의 1980년대 초반 수준이다. 2011년까지 신재생에너지 보급률을 5.0%로, 그리고 2020년까지는 11%로 높인다고 한다. 보급률을 높이는 정책도 중요하지만 더 중요한 것은 원천녹색기술 개발이다.

우리의 그린에너지 정책은 펌프로 물을 퍼올리는 양에만 목표가 돼 쏟아붓는 마중물이 수십 배 더 소비되고 있음을 전혀 인식하지 못하고 있다. 아무리 미래를 위한 녹색사업이라 할지라도 실익을 따져 지혜롭게 투자해야 한다. 녹색기술 개발은 뒷전이고 너나없이 선진 외국의 시스템을 수입해 보급률만을 높여 봐야 얻는 이익보다 손해가 더 클 뿐이다. 국민의 혈세로 외국의 기업만 살리는 일이다. 100% 외국산 설비로 시설하고 동양 최대 규모의 태양광발전소라 자랑한다고 녹색의 꿈이 실현되는 것은 결코 아니다. 국가 정책의 핵심이 되고 있는 녹색성장의 본질도 한마디로 덜 쓰고 덜 배출하는 시스템의 효율화다. 지금 당장 선진국 수준의 국가시스템 효율화만 달성해도 300%까지 탄소 배출을 줄이는 녹색성장 강국이 될 수 있다. 이는 녹색성장으로 경제위기를 가장 먼저 극복할 수 있는 우리의 내재된 여건이다.

녹색성장의 핵심은 에너지 사용 효율화에 있으며 그린에너지는 우리의 삶의 동력으로 더 없이 소중하다. 실속 없이 보급률을 높이는 것보다는 먼저 녹색 기본기술을 충실하게 구축해 가면서 보급을 확대하는 것이 오히려 가치 있는 미래를 위한 투자다. 성급하게 남의 녹색기술만으로는 결코 녹색성장을 이룰 수 없음을 깨달아야 한다. 반(反)녹색으로 가는 그린에너지 정책은 에너지 과소비의 방증이다. 에너지 사용 효율화는 구체적인 계획과 강력한 규제 그리고 지속적인 실천이 있어야 달성될 수 있다. 에너지 빈국이 녹색성장을 이루는 방도도 오로지 에너지를 적게 쓰는 총체적인 시스템 구축과 녹색문화가 어우러지는 에너지 사용 선진국에서 비롯됨을 결코 잊어서는 안 된다.

* 한국대학신문 2009년 9월 14일 *

⋮

그린에너지정책,
기술개발에 초점을

잘나간다던 태양광발전 사업이 최근 줄도산 위기에 처해 있다. 선진국이 추구하는 그린에너지 문화에 성급하게 동참하려고 보급률만 높이려 한 정부의 일관성 없는 정책 때문이다. 최소한의 기본기술도 구축하지 않은 상태에서 경제성 분석 없이 너도나도 사업에 뛰어들게 한 데 따른 예고된 결과다. 더욱이 미래의 청정 녹색산업이라는 희망과 기대 속 발전차액보상이나 시설투자비 절반 이상을 정부가 보조하는 지원책만 지나치게 부각했기 때문이다.

한국의 신재생에너지 보급률은 1987년 대체에너지 기술 촉진법이 제정된 후 2006년 기준 2.26%(태양광발전 0.2%)로 경제협력개발기구(OECD) 주요 선진국의 1980년대 초반 수준이다. 2011년까지 신재생에너지 보급률을 5.0%(태양광발전 2.6%)로, 2020년까지는 11%로 높인다고 한다. 2012년까지 태양광과 풍력발전 등 신재생에너지만을 사용하여 자급하는 그린 홈(Green Home) 100만 채도 건설한다고 한다. 저탄소 녹색성장 정책에 따른 정부의 계획이다. 자원 고갈에 대비해 신재생에너지 같은 에너지개발 사업과 보급은 국가가 운명을 걸고 지속적으로 추진해야 할 사업이다. 보급률을 높이고 적용을 확대하는 일도 중요하지만 더 중요한 점은 기술력과 경제성 그리고 에너지 수급 효과다.

우리의 신재생에너지 정책은 펌프로 퍼올리는 물의 양만 목표가 되어서, 쏟아 붓는 마중물이 수십 배 더 소비되는 점을 인식하지 못하는 듯해 안타깝다. 아무리 미래를 위한 녹색사업이라 할지라도 실익을 따져 지혜롭게 투자해야 한다. 연구개발은 뒷전이고 너나없이 외국의 시스템을 수입하여 적용하면 국민의 혈세로 외국 기업만 살리는 일이다. 100% 외국산 설비로 시설하고 동양 최대 규모의 태양광

발전소라고 자랑하는 데 그친다면 녹색성장의 꿈은 이룰 수 없다.

신재생에너지로 각광받는 태양열 태양광 지열 풍력 수력 연료전지 바이오매스는 각각 특성이 다르고 가치 있는 에너지원이다. 지역적 특성에 따라 자연이 주는 에너지자원을 이용할수록 효율적이고 탄소배출도 적다.

시설투자비 대비 시설을 통해 얻는 에너지의 가치를 따져보는 경제성 분석도 필수다. 현재 태양광발전으로 1kWh의 전기를 생산하는 데 필요한 시설투자비는 대략 930만 원 정도다. 연간 생산할 수 있는 전기는 고작 9만9280원(1일 4시간 발전 4kWh 생산, 1kWh당 68원으로 환산)에 불과하다. 시스템의 생애주기 20년을 고려하더라도 경제성이 없다. 게다가 시설투자에 따른 탄소배출로 환경오염 가중은 물론이고 엔트로피 증가만 초래할 뿐이다. 이익보다 손해가 더 큰 실상을 잘 말해준다.

우리는 에너지 빈국(貧國)이지만 에너지 과소비 국가다. 국내총생산(GDP) 1000달러를 생산하는 데 1차 에너지를 일본의 3배, 그리고 OECD 주요 선진국의 2배 이상을 사용한다. 지난해 에너지 수입액이 무려 1415억 달러다.

일본의 에너지사용 효율 60% 수준만 돼도 당장 에너지 수입과 탄소 배출을 절반으로 줄일 수 있다. 한국이 에너지 사용 효율이 낮은 이유는 에너지를 낭비할 수밖에 없는 국가시스템과 생활 문화 때문이다. 신재생에너지 개발도 중요하지만 정말 시급한 점은 에너지 사용효율을 높이는 일이다.

신재생에너지는 녹색성장의 핵심이며 앞으로 도래할 녹색시대 우리 삶의 동력으로 더 없이 소중하다. 일관성 없는 정책으로 위기에 봉착한 신재생에너지 사업은 손해 보는 사업의 표본이다. 본질을 망각하고 현상만을 지나치게 추구한 결과다. 한 치 앞을 못 보는 분별 없는 정책으로 실속 없이 보급률을 높이기보다는 막대한 재원으로 기본기술을 충실하게 구축하면서 적절하게 보급을 확대하는 정책이 오히려 가치 있는 미래를 위한 투자다.

＊ 동아일보 2009년 7월 31일 ＊

'녹색성장' 본질은 시스템 효율화

지금 세계는 '저탄소 녹색성장'을 위한 무한 경쟁을 벌이고 있다. 수많은 정책과 구체적인 실천 계획도 발표되고 있다. 늦었지만 한국이 녹색성장 기본법을 만드는 것은 다행스런 일이다. 경제위기 극복과 인류 공존을 위한 지속가능한 모든 문제가 녹색성장에 달려 있기 때문이다.

녹색성장은 성장쓰레기 배출을 최소화하는 효율적인 성장과 발전을 말한다. 성장과 발전에서 쓰레기의 배출은 필연적인 산물이다. 이는 유한한 가용자원의 불가용자원으로의 이동으로, 이 현상을 '엔트로피 증가'라고 말한다. 엔트로피 증가는 환경을 오염시키는 쓰레기 배출 증가를 뜻하며 결코 이 현상을 막을 수는 없다. 다만 진행 속도를 늦출 수 있을 뿐이며 이 진행을 늦추면서 발전하는 것이 녹색성장의 본질이다.

기후변화의 주요 인자인 이산화탄소(CO_2)는 대표적 성장쓰레기로 아메바 증식 속성의 유추(類推)로 그 배출량의 증가 속도는 지수곡선 상승과 같이 가공할 정도로 놀랍다. 이 현상을 비유하는 '정원사의 수수께끼'가 있다.

어느 날 한 정원사가 연못을 보니 수련 잎 하나가 떠 있었다. 다음 날 그 수련 잎은 두 개가 되고 그 다음 날에는 네 개가 된다. 이렇게 매일같이 두 배로 불어난 수련 잎은 100일째 되는 날 연못을 꽉 채우게 된다. 그러면 연못의 반을 채우는 날은 며칠째일까? 정답은 99일째다. 2050년까지 지금의 탄소배출량을 절반으로 줄이지 못한다면 큰 재앙을 면치 못할 것이라는 경고도 다 이런 이유에서다. 생물학자 '레이첼 카슨'의 말처럼 '침묵의 봄'은 하루아침에 찾아올 것이라는 경고는 결코 기우가 아니다. 강력한 대책이 없는 한 예고된 재앙은 그대로 맞이할 수밖에 없다.

현재 미국은 1인당 이산화탄소 세계 최대 배출국이며 캐나다, 일본, 프랑스의 순으로 많은 이산화탄소를 배출하고 있다. 그러나 이 나라들의 국가시스템 효율은 우리와는 비교할 수 없을 만큼 높다.

한국은 GDP(국내총생산) 1000달러를 생산하는 데 일본의 약 3배 그리고 OECD(경제협력개발기구) 주요 선진국인 미국·영국·독일·프랑스 등의 2배 이상의 비용을 사용하고 있다.

이는 우리의 총체적인 국가시스템이 비효율적임을 나타내는 객관적인 지표다. 정부뿐 아니라 기업들도 모두 '저탄소 녹색성장'을 추진하고 있지만 구체적인 대안이 없는 개념만의 정책으로 일관하고 있다. 정작 녹색성장의 본질인 시스템 효율화 추진은 지지부진하고 답답하다. 미래의 거창한 계획을 추진하는 것도 중요하지만 당장 실현가능한 현재의 국가시스템의 효율화 추진은 더 중요하다.

형태를 보면 기능을 알 수 있는 것처럼 현재 우리의 국가시스템으로는 결코 녹색성장을 기대할 수 없다. 먼저 선진국에 비해 턱없이 방만하고 비효율적인 모든 분야의 국가시스템을 조건 없이 그리고 과감하게 뜯어 고쳐야 한다. 이것은 적게 쓰고 덜 배출하며 성장하는 녹색성장의 본질을 구축하는 일이다. 한국은 현재 선진국 수준의 국가시스템 효율화만 달성해도 많게는 300%까지 성장쓰레기 배출을 줄이고 녹색성장도 달성하는 전대미문의 국가가 될 수 있다. 이는 녹색성장으로 경제위기를 가장 먼저 극복할 수 있는 내재된 여건이다.

녹색성장을 위한 많은 문제 중에서 에너지 절약이나 저탄소 배출 등은 하나의 작은 부분에 불과하다. 따라서 녹색성장을 위해서는 작은 부분을 하나로 통합시키는 큰 국가시스템을 구축해야 한다. 통합된 국가시스템의 구축은 목표에 따른 구체적인 계획 그리고 강력한 실천이 있어야 한다.

　궁극적으로 녹색성장은 시스템을 문화로 정착시켜야 한다. 지금 우리는 21세기 '환경과 에너지' 시대에 절대 우위의 녹색성장을 위한 국가시스템을 구축할 수 있는 새로운 발전의 전기를 맞고 있다. 대안도 없이 반대만 외치는 지금의 정치 풍토에서 기회를 놓칠까 염려될 뿐이다. 녹색성장은 선진국의 정책답습으로 하루아침에 이룩되는 것이 결코 아니다. 국가 운명이 걸린 중차대한 사업이다. 아무튼 공기의 저항이 없으면 독수리가 날 수 없고 물의 저항이 없으면 배가 뜰 수 없는 것처럼 지금의 경제위기는 새로운 녹색성장 모델의 강점을 찾는 절호의 기회다. 강점 있는 새로운 녹색성장 모델이야말로 경제위기를 극복하는 길이다.

＊ 한국대학신문 2009년 5월 29일 ＊

⋮

차라리 '녹색고통' 아닌가

　대통령이 참가한 대한민국 자전거 축전을 다룬 조선일보 기사의 제목은 '자전거 두 바퀴는 녹색성장의 견인차'였다(5월 4일자 A9면). 이렇듯 요즘 '녹색성장'이란 말이 유행하고 있다. 하지만 그 의미를 정확히 독자들에게 전달하는 기사를 찾긴 쉽지 않다.

현재 우리의 모든 국가정책은 녹색으로 포장된 성장만을 지나치게 부각시키고 있다. 힘든 경제난에 시달리는 국민들에게 녹색성장이 희망적인 비전을 심어주는 긍정적인 면도 있지만 감추어진 고통을 참아야 한다는 것도 알려야 한다. 풍요로움을 누리기 위한 지속 가능한 녹색성장은 엄격하게 인내해야 할 제어 없이는 결코 이룩될 수 없다.

　　'저탄소 녹색성장'은 예고된 인류의 재앙을 막기 위한 대책이다. 선택 사항이 아닌 운명이 걸린 필수 사항이다. 무한 성장은 지속 가능성의 적이다. 단세포 아메바가 하루에 두 개로 분열해 빈 병을 꽉 채우는 데 100일 걸릴 때, 빈 병의 반을 채우는 데는 99일이 걸리지만 나머지 반의 공간을 채우는 데는 불과 1일밖에 걸리지 않는다.

　　지구도 마찬가지다. 의지를 갖고 성장을 적절하게 제어하지 않는다면 오염, 고갈, 기근, 질병, 그리고 자원쟁탈 전쟁 등에 시달리다 멸망할 수밖에 없다. 이런 배경에서 인간이 지혜를 짜낸 제어 수단이 '저탄소 녹색성장'이다.

　　'저탄소 녹색성장'은 유한한 자원의 효율적 이용을 통한 덜 쓰고 덜 배출하는 엄격히 통제된 시스템 속에서의 지속 가능한 성장을 뜻한다. 이때 고통이 따른다. 피해갈 수 없다. 보기에 따라 청계천이나 여의도 광장 복원도 막대한 자본을 투자해 자연을 다시 불러온 시행착오일 수 있다. 녹색성장은 풍요로움보다 엄격하게 절제된 '절약하기, 다시 쓰기, 재활용하기, 재생하기' 등의 생활화가 바탕이 돼야 하기 때문이다.

* 조선일보 2009년 5월 6일 *

친환경 용어만 있는 언론

'저탄소 녹색성장' 정책에 편승하여 새로 건축하는 건물마다 모두 친환경 표방 일색이다. 검증도 안 된 기술력을 가지고 친환경건물을 짓겠다고 현혹하는 광고도 종종 볼 수 있다. 탄소제로건물·패시브 하우스·제로 에너지 하우스·에코 하우스·생태건축·지속 가능한 건축·그린 빌딩·에코 3리터 하우스·그린 홈 등을 비롯하여 에너지 플러스 건물까지 등장하고 있다. 하지만 언론은 용어가 표방하는 장점만을 소개할 뿐 정작 친환경건물의 본질은 제대로 알리지 못하고 있어 안타깝다. 이름만 붙인다고 친환경건물이 되는 것은 아니다. 적용 기술의 정도는 다소 차이가 있겠지만 이 모두는 한마디로 '덜 쓰고 덜 배출하는 쾌적한 환경의 건물 시스템을 구축하는 것'으로 볼 때 목적만은 한결같다. 인간의 삶이 지속되는 한 오염쓰레기 배출은 필연적이며, 누구도 이 현상을 막을 수는 없다. 다만 오염쓰레기를 줄이거나 속도를 늦출 수 있을 뿐이다.

물리학적 표현으로 유한한 가용자원이 불가용 자원으로 이동하는 현상을 엔트로피가 증가된다고 말한다. 따라서 친환경건물은 본질적으로 엔트로피의 증가가 최소가 되게 하거나 전혀 안 되게 짓는 건물을 뜻한다. 특히 '탄소제로건물'은 엔트로피가 전혀 증가되지 않는 건물을 뜻한다. 다시 말하면 쾌적한 생활에 필요한 에너지의 외부 공급 없이도 냉·난방이 가능케 함은 물론 탄소배출이 없는 건물을 말한다. 현재 개발된 요소기술로만 보면 충분히 친환경건물을 지을 수 있다. 하지만 요소 기술을 건물에 적용하는 통합기술력이 없이는 불가능에 가까울 정도로 그 실현은 결코 쉽지 않다.

건물은 건축가의 설계로 실현된다. 하지만 안타까운 것은 친환경을 표방하고 설계된 건물이 실제로는 친환경과는 거리가 먼 건물이 비일비재하게 탄생되고 있는 것이 우리의 현실이다. 지극히 추상적이고 정성적인 친환경개념 도입이나 한두 가지의 요소기술의 적용만 하고도 친환경건물이라고 이름을 붙이고 요란하게 광고하고 있다. 이런 이유에서 볼 때 다양한 용어로 포장된 사실과 다른 이름뿐인 친환경건물이 탄생되고 있는 것이다.

친환경건물의 본질은 건물이 생태계의 일부로 자연과 공존하며 인간의 쾌적성을 최대로 고려하는 요람에서 무덤까지의 설계기법이 적용돼야 한다. 따라서 기후를 포함한 모든 환경인자와 문화가 가미된 정량적 분석을 토대로 하는 정밀한 건물설계가 이루어져야 가능한 일이다. 21세기 환경과 에너지시대를 맞이하여 유한한 자원의 낭비를 막고 환경부하를 줄이는 건물을 제대로 설계해야 하는 것은 건축가가 해야 할 윤리이자 사명이다.

* 조선일보 2009년 4월 11일 *

덜 쓰고 덜 배출하는
친환경 건물을

21세기 건축의 새로운 패러다임은 수많은 신조어(新造語)를 만들어낸다. 건물 환경 및 에너지와 관련한 신조어로는 생태건축, 지속가능한 건축, 그린빌딩, 에코하우스, 친환경건축, 웰빙건축, 제로 또는 로 에너지 빌딩 등을 들 수 있다. 이들 용어의 공통점은 자연 친화적인 건물을 지어 사용 에너지를 최소화하고 환경 부하도 줄이자는 내용이다.

그러나 친환경 브랜드로 포장된 건물이 오히려 에너지 소비를 늘리고 환경오염을 가중시키는 경우가 현실에서 비일비재하다. 친환경에 대한 접근이 지극히 추상적이기 때문이다. 환경과 에너지 시대를 맞이해 에너지 사용 효율이 높고 환경 부하를 줄일 수 있는 건물 설계 기법이 중요하다.

우선 건물의 전체 성능을 기준으로 설계 기법을 적용해야 한다. 건물의 에너지 손실 요인이 매우 다양함에도 불구하고 부위별 단열재 두께 기준만으로 건물 에너지소비를 줄이는 제한된 설계 기법을 적용하는 경우가 많다. 숲은 보지 못하고 나무만 보는 것과 같다. 건물의 에너지 소비량을 줄이기 위해서는 에너지 손실 요인을 통합적으로 고려해 설계해야 한다.

또 시스템으로 통합하는 기술을 개발해야 한다. 우수한 기술이라도 건물 전체 에너지 수급에 기여하지 못한다면 쓸모없다. 우리의 에너지 절약 기술은 상당 수준에 이르지만 통합 기술력은 절대 부족하다. 기술이 통합된 시스템에서 총합적인 적용 효과를 목표로 하는 전략과 기술이 필요하다.

신·재생에너지 이용을 위한 기본기술도 확보해야 한다. 새로운 에너지원의 개발은 사활을 걸고 지속적으로 추진할 일이지만 기본기술도 확보하지 않은 상태에서 건축 공사비의 5%라는 신·재생에너지 사용을 의무화하면 건물을 사용하는 기간에 오히려 에너지 낭비를 초래할 수도 있다. 현재 태양열 태양광 지열 등 분야별 신·재생에너지 자원의 실효성은 인정되지만 시스템의 건물 적용 기술은 절대 부족해서 아직도 건물 전체 에너지의 수급 효과를 기대할 수 없다.

건물이 생태계의 일부로 자연과 더불어 공존하려면 기술을 건축적 방법으로 잘 조합해야 한다. 이는 단어가 모여 문장이 되고, 문장이 모여 최고의 스토리를 만드는 일과 같다. 멜로디, 리듬, 하모니가 어우러지면 스토리가 아름다운 음악이 되어 모두를 감동시키듯이 이상적인 기술의 조합은 환경오염과 에너지 소비량을 줄이는 첩경이다. 새고 있는 그릇에 물을 절약해서 부어서는 결코 물의 소비를 줄일 수 없듯이 에너지가 새지 않는 건물을 짓는 것이 최우선 과제다.

새로운 에너지 자원 개발은 매우 중요하다. 그러나 에너지 소비나 환경오염을 줄이기 위해서는 덜 쓰고 덜 배출하는 건물 시스템을 우선 구축해야 한다. 또 훌륭한 문화가 가미된 절약운동을 반드시 생활 속에 정착시켜야 한다. 에너지 빈국(貧國)이 에너지 사용 선진국이 되는 길이다.

* 동아일보 2008년 8월 18일 *

⋮

덜 쓰고 덜 버리는
친환경시스템 만들자

21세기 새로운 삶의 패러다임 속에서 많이 사용하는 낱말로 '친환경'을 들 수 있다. 또 친환경은 다른 낱말을 강조하기 위해 사용되고 있다. '친환경 농산물', '친환경 도시', '친환경건축', '친환경 에너지' 등 거의 모든 분야에서 유행어를 만들어 내고 있다. 아마 친환경의 의미가 가지는 자연의 친근함도 있겠지만 삶의 위협을 느낄 정도로 파괴된 믿을 수 없는 환경에서 심리적인 안심(安心)을 얻기 위함인지도 모른다.

그러나 친환경의 진정한 의미의 이해는 아직도 유행어에 비해 매우 추상적이다. 실제에 있어서도 사용된 자원의 가치만큼 친환경적인 삶을 구가하지 못하고 있다. 유한한 환경 용량의 상황에서 가용 에너지의 불가용 에너지로의 이동은 자원 고갈의 진행이며, 또 지구 온난화를 일으키는 이산화탄소(CO_2) 배출과 같은 제2의 오염으로 이어지고 있다.

'환경과 에너지'는 우리의 삶이다. 에너지는 삶의 동력이며 환경은 삶의 그릇으로 에너지의 사용만큼 환경오염은 필연적이다. 누구도 이 현상을 막을 수는 없다. 다만 현상의 진행속도만을 늦출 수 있을 뿐이다.

우리는 에너지 빈국이지만 에너지 소비에서는 어느 나라에도 뒤지지 않는다. 요즘은 정작 제철에는 제철 과일을 맛볼 수가 없는 상황이 된 지 이미 오래다. 단지 과일을 몇 달 앞당겨 먹기 위해 많은 에너지를 소비하고 조기 생산을 한 것이다. 옳고 그름은 가치로 따져봐야 알겠지만 어쨌든 우리의 에너지 사용 문화의 한 단면이다.

현재 우리는 국내총생산(GDP) 1000달러를 생산하는 데 사용하는 1차 에너지가 일본의 3배 그리고 미국, 독일, 프랑스를 비롯한 경제협력개발기구(OECD) 주요 선진국의 2배 이상이 든다. 당연히 에너지 사용으로 인한 환경오염도 3배 또는 2배 이상 가중되고 있다. 선진국들은 에너지 사용 효율이 높다. 이는 무엇보다도 사회 전반에 걸쳐 정착된 덜 쓰고 덜 배출하는 친환경 시스템에서 비롯된 것이다. 정부는 2006년 '2030 에너지 비전'에서 현재 일본의 에너지 사용 효율 60% 수준으로 2030년에 에너지 강국으로 도약한다고 발표했다. 지금도 이 계획이 유효한지는 모르지만 결코 이 지표로는 에너지 강국이 될 수 없다. 왜냐하면 에너지 강국은 에너지 이용 선진국에서 비롯되기 때문이다.

1987년 대체에너지 기술 촉진법이 제정된 후 신재생 에너지를 개발한다고 했지만 2006년 기준 신재생 에너지 보급률은 2.26%로 OECD의 1980년대 초반 수준이다. 신재생 에너지 같은 자원의 개발은 국가가 사활을 걸고 추진해야 할 사업이지만 기본 기술도 확보되지 않은 상황에서 무조건 신재생 에너지 시스템의 의무화 적용은 신중하게 고려해야 한다. 그리고 부가가치가 큰 친환경 시스템의 구축은 에너지 소비를 줄이는 원천으로 어떤 신재생 에너지 개발보다도 더 중요하다. 그러나 신재생 에너지 시스템이나 친환경 시스템의 적용은 기본 기술력의 확보가 전제돼야 하며 반드시 정량적인 평가가 필요하다.

천정부지로 치솟는 유가로 국민의 어려움은 이만저만이 아니다. 지금까지 우리의 에너지 대책은 한시적이어서 시스템의 문화로 정착시키지 못했다. 그러나 지금의 고통은 더 큰 위기를 대비할 수 있는 기회일 수도 있다. 에너지 위기를 극복하기 위해서는 새로운 에너지 자원 개발도 필요하지만 더 절실한 것은 덜 쓰고 덜 배출하는 친환경 문화를 반드시 시스템으로 정착시켜야 한다.

* 동아일보 2008년 6월 20일 *

에너지 효율 높일
'국가 시스템' 시급

에너지는 삶의 동력이다. 따라서 에너지 없이는 단 하루도 살 수 없다. 지금도 계속되고 있는 자원 전쟁 속에 에너지는 우리의 생존 수단이자 국가 발전의 원동력이다. 그런데 최근 국제에너지기구(IEA)는 5년 안에 심각한 에너지 위기를 겪을 것이라고 경고했다. 한정된 에너지 자원과 개발도상국들의 폭발적인 에너지 수요 증가, 석유 정제 능력의 한계 등으로 볼 때 이 경고는 매우 설득력을 갖는다. 특히 에너지의 97%를 수입에 의존하는 우리나라로서는 언제 에너지 위기가 우리 생존을 위협할지 걱정스럽다.

지난해 정부는 2030년에는 에너지 강국으로 도약한다는 신고유가 극복 5대 실천 전략을 발표했다. 언뜻 보기에는 매우 설득력 있는 중장기적 정책으로 보이지만 자세히 분석해 보면 선진국들의 이상적인 에너지 대책을 총망라한 백화점식 '보여주기 정책'에 불과하다. 정부가 목표로 정한 2030년의 우리 에너지원단위는 0.2TOE(석유로 환산한 톤 단위)다. TOE는 국내총생산(GDP) 1000달러당 투입된 1차 에너지 소비량을 따진 것으로, 에너지 사용효율을 종합적으로 평가할 수 있는 객관적인 지표다. 정부 목표로는 결코 에너지 선진국이 될 수 없다. 실상을 제대로 분석한 지표라고 볼 수 없다. 이

지표는 세계 최고의 에너지 사용 선진국인 일본의 2002년 에너지원 단위 0.107TOE의 절반에 해당한다. 우리나라의 2002~2004년 에너지원단위는 각각 0.381, 0.352, 0.323TOE로 일본 에너지 사용 효율의 30%도 못 되는 낮은 수준이다. 같은 상품을 생산하는 데 일본의 세 배 이상 에너지를 사용하고 있다는 뜻이다. 이제는 더욱 현실적인 대책을 마련해야 한다.

첫째, 선진국의 절반 수준에도 못 미치는 에너지 사용 효율을 지속적으로 높여야 한다. 일본의 에너지 사용 효율(약 60%) 수준으로만 높여도 지금의 원유 수입을 절반으로 줄일 수 있다. 이는 강력한 시스템 개혁 의지가 있어야 가능하다.

둘째, 에너지 절약을 생활문화 속에 정착시켜야 한다. 에너지 절약 운동은 위기 때만 한시적이며 형식적으로 전개해서는 성공할 수 없다. 제도적으로 정착시키기 위해서는 '개인에너지 인증제'를 실시할 필요가 있다. 에너지 절약 의식이 투철한 사람에게는 에너지업소나 대중교통을 이용할 때 혜택을 주는 것을 예로 들 수 있다.

셋째, 국가 운명을 걸고 새로운 에너지 자원을 지속적으로 개발해야 한다. 하지만 무분별한 신·재생에너지 시스템의 의무화 시행은 신중하게 고려해야 한다. 이 시스템만이 반드시 에너지를 절약하고 친환경적인 첨단 기술이 아니기 때문이다. 따라서 한 부분의 추상적인 절약보다 전체를 절약하는 정량 분석이 필요하다.

무엇보다 에너지 이용 기본기술을 개발하고 구축하는 일이 시급하다. 그래서 에너지 사용 선진국이 돼야 한다. 이를 위해선 정치인보다 에너지에 정통한 능력 있는 전문가인 최고경영자(CEO)를 에너지 관계 장관으로 영입해 볼 만하다. 정부는 에너지 강국이 되기 위한 설득력 있는 비전을 제시하고 강력한 의지를 보여야 한다.

* 중앙일보 2007년 7월 19일 *

안전대책 없는 발코니 구조변경 안 된다

정부가 발코니 구조변경의 합법화를 당초 예정보다도 앞당겨 시행하기로 했다. 조기 합법화의 요구가 빗발친 데서 비롯된 '민원 해소성' 조치로 해석된다. 합법화 자체가 무리라고 우려하던 차에 준비도 안 된 합법화를 더 앞당기기로 했다니 혼란을 겪는 것은 자명하다. 이번 발코니 구조변경 합법화가 규제 개혁 차원이라고는 하지만, 한때는 안전을 이유로 구조 확장을 절대로 허용할 수 없다고 했다가 이제 환경 개선의 차원이라고 설명하니 앞뒤가 맞지 않는 정책 변화라고 할 수밖에 없다. 특히 처음에는 발코니 확장을 전면 허용한다고 발표했다가 안전을 우려하는 비난이 쏟아지자 허둥지둥 발코니 내 대피공간 의무화와 불길을 막을 방화판 또는 방화유리 설치 등의 안전 대책을 내놓은 것만 봐도 준비가 소홀했음을 알 수 있다.

환경 개선은 30~50평 규모의 아파트를 기준으로 약 10평 내외의 면적을 세금 부담 없이 늘리는 것을 가리킨다. 20평형대 아파트가 30평형대로, 30평형대 아파트가 40평형대로 늘어난다니 적지 않은 면적 증가인 셈이다. 하지만 눈앞에 보이는 면적 증가 효과 이면에 안전을 위협하는 요소가 있다는 사실을 간과해서는 안 된다.

발코니는 원래 서양 건축에서 편리성과 안전을 위해 발전된 하나의 건축 시스템이다. 이번 발코니 구조변경 합법화가 불러올 염려스러운 몇 가지 문제점을 지적하고자 한다.

첫째, 화재 및 재난에 대한 안전성 문제다. 발코니는 화재 시 대피 통로가 되는 한편 위층과 아래층 사이의 연기 및 화염 확산을 지연시켜 신속한 초기 대피가 가능하도록 한다. 특히 최근 화재 피해의 75%가 연기 피해임을 감안할 때, 정부가 대안으로 제시한 0.6평에서 0.9평의 대피공간 확보만으로 연기 피해를 줄이는 역할을 제대로 감당할지 의문이다. 이는 다른 대안을 통해 보완하기 힘든 사항이다.

둘째, 구조 안전성에 관한 문제다. 발코니는 건축 구조상 외팔 보(한쪽 끝이 고정되고 다른 끝은 받쳐지지 않은 상태로 되어 있는 보)의 형태로 한쪽을 건물에 지지하는 구조이다. 구조물의 강도나 적재하중을 감안해 설치된 것으로 칸막이벽이나 날개벽을 해체할 경우 그 구조가 약해질 수 있다. 더구나 건물 준공 후에 이뤄지는 일이기 때문에 전문가의 감리를 받을 수도 없다. 안전을 보장할 수 없는 위험한 일이다.

셋째, 발코니는 처마 역할을 하면서 자연 환경을 최대한 이용할 수 있게 하는 친환경건축 시스템이다. 특히 효과적인 일사량의 조절은 건물의 환경에 크게 기여하며 공기를 통한 층간 소음 전달을 차단하는 역할도 한다. 그리고 외부와의 완충 공간으로서 겨울에는 창가의 차가운 냉기 유입과 결로(이슬 맺힘)를 막아 주고, 여름에는 뜨거운 복사열을 차단해 에너지를 절약해 준다.

이번 발코니 구조변경 합법화는 제2의 편법을 불러올 수 있다. 시공상의 문제를 비롯해 분양가 상승 등이 우려되고 세금 부담 없이 건축 면적만을 늘리려는 기이한 현상들이 일어날 수 있다.

이상의 문제점들은 매우 우려되는 것들로 대안을 마련한다 해도 발코니의 기능과 역할을 제대로 대신하기는 쉽지 않다. 당장 보이는 사용 면적 증가를 위해 보이지 않는 안전 등의 문제점을 간과하면 더 큰 대가를 감수해야 한다는 사실을 잊어서는 안 된다. 자연을 훼손했다가 나중에 엄청난 비용을 들여 자연을 다시 살려낸 청계천 복원에서 보듯 첫 단추를 잘못 끼우면 나중에 바로잡는 데 큰 비용이 들고, 또 그 일이 쉽지도 않다. 민원의 해결도 중요하겠지만 발코니라는 건축 양식이 주는 친환경적인 기능을 몇 평 안 되는 사용 면적의 증가와 함부로 바꿔서는 안 된다. 발코니의 역할과 기능의 중요성을 잘 이해시켜 그 효용을 극대화할 수 있는 방향으로 주거환경이 개선되도록 유도하는 것이 어떨까.

* 동아일보 2005년 11월 9일 *

선진국 절반 밑도는 에너지 효율

우리는 에너지로 살아간다. 에너지 없이는 단 하루도 살 수 없다. 지금도 계속되고 있는 자원의 전쟁 속에 에너지는 우리의 생존 수단일 뿐만 아니라 국가 발전의 원동력이기도 하다. 우리는 에너지의 97%를 수입에 의존하고 있으면서도 에너지와는 무관한 것 같은 생활에 젖어 있을 때가 너무나 많다. 그동안 에너지 위기에 직면할 때마다 에너지절약 문제는 범국가적 차원에서 중요하게 다루는 듯하다가도 흐지부지된 적이 한두 번이 아니다. 그 결과 우리는 아직까지도 추상적인 에너지 절약 운동의 수준을 벗어나지 못하고 있는 실정이어서 에너지 소비량을 줄이는 것은 요원한 일이다.

최근에는 중국의 에너지수요 증가를 비롯해 석유수출국기구(OPEC)의 감산 결정 등으로 유가가 급등하자 3차 오일쇼크라는 위기의식에서 정부는 또다시 임기응변식의 차량 10부제 운영 등 미온적인 소비절약 운동을 실시하고 있으며, 또 2단계의 에너지 소비 절약 운동을 준비하고 있다고 한다. 이 모든 것이 과거와 같은 대책이라면 별 효과가 없을 것은 자명한 일이다. 에너지 절약 운동도 좋지만 진정한 에너지 소비량을 줄일 수 있는 근본 대책은 무엇인가. 먼저 우리의 낮은 에너지 사용 효율을 지적하지 않을 수 없다. 2001년 기준 일본의 GDP는 4조1천4백14억달러로 우리의 4천2백22억

달러에 비해 9.8배인데도 1차 에너지 총 소비량은 우리의 1억9천5백90만TOE(석유로 환산한 t단위)의 2.63배에 달하는 5억1천4백50만TOE만을 사용했다는 사실에 크게 주목할 필요가 있다. 이 결과로 볼 때 우리의 에너지 사용 효율은 일본의 27%에 미칠 뿐이며, 독일의 39%, 프랑스의 42%, 미국의 48% 수준이다. 에너지 사용에서 OECD(경제협력개발기구) 주요 선진국의 절반에도 미치지 못하는 아주 낮은 효율이다. 만약 우리가 70년대 오일 쇼크 때부터 에너지 사용 효율 증진 대책을 마련하고 강도 높게 추진했다면 지금은 에너지 사용 선진국이 되었음은 물론 그동안 국가 경제 발전에도 크게 기여했을 것이다. 모두가 우리의 근시안적 에너지 정책이 가져온 결과로 봐야 할 것이다.

에너지 빈국으로 지금의 에너지 소비량을 줄일 수 있는 길은 추상적인 절약 운동도 좋지만 먼저 우리의 낮은 에너지 사용 효율을 선진국 수준으로 향상시킬 수 있는 단계별 계획을 마련하고 추진하는 일이다. 건물의 에너지 절약만 보더라도 우리는 초보적인 부위별 단열 두께를 통한 에너지 절약 수준에 머무르고 있는 반면 선진국들은 이미 건물 전체 열 성능을 통한 차원이 다른 에너지 절약 방법을 시행하고 있다는 사실이다. 건물의 다양한 열손실 요소로 볼 때 현재 우리의 부위별 단열 두께 규정만으로는 결코 건물의 에너지 효율을 높일 수 없을 것이다.

이 사실을 통해 볼 때 어느 한 부문의 추상적인 절약보다는 전체를 통한 절약 방법이 진정한 에너지 사용량을 줄이는 길이며 결과적으로도 엔트로피(Entropy) 증가를 억제하는 방법임을 알아야 할 것이다. 앞서 언급한 선진국들은 에너지 효율이 높음에도 불구하고 우리보다도 더 강도 높은 에너지 절약 운동을 지속적으로 전개하고 있다는 사실을 간과해서는 안 된다. 에너지 절약은 위기 때만 하는 것이 아니고 평소 생활 문화 속에 자리잡도록 하는 것이 무엇보다도 중요하다. 따라서 에너지의식이 투철한 사람에게는 '개인 에너지 인증제'를 실시해 에너지사용 업소를 이용할 할인혜택을 주는 것도 생각해 볼 일이다. 분명 국가 전체로 본다면 확실한 절약효과가 있을 뿐더러 엔트로피 증가를 억제할 수 있기 때문이다. 우리의 에너지 절약 시책은 마치 '깨진 독에 물을 절약해 부으라는 운동'과도 같다. 깨진 독에 물을 절약해 부어서는 결코 에너지 소비량을 줄일 수 없다. 지금이라도 추상적인 절약 운동도 좋지만 먼저 에너지 사용 효율을 높일 수 있는 시스템과 정책을 마련하고 여기에 문화가 가미되는 절약 운동을 지속적으로, 그리고 강도 높게 전개할 때 진정한 에너지 소비량을 줄일 수 있다는 사실을 결코 잊어서는 안될 것이다.

＊ 한국경제 2004년 5월 13일 ＊

4부

잊을 수 없는 일
(희로애락의 삶)

개요

「잊을 수 없는 일」은 지내 온 삶의 희로애락(喜怒哀樂)을 담은 글이다. 언론 기고문 뿐만 아니라 봉사자, 전문가로서의 견해와 개인적으로 겪은 각종 사연들을 구성 편집하였다. 국가로부터 받은 사명을 완수한 국위를 선양한 내용도 있지만 잘못된 모순을 바로 잡아야함의 필요성을 호소하고 고발한 내용이 더 많다. 총체적으로 부실한 국가시스템 속에서 흔들리는 국가정체성을 크게 염려하기도 하였고 대학에서 판치는 짝퉁 가짜박사를 고발하기 위해 펜을 든 것이다.

거짓말은 여러 사람을 일시에 속일 수도 있고 또 한사람을 오랫동안 속일 수는 있지만 결코 영원히 속이지는 못한다. 정보의 민주화 시대에 이런 저런 이유를 들어 가짜를 진짜라고 하는 자들이 아직도 떠나지 않고 강단에서 학생을 가르치는 것은 정말 수치다. 가짜라는 사실도 놀랍지만 가짜서류로 박사라고 참칭하는 자들의 태도야 말로 교육자로서의 윤리를 망각한 파렴치한 후안무치의 존재다.

모두가 지금의 세상을 도덕과 윤리가 땅에 떨어진 병든 사회라고 한탄하지만 정작 이를 치유하는 일에는 수수방관으로 일관하고 있는 것은 참으로 안타까운 현실이기도하다. 다행히도 시민의식을 심어주기 위한 인성을 진정한 대학의 경쟁력임을 내세우는 대학이 있어 희망의 박수를 보낸다. 무엇보다도 병든 사회의 건강한 치유와 미래를 선도할 수 있는 정직한 인재 육성은 그래도 참 스승만이 할 수 있는 선택된 책무라고 사료된다. 따라서 참 스승은 선진대학이 지녀야 할 어떤 인프라보다도 중요하다. 학생의 작은 부정행위를 용납하지 않으면서도 세상을 놀라게 할 끔찍한 학문범죄는 덮어두는 잘못에 분노조차도 하지 않는 지금의 세상과 주변은 우리 스스로가 만든 것이다.

다시 떠올리기에는 불편한 진실이기도한 사연도 실었다. 'Inha'가 만든 자랑스러운 'Made in Inha'가 최고의 평가를 받았음에도 불구하고 모교의 교수임용에서 탈락한 제자를 위로해야 했던 일들은 참기 어려웠던 고통이었다. 또 새천년 문턱에서 교단의 폭풍우에 휩싸였던 서승목 교장의 교권유린 사건은 참으로 슬프고 비통했던 일이다. 온 국민의 성원으로 이룩했던 국제기능올림픽사상 역대 최고의 성적으로 세계최고의 정상에 오른 국위선양의 감동, 박사학위 취득의 기쁨 그리고 입대한 아들의 기도 편지도 실었다. 마지막으로 기능올림픽총회 유치활동 내용도 소개하였다.

학교 안보교육부터 '무너진 戰線'

천안함 침몰 원인을 묻는 답변에 대해 '선생님이 그러는데… 북한 짓 아니래요'라는 머리기사(6일자 A1면)는 실종된 우리의 안보교육 실상을 극명하게 말해준다. 이는 지난 10년간 민주화라는 이름 아래 '편향된 시각'에서 학생을 가르쳐온 교육현장의 안보교육 부재에서 비롯된 국가 정체성 실종의 한 단면이다.

지금 같은 안보교육 상황에서 천안함의 폭침 원인을 제대로 모르는 것이나 불과 60년 전의 민족을 파탄으로 만든 6·25의 생생한 실화가 세대 간의 갈등 주제가 되는 것은 어쩌면 당연한 일인지도 모른다. 그러나 우리는 그동안 민주화라는 이름으로 위장한 세력들에게 속아 국가 정체성의 근간이 이토록 무너지게 방관한 것에 대한 통렬한 책임과 반성이 있어야 한다. 비록 잘못은 용서하더라도 역사는 올바르게 가르치게 해야 한다.

북한의 연평도 포격 도발로 국가가 위기에 직면했는데도 적과 같은 주장을 하는 일부 정치인들의 행태 또한 분명한 이적행위다. 이는 절대다수의 침묵하는 국민들의 분노만을 가중시킬 뿐이다. 이번에 북한이 포격 도발에 사용한 살상용 포탄의 잔해에서도 그동안 주장했던 거짓의 실체가 명명백백하게 드러난 일이지만 이들은 천안함 사건의 과학적 증거마저도 모두 부정하고 천안함 폭침이 북한의 소행이라는 조사결과를 조작이라고 몰고 간 정치인들이다. 일시에 많은 사람들을 속일 수도 있고 한 사람을 오랫동안 속일 수는 있을지라도 결코 영원히 속일 수는 없다. 거짓과 위장된 평화에 속지 않고 국가를 지켜내는 길은 오직 실종된 안보교육 강화를 통한 확고한 국가 정체성 확립뿐이다.

이스라엘이 3대가 고난의 역사를 기억하고 공감하는 것은 민족의 정체성에 대한 올바른 안보교육의 결과다. 안보교육은 이스라엘을 작지만 강한 나라로 만든 정신적 지주이며 위기 때 소통의 지혜를 갖게 하는 힘의 원천이다. 연평도 포격은 예견된 도발이었지만 결국 정부는 국민의 재산과 생명을 지키지 못했다. 천안함 폭침 때 이미 소 잃은 외양간이 됐지만 고쳤어야 할 외양간을 제대로 고치지 않아 또 당한 것이다. 이 역시 안보교육의 실종에서 비롯된 결과다. 안보교육 강화는 자유를 지키는 최첨단 무기이며 이미 속 빈 강정이 돼버린 대한민국의 정체성을 회복시키는 일이다.

＊ 조선일보 2010년 12월 7일 ＊

"잘못된 교육시스템 바로 잡아야"

『지난 5일 충남 예산중 강당에서 고 서승목 교장의 5주기 추모식과 추모음악회가 열렸다. 엄숙한 분위기로 치러진 추모식에서 유족대표로서 교장의 동생인 서승직 인하대 교수가 추모사를 낭독했다. 서 교수는 추모사에서 지난 10년간 무너진 우리의 교육시스템을 바로잡기 위해 노력하자고 강조했다. 서 교수의 추모사 전문을 요약해 싣는다.』

안녕하십니까? 유족대표 서승직입니다. 먼저 고(故) 서승목 교장선생님의 5주기를 맞이하여 뜻 깊은 추모식과 음악회를 마련해주신 충남교총 김승태 회장님과 예산군교총 박종환 회장님을 비롯한 모든 관계자 여러분들에게 진심으로 감사를 드립니다. 아울러 바쁘신 일정 중에도 오늘의 추모 행사를 더욱 뜻 깊게 해주시기 위해 참석해주신 한국교총 이원희 회장님과 16개시 · 도 교총회장님 그리고 학부모님을 비롯한 모든 분들께 유족을 대표하여 심심한 감사를 드립니다.

세월은 유수와 같이 흘러 서승목 교장선생님 사건이 일어 난지도 벌써 5년이라는 시간이 지났습니다. 결코 되돌릴 수 없는 일이긴 하지만 서승목 교장선생님 사건은 통상의 지나간 한 사건으로 기억하기에는 너무나도 잘못된, 교장의 교권이 유린된 충격적인 실상들이 담겨져 있는 부끄러운 역사적인 사건입니다.

무엇보다도 지난 10년 동안 국민의 정부와 참여정부의 집권 기간은 한마디로 오늘날 세계 10위권 경제발전의 초석이 됐던 우리의 자랑스러운 교육시스템 모두를 사정없이 부정하고 분쇄하는 거센 폭풍이 몰아치던 참기 어려운 고통의 시기였습니다. 그럴듯한 참 교육으로 위장된 그 내면에는 도덕이나 교육윤리는 찾을 수 없었으며 오직 목적을 위해서는 수단과 방법을 가리지 않는 협박만이 난무했을 뿐입니다. 더욱 참담했던 것은 교권은 물론 자유민주주에 대한 교육이념의 근간마저도 흔들렸던 시기였습니다.

그러나 참으로 다행스러운 것은 한 알의 밀알이 썩어 많은 열매를 맺듯 서승목 교장선생님의 희생을 계기로 잘못된 교육 역사를 바로잡게 한 것은 오로지 함께 비바람의 거센 폭풍을 맞으면서도 뜻을 같이한 여러분과 같은 자유민주주의를 사랑하고 이 나라의 교육을 걱정한 진정한 교육동지와 학부모님들이 계셨기 때문에 가능했던 일이라고 생각합니다.

이제 남은 자의 몫은 그동안의 잘못을 바로잡는 일입니다. 국가를 위해 목숨을 바친 서해 교전 용사들의 숭고한 희생을 국가가 추모키로 한 결정은 잘못된 역사를 바로잡은 시작에 불과합니다. 우리가 반드시 그동안의 잘못을 바로잡아야 하는 것은 결코 승리를 얻기 위함이 아니며 오로지 나라를 나라답게 교육을 교육답게 바로세우기 위한 것입니다. 좋은 나무가 좋은 열매가 맺듯이 잘못된 교육시스템의 본질을 바로잡아야만 우리 미래가 기대되는 새로운 희망의 열매를 수확할 수 있기 때문입니다.

유족으로서 여러분과 함께한 지난 5년간의 세월은 한 마디로 참기 어려웠던 고통의 세월이었습니다. 그래도 시련을 견딜 수 있는 중요한 정서적인 힘은 고 서승목 교장선생님과 지난 세월동안 고락을 함께했던 교육동지여러분과 학부모님들의 변함없는 따뜻한 위로와 관심에서 나왔습니다.

우리는 비록 10년이란 세월동안 민주화로 위장된 잘못된 역사의 역주행으로 국력을 낭비하고 교육의 경쟁력을 크게 잃었지만 그래도 잘못을 바로잡을 수 있는 새로운 정부의 탄생으로 희망의 21세기를 같이하게 된 것은 참으로 다행스런 일입니다. 앞으로는 갈등과 대결보다는 화합과 용서로 그동안 닫힌 마음의 문을 활짝 열고 교육이 국가발전의 성장 동력이 되도록 우리 모두 힘써야 할 것입니다.

＊ 한국교육신문 2008년 4월 14일 ＊

인사청문회 생명은 '정직'

　여야가 공직후보자 인사청문회를 앞두고 연일 시끄럽다. 인사청문회는 16대 국회 때 처음 도입된 것으로 대통령이 행정부 고위 공직자를 임명하기에 앞서 후보자의 공직수행 능력을 검증하는 제도이다. 국회가 대통령을 견제할 수 있는 장치로도 볼 수 있다.

　그런데 언론에 비치는 여야의 인사청문회 준비상황을 보면서 크게 우려되는 점이 한두 가지가 아니다. 여야의 공직자 검증 전략은 각기 다를 수 있겠지만 인사청문회의 본질에서 벗어나는 정치공세로는 국민의 공감을 얻지 못할 것이다. 즉 인사청문회 제도 정착을 위해서는 여야의 입장을 떠나 공직자의 공직수행 능력과 자질을 검증하기 위한 본질만큼은 한결같아야 한다. 인사청문회는 도덕과 윤리가 실종된 병든 사회를 바로잡고 국가에 헌신할 공직자를 검증하는 성숙한 자리가 돼야 한다. 단지 절차를 거치는 요식행위가 돼서는 안 될 뿐 아니라 사과하고 변명해서 견디어 내기만 하면 되는 자리여서도 안 된다.

　세계 비즈니스 역사상 가장 뛰어난 최고경영자(CEO) 중 한 명으로 존경받는 미국 GE의 잭 웰치 전 회장은 GE의 사원 자격으로 정직성(integrity), 성숙도(maturity), 지적능력(intelligence) 세 가지를 강조하고 있는데 이 중 제일의 덕목으로 정직성을 꼽고 있다. 홍사단 장학생으로 미국에 단신 유학하여 엔지니어와 사업가로 성공한 '패코스틸'의 백영중 회장의 자서전 『나는 정직과 성실로 미국을 정복했다』에는 도산 안창호 선생의 혼이 서린 '홍사단 3계명 정신'으로 미국을 정복한 감동적 인생드라마가 담겨 있다. 백 회장의 무한한 도전정신은 많은 사람에게 희망을 주고 있지만 무엇보다도 홍사단 3계명 정신 중에서도 첫째 덕목인 "거짓말하지 말고 정직하라"라는 생활신조가 미국 제일 철강기업 '패코스틸'을 키웠음을 자랑스럽게 고백하고 있다.

성공한 CEO들의 훌륭한 기업가정신은 실력보다도 정직성이라는 덕목에 있었다는 사실을 새삼 깨닫게 된다. 따라서 참된 공직자가 갖춰야 할 제일의 덕목도 정직성이 아닌가 생각한다. 정직성을 갖춘 참 공직자만이 지금과 같이 흔들리는 국가 정체성을 바로 세우고 도덕과 윤리가 실종된 병든 사회를 치유할 수 있다고 믿기 때문이다.

간디의 기념묘소 비문에 새겨져 있다는 7대 사회악인 '원칙 없는 정치, 노동 없는 부(富), 양심 없는 쾌락, 인격 없는 교육, 도덕 없는 상업, 인간성 없는 과학, 희생 없는 종교'는 불법·탈법·무법의 온상이 돼 버린 우리 정치 풍토를 바로잡을 공직자들이 깊이 새겨야 할 교훈이다. 3.25%의 소금이 바다를 썩지 않게 하는 것처럼 '정직'은 공직을 이끌 소중한 힘의 원천이다. 아무쪼록 인사청문회가 공직자의 능력과 자질을 검증하는 국민 모두의 새로운 희망으로 거듭날 수 있기를 기대한다. 정직하지도 성숙하지도 못한 자를 공직에 임용

한다면 이는 국가의 품격을 떨어뜨리고 역사에 부끄러운 일임을 결코 잊어서는 안 된다.

＊ 매일경제 2010년 8월 23일 ＊

국가 정체성 바로 세워야 한다

한국이 이룩한 GDP 세계 10위권의 압축 성장은 경이로운 일이다. 하지만 성장과 함께 국가 정체성이 바로 확립되지 않으면 이는 마치 기초가 부실한 건물을 지은 것과 같다. 기초가 건물을 지탱하듯 대한민국의 튼튼한 기초는 역시 국가 정체성이다. 정체성이 실종된 성장은 마치 모래성을 쌓는 것과 같다.

미국 원주민 인디언은 하루 종일 말을 타고 달리다가 밤이 되면 텐트 속에서 자신만의 기도를 한다고 한다. 너무 빨리 달려 미처 따라오지 못한 자신의 영혼을 불러오기 위해서라고 한다. 지금 우리가 시급히 해야 할 일은 인디언이 자기 영혼을 찾는 것처럼 실종된 국가 정체성을 다시 찾아 나라를 바로잡는 일이라는 생각이 든다.

원칙 없는 정치에서 비롯된 불법·탈법·무법이 판치는 총체적인 혼란과 갈등도 모두 국가 정체성의 실종에서 비롯된 결과다. 우리는 그동안 민주화라는 이름으로 국가 정체성의 근간이 흔들리도록 방관한 것에 대해 통렬한 반성과 책임을 느껴야 한다. 그리고 6·25와 3·1절과 같은 민족의 수난 역사를 제대로 교육하지 않아 기억 속에서 사라지고 있는 것에 대해 분노도 해야 한다. 불과 60년 전 온 민족의 생명을 위협한 한국전쟁이라는 생생한 실화가 세대 간 갈등 주제가 되는 현실도 개탄스러운 일이다.

천안함 폭침과 같은 중대한 국가안보의 위기 상황도 당리당략으로 이용하는 정치 현실에 국민은 누구를 믿어야 할지 심히 걱정스러워 하고 있다. 또 이 기회를 놓칠세라 편향된 활동만을 일삼는 각종 단체까지 가세해 나라의 근간을 흔들고 있으니 국가는 위태롭고 국민은 한없이 불안하다. 객관적인 증거가 있음에도 불구하고 열강들의 실용주의에 따라 범인 없는 안보리 규탄성명만으로 46명 희생 장병의 원혼을 달래야 하는 대한민국은 마치 망망대해에 떠 있는 작은 조각배처럼 보일 뿐이다.

이순신 장군을 존경하는 이유는 무예가 뛰어난 장군이라서가 결코 아니다. 밤잠을 이루지 못하는 깊은 시름의 국가 사랑의 헌신이 있었기 때문이다. 철 천지 원수도 같은 배를 타면 뜻을 함께한다는 데 위기 앞에서도 헌신은커녕 소통의 지혜도 발휘하지 못한 정치지도자들의 행태가 한없이 원망스럽다. 개탄스러운 것은 천안함의 폭침 사실보다도 그동안 정부와 여야 정치인이 보여준 태도다. 국민 모두는 국가가 고난을 당했을 때 헌신하는 지도자를 열망한다.

우리는 위기에서 더욱 강함을 보이는 이스라엘로부터 깨달음을 얻어야 한다. 나치스에 희생된 '사람들을 기억하라'라는 뜻을 담은 홀로코스트(대학살) 역사박물관은 세월이 지나도 흔들리지 않는 유대 민족의 정신적 유산이다. 이스라엘 3대가 고난의 역사를 기억하고 공감할 수 있는 것은 민족 정체성에 대한 올바른 교육 때문이다. 정체성 교육은 이스라엘을 작지만 강한 나라로 만든 정신적 지주이며 소통의 지혜를 갖게 하는 힘의 원천이다. 우리도 민족에게 고통을 준 세력들의 잘못을 용서하더라도 고난의 역사를 올바르게 가르쳐야 한다.

　　우리는 세계에서 두께가 제일 얇은 TV와 세계에서 제일 큰 배도 만들고 있으며 또 세계에서 제일 높은 건물을 짓는 경쟁력을 갖추고 있다. 세계 제일의 기술력도 정체성 확립 없이는 모래성을 쌓는 것에 불과하다. 정체성이 무너지면 보수와 진보를 떠나 국가의 전부를 잃는다. 미국 워싱턴 한국전 추모공원에 새겨져 있는 "자유는 공짜로 주어지는 것이 아니다 (Freedom is not free)"라는 말은 깊이 새겨야 할 교훈이다. 정체성 회복은 자유를 지키기 위한 고난이며 속 빈 강정 대한민국의 근간을 튼튼히 하는 일이다. 천안함의 고귀한 희생을 영원히 잊지 않는 길도 정체성 교육의 회복에서 비롯됨을 결코 잊어서는 안 된다.

＊ 매일경제 2010년 8월 6일 ＊

가슴으로 쓴 간청(懇請)의 편지

존경하는 ○○○ 총장님 귀하

안녕하십니까?

먼저 여러 가지로 어려운 여건 속에서도 항상 학교 발전을 위해 불철주야로 수고하시는 총장님께 진심으로 감사의 말씀을 드립니다. 그리고 대학의 복잡한 현안 문제로 늘 바쁘신 총장님께 이런 말씀을 드리는 것이 누가 되지는 않을까 걱정과 염려도 됩니다만 오직 학교를 사랑하고 발전을 염원하는 간절한 마음에서 올리는 글이오니 해량하여 주시기 바랍니다. 아울러 한동안 건축학부의 '안타까운 일'로 총장님과 학교 당국에 심려를 끼쳐드린 점 대단히 송구스럽게 생각하고 있습니다. 그러나 건축학부의 일은 여러 사람을 일시에 속일 수도 있고 또 한사람을 오랫동안 속일 수는 있지만 영원히 속이지는 못하는 것처럼 오로지 '참된 진리'의 이치일 뿐이며 결코 누구의 승리를 얻기 위한 것이 아니었습니다.

다름이 아니오라, 이번 건축학부 신임 교원 채용과 관련한 말씀을 드리고자 합니다. 저는 이번 신임 교수 채용과 관련하여 건축학부차원에서 실시한 면접 외에는 어떤 평가에도 참여하지 않았습니다. 왜냐하면 제자인 A박사가 지원했기 때문입니다. 그러나 A박사는 특히 불리한 출신 대학원의 평가기준(미국 30점/ 국내 16점)에도 불구하고 그동안의 결과에서 우수한 평가를 받고 있는 것으로 예상되어 지도 교수로서 매우 자랑스럽게 생각하고 있으며 흔쾌히 추천서도 써 주었습니다.

그동안 A박사는 대학원 재학 중 '학술진흥재단'의 특별장학금을 받은 것을 비롯하여 대학원 졸업 시 우수상 수상과 2005년 대한건축학회상인 우수논문상을 수상하였습니다. 그리고 국비지원 해외 Post-Doc. 프로그램에 선발되어 영국의 Strathclyde 대학에서 박사후 연구도 수행하였습니다. 특히 Post-Doc. 과정 중에는 자연에너지 이용과 관련한 프로그램을 성공적으로 개발하여 세계적인 석학인 'Joe Clarke' 교수로부터 뛰어난 연구자라고 극찬도 받은바 있습니다. 그리고 A박사는 연구 실적도 뛰어날 뿐만 아니라 그동안 인하대, 한양대 등의 대학(원) 강의에서도 좋은 평가를 받고 있습니다. 따라서 저는 이상의 객관적인 내용들을 종합해 볼 때 감히 A박사를 '자랑스러운 인하인'의 한사람이라고 말씀드리고 싶습니다.

존경하는 총장님! 글로벌 대학의 핵심은 학생을 지도하는 교수의 경쟁력이 무엇보다도 중요하다고 사료됩니다. 따라서 저는 이런 면을 고려하여 이번 A박사의 추천도 신중하게 생각하고 결정하였습니다. 그리고 심층면접 과정에서 학교의 명예와 자존심은 물론 우수교수 확보에도 심히 우려되는 현실의 모순된 문제점을 발견하게 되었습니다. 왜냐하면 기대 이하인 미국대학원 출신 지원자들의 박사학위 논문 내용뿐만 아니라 발표된 연구 실적을 비롯한 교육 경력, 강의 계획서, 기타 등등을 평가한 건축학부 대부분 교수님들과 함께 크게 실망했기 때문입니다.

　더구나 우리대학에서 최고로 우대하는 미국대학원 출신의 젊은 박사의 실적에서 연구 윤리와 도덕이 실종되어 대학을 마치 지식범죄의 온상으로 세상을 떠들썩하게 했던 것과 같은 염려를 해야 한다면 결코 믿어지지 않는 일이지요. 이는 무엇보다도 우수교수 확보를 통하여 우리대학의 연구와 교육 역량을 높이려는 총장님의 메시지 말씀에 비추어볼 때 크게 걱정하지 않을 수 없습니다. 따라서 교수가 글로벌 대학을 위한 교육시스템의 핵심으로 명품 인재를 키우는 진정한 힘이 되려면 지식사회의 부패를 막을 수 있는 교육자로서의 기본자질과 덕목이 무엇보다도 중요하다고 생각되었습니다.

　오늘날 미국 10대 글로벌 대학의 경쟁력의 핵심 중 하나는 무엇보다도 교수의 경쟁력이며 또한 개방성과 다양성에도 큰 강점을 갖고 있다는 사실도 잘 알고 있습니다. 그리고 우리대학의 글로벌화는 생존과도 직결되는 일로 필연적으로 추진해야 할 일이지만 아직은 경쟁력을 발휘하기보다는 글로벌화를 위한 베이스캠프의 정립단계가 아닌가도 생각됩니다. 따라서 베이스캠프 정립은 글로벌화를 위한 교육시스템의 기본을 갖추는 것으로 무엇보다도 중요한 일입니다. 따라서 훌륭한 교육시스템을 갖추기 위해서는 반드시 철저한 검증과정이 필요하다고 사료됩니다. 이는 이번 교수 지원자들의 심층면접 과정에서도 그 문제점을 발견했기 때문입니다.

　그동안 건축학부에서는 대학원 과정 개설이후 지금까지 우수한 석·박사를 수많이 배출하여 대내외적으로 우수한 평가를 받고 있습니다. 이는 매우 자랑스러운 일이며 또한 어려운 여건에서 이루어낸 쾌거라고 생각됩니다. 따라서 이제 우리대학 브랜드도 경쟁에서 이길 만큼 성장했다고 자부합니다. 그리고 저는 이것이 우리대학의 진정한 경쟁력이라고 생각합니다. 만약 우리대학이 경쟁력의 핵심인 교수요원 조차도 양성해내지 못한다면 결코 글로벌 대학의 반열에 들지 못한다고 생각합니다.

이런 면에서 A박사는 우리대학에서 심혈을 기우려 만들어 출시한 'Made in Inha' 입니다. 그리고 국내외 등에서 이미 검증된 것처럼 국내외 어느 제품과도 견주어도 손색이 없다고 생각합니다. 혹시라도 우리가 만든 제품이 마치 기존의 유명 상표의 명성과 포장에 현혹되거나 또는 평가자의 이런 저런 주관적인 생각이나 지엽적인 편견으로 올바르게 평가 받지 못한다면 이보다 더 가슴 아픈 일이 또 어디 있겠습니까?

존경하는 총장님! 지금 우리가 경쟁해야 할 명문대학이나 벤치마킹 대학들의 면면을 살펴보면 자기학교 출신을 교수로 대부분 임용하여 경쟁력의 핵심이 되고 있음을 많이 볼 수 있습니다. 이는 단순히 모교 출신이라기보다는 모든 면에서 우수하고 훌륭하기 때문에 채용됐다고 생각합니다. 또, 우리대학의 경우에 특정대학 출신 교수가 대부분인 전공이 있는 것도 우수하기 때문이라고 생각합니다. 따라서 인하대 출신이라는 이유가 결코 인하대 교수임용의 걸림돌이 될 수는 없다고 생각됩니다.

존경하는 총장님! 이미 검증된 우리 제품인 'Made in Inha' 잘 평가해 보십시오. 그리고 우리대학을 글로벌 대학으로 키우는 데 꼭 필요한 제품으로 판단되시면 꼭 한번 써 보십시오. 그러나 여러 가지로 부족하다면 더욱 분발하여 좋은 제품을 만들도록 노력하겠습니다.

존경하는 ○○○ 총장님! 우리가 총장님께 바라는 것은 임기를 마치시고 떠나신 후 우리 인하인의 가슴 속에 영원히 지워지지 않을 진정한 총장님으로 기억될 수 있기를 더 기대합니다. 그리고 짧은 식견에서 총장님께 올린 이런 저런 말씀에 무례함이 있었다면 용서를 빕니다.

끝으로 총장님의 학교 발전을 위한 헌신적인 열정에 거듭 감사드리며 항상 건강하시길 기원합니다.

0000년 6월 5일

:

잊을 수 없는 교권의 유린
(서승목 교장 사건 100일을 맞이하면서)

저는 故 서승목 교장 선생님의 동생인 인하대학교 공과대학 건축학부에 근무하는 서승직 교수입니다. 고향이기 때문에 휴일이나 방학 때면 편안한 마음으로 찾던 길이지만 왜? 이렇게도 발걸음이 무겁게 느껴지는지요. 무심코 지나던 길이지만 예산 시내 입구 건물의 참교육 간판이 더욱 많은 것을 생각하게 하는군요. 동화 속에서나 나올법한 조용한 농촌마을학교 그곳에서 세간의 이목이 집중된 사건이 발생되리라고 그 누가 상상이라도 하였겠습니까? 늘 그렇듯이 결과는 잘못된 원인에서 비롯되는 것이 아니겠습니까? 그동안 저는 분개 할 수밖에 없는 진실 왜곡 사실과 억울하게 가장을 잃은 절규하는 유족의 비통한 심정 속에서도 늘 형수님과 조카들에게 의연하게 대처할 것을 당부하였습니다.

그러나 사건 발생 100일을 맞이하면서 조금도 반성이나 뉘우침이 없는 관련 당사자들의 행동에 접하여 그간 27여 년 동안 교육에 종사하고 있는 교육자로서 그리고 우리나라의 교육의 미래를 함께 걱정하고 고민해야 하는 동료적인 입장에서 그간의 형님 사건과 관련하여 만나서 드리려한 말씀 중 일부를 전하고자 합니다.

1) 국민 모두의 사랑을 받는 진정한 전교조가 되기 위하여
다음은 중국 장춘에서 온 전교조의 출범에 간여한 H모 선생님의 편지내용 중 일부입니다.
"오늘 중국 장춘에서 인터넷으로 신문을 읽다가 고 서승목 교장 선생님이 백씨라는 사실을 알고 깜짝 놀랐습니다. -중략- 저는 지금 전교조와 손을 끊은 지 20년 가까이 됩니다만 처음 출범에 관계한 사람으로서 새삼스럽게 이 모든 일에 대한 죄책감을 깊이 느낍니다.
처음 전교조를 시작할 때 저와 저의 친구들의 생각은 교육이 독재

권력의 하수인으로 전락하지 않도록 만들자는 것이었습니다. 그렇지만 그 이후 전교조는 교육이 학생 개개인의 인품을 다룬다는 사실과, 지식은 특정세력의 이해관계로부터 중립적이어야 한다는 사실을 잊어버렸습니다. 그것은 전교조가 시중의 수많은 노동조합과 같은 성격의 노동 운동으로 스스로를 몰고 갔기 때문입니다. 그래서 저는 전교조에 대한 지지를 철회했습니다. 다시 한 번 선생님의 아픔을 옆에서 함께 나누지 못해 죄송하다는 말씀을 드립니다."

이 내용을 한 지인이 위로를 위해 보낸 편지로 의미를 부여하지 마시고 앞으로, 전교조의 진정한 발전을 위한다면 한번 깊이 생각해 보십시오. 그리고 세간에 거론된 많은 비판적인 내용도 겸허하게 받아들여야 할 것입니다.

위의 전교조 초기에 간여한 선생님의 글을 보더라도 전교조는 초기의 정책과는 분명 잘못 가고 있는 것입니다. 꿈속에서는 꿈을 꾸고 있는 사실을 모르겠지요? 꿈을 꾸고 있다면 속히 깨어나기를 바랍니다.

2) 사실보다 태도는 더 중요합니다.

그렇습니다. 교육자이기 때문에 태도는 더욱 중요하지요. 사건 이후의 관련자들의 행동은 진정한 교육자의 행동으로 볼 수 없으며 결코 어린 학생들의 본이 될 수 없습니다. 참 교육을 주장하면서 왜? 모범 가장인 참 교육자를 죽음으로 몰고 갔는지요? 한번이라도 억울하게 가장을 잃은 절규하는 유족들의 비통한 심정을 생각해 보셨습니까? 진정으로 사죄하고 반성하는 참 교육자는 왜? 없는지요? 용기가 없어서인가요? 참 교육의 참뜻을 아시는지요? 과연 이 사건관련 당사자들은 철모르는 어린 학생들의 참 스승이라고 진정 말할 수 있습니까? 보이는 사실을 속이면서까지 집단행동에 참여하지 않았습니까? 하물며 보이지 않는 사실에 대해 누가 믿어주겠습니까?

교육은 진실로부터 시작되는 것입니다. 지금이라도 역사의 진실 앞에 양심의 고백이 있어야 할 것이며 이것만이 그래도 교사의 도리를 다하는 길이라고 생각합니다. 반드시 밝혀질 훗날에도 역사의 진실 앞에 지금의 논리로 대항할 수 있을는지요? 이 얼마나 부끄러운 일이겠습니까? 더 이상 진실을 왜곡하여서는 안 됩니다. 이 사건의 진실은 하나입니다. 더 이상의 진실왜곡은 손바닥으로 하늘을 가리는 격이지요. 더 이상 떠올리고 쉽지 않은 일이지만 한국 교육계의 충격적이고 서글픈 사건이 충절의 고장 충청도에서 그것도 조그만 농촌마을 학교에서 일어났다니 그리고 지금도 그 진실이 왜곡되고 있으니 이 얼마나 통탄스러운 일입니까.

대부분 농업에 종사하시는 학부모님의 마음은 천심입니다. 지금은 진실을 밝히고 용서를 빌 때입니다. 때늦은 일이지만 지금이라도 잘못을 뉘우치고 유족과 국민들께 용서를 비는 길만이 교육자다운 행동이 아니겠습니까? 그리고 사건의 진실을 밝히는 데 적극 협조를 하여야 할 것입니다. 이 사건은 작게는 한 가정이 몰락한 억울한 사건이요, 크게는 "참 교육의 탈을 쓴 자들"에 의한 조직적이고 악의적인 교장의 교권 유린 행위로 한 점 의혹 없이 진실을 밝히는 수사에 적극 협조하여야 할 것입니다.

3) 언론의 최대 피해자는 서교장과 유가족입니다.

다시는 이러한 일이 있어서는 안 되겠지요. 비호 언론들의 사실도 확인하지 않은 일방적인 왜곡된 보도 내용 그리고 이 내용을 전교조 투쟁속보를 통하여 각급 기관에 살포한 것은 서교장 사건의 직접적인 계기가 된 것입니다. 특히, 4월 2일의 아침의 모 방송사의 왜곡된 보도 내용 등이 형님을 결코 돌이킬 수 없는 불행한 길을 가게 만들었습니다. 그리고 사건 이후 진실이 해결에 결코 도움이 될 수 없는 모 방송사의 100인 토론 어떻게 생각하십니까? 등은 그 결과가 어떠하였습니까? 공영 방송으로서 불신만 가중시키지 않았습니까? 그리고 슬픈 유가족의 가슴에 또 한 번 못을 박는 결과를 가져오지 않았습니까.

저는 이 프로의 담당 작가로부터 끝없는 출연요청을 권유받았지만 모두 거절하고 출연하지 않았습니다. 왜냐하면 이 사건은 토론의 논리로 풀 수 없으며 반드시 법의 논리로만이 해결할 수 있다고 생각했기 때문입니다. 또 한편으로는 이 프로의 특성상 결코 진실 해결에 도움 될 수 없기 때문입니다. 지금의 심정은 한 알의 밀알이 썩어 많은 열매를 맺기를 바랄 뿐입니다. 다시는 형님 같은 불행하고 억울한 교육자가 없기를 바랄 뿐입니다.

4) 교육자의 양심에 호소합니다.

이 사건은 교육계 모두를 위해서도 반드시 진실 규명을 위한 수사가 이루어져야 합니다. 충청남도 교육감님께서는 "이 사건이 전대미문의 교권 유린 행위로 한 점 의혹 없이 수사하여 서교장의 명예를 회복시키겠다."고 영결식장에서 만천하에 천명한바 있으나 현재까지 어떤 진상 조사나 조치를 취한바 없으며 다만, 학부모님들의 계속되는 등교 거부를 무마하기 위한 미온적인 관련자 일부의 전보조치가 전부라는 사실입니다. 다만, 유족의 진정으로 시작된 수사기관의 수사는 피고소인들의 출석거부 등으로 인하여 답보상태로 있을 뿐이지요.

저는 여기에서 교육자의 양심에 호소하고자 합니다. 진정한 이 나라의 참교육을 위해서도 관련자의 협조를 당부합니다. 마음 한구석 괴로운 양심적 갈등 속에서 벗어나라고 말입니다. 그들에게도 교육자적인 양심은 마음 한구석에 꼭 살아있을 거라고 믿고 싶습니다.

끝으로, 사건 발생 100일을 맞이하여 관련자들에게 교육자의 양심적 행동을 거듭 촉구합니다. 감사합니다.

* 전교조 16개 지부장에게, 동아일보 2003년 7월 11일 *

:

나의 프랑스 유학기
싸데빵 (ça dépend)

나의 해외유학은 오래전부터 계획하고 있었던 일이었으나 프랑스로의 유학은 갑자기 결정된 일이었다. 물론 유학 국을 바꾸게 된 것은 여러 가지 이유가 있었지만 무엇보다도 내가 뜻하는 학문을 활발하게 연구하는 우수한 대학이 프랑스에 있다는 것과 프랑스 국립과학기술연구소(CNRS)와의 공동으로 참여하는 대학의 연구제도 등에 큰 매력을 갖게 되었기 때문이며 또 다른 이유로는 학비(당시 1년 등록비가 약 5백 프랑으로 우리 돈 5만 원 정도)가 없다는 것과 사회보장제도가 잘되어 있어 경제적으로 유리하다고 판단했기 때문이다.

그러나 프랑스유학을 결심하기까지는 그동안 거의 준비하지 않은 불어라는 어학문제의 난관을 어떻게 극복 할 것이냐 하는 것이 매우 큰 부담이 되었던 것도 사실이었다. 당시만 해도 프랑스유학에 대한 정보를 얻는다는 것이 그리 쉬운 일은 아니었다. 어렵게 구한 프랑스 대학 주소로 띄운 편지를 통하여 의외로 만족스런 답신을 여러 통 받았다. 그 중에서도 프랑스 남쪽에 위치한 에너지 분야로 유명한 뻬르삐뇽대학교(Université de perpignan)의 다그네(Daguenet) 교수의 호의적인 답신에는 내가 원하는 분야의 박사학위과정 소개책자와 함께 실험실 운영 그리고 외국인 학생에게 부과하는 어학시험을 비롯한 입학에 관한 세심한 정보가 담겨 있었다. 그리고 좋은 조건으로 공부할 수 있는 길도 언급하였다.

나라마다 교육제도가 다른 것은 당연한 일이라 하겠으나 우리는 그동안 미국과 일본 등의 교육제도를 비롯한 다양한 유학정보에 힘입어 일부의 학문분야를 제외하고는 프랑스보다는 미국과 일본으로의 유학을 선호했던 것이 사실이었던 것 같다.

프랑스의 고등교육기관은 크게 대학(Universités)과 그랑 제꼴

(Grades écoles)로 분류되며 그랑 제꼴은 특수 목적을 위해 대부분 정부기관 관장 하에 설립된 특수대학으로 그 분야도 다양하다. 분야에 따라서는 프랑스의 각 분야 수재양성을 목적으로 설립된 외국인의 입학이 제한된 유명한 그랑 제꼴도 있다. 그러나 그랑 제꼴도 일반 대학과 함께 박사과정을 공동으로 운영하여 학문적 전문성을 살려 나가는 것이 프랑스의 과학기술교육의 특징이다.

프랑스의 대학과정 교육은 1기 과정(1ᵉʳ cycle, diplôme d'études universitaires génerales-D.E.U.G), 2기 과정(2ᵉ cycle, licences et maitrises), 3기 과정(3ᵉ cycle, diplôme d'études appro fondes-D.E.A et doctorat de spécialité)으로 구분되며 1기 과정은 대학의 교양과정, 2기 과정은 학사 및 석사과정, 3기 과정은 박사예비과정과 박사 본 과정으로 이루어져 있다. 프랑스 대학의 1~3기 과정의 입학을 위해서는 외국인 학생들은 입학시험위원회(jury d'admission)에서 학력수준평가(équivalence)를 받게 된다. 이것은 나라마다 교육 제도가 다르기 때문에 프랑스 교육수준에 해당하는 수준평가로 사람에 따라 학교마다의 입학시험위원회의 판정이 다를 수가 있다.

나는 남쪽 지중해 연안 휴양도시의 니스대학교 에너지(énergétique) 전공 3기 박사과정에 입학이 되었으나 연구는 태양에너지 분야로 유명한 뻬르뻬뇽대학의 다그네 교수 실험실(Labo, de thermody-namique of énergétique)에서 하게 되었다. 이것은 프랑스의 특수한 운영제도로서 박사과정에서만 시행되며 자기가 입학한 대학을 떠나 보다 특성화된 대학이나 연구소에서 연구토록 하는 것으로 우리의 제도와는 다른 것이다. 따라서 자기가 입학한 학교는 1년에 한 번씩 등록 때나 가게 되며 공부를 다 마치면 다만 학위증명서를 찾으러 갈 뿐이다.

유학 초기에는 누구나가 다 겪는 일이지만 많은 갈등과 고통이 따르게 마련이다. 낯선 곳에서 집을 구하는 일부터 학교문제에 이르기까지 어느 하나 쉽게 해결 되는 일이 거의 없다. 우리 가족과 함께 외국생활이 시작된 뻬르삐뇽이라는 도시는 스페인 국경도시로 기후가 좋고 인심이 좋다고 하는 해변 휴양도시로 근처에 피레네산맥 해발 1,700m에는 국립과학기술연구소(CNRS) 산하의 태양에너지 연구소(Laboratore d'énergétique solaire)인 Odeillo와 CNESOL (Centre national d'essais solaries)가 위치해 있는 곳이다.

도착 첫날 학교를 방문하여 지도교수를 만나서 간단한 실험실 소개를 듣고 논문 한권을 받았다. 연구에 앞서 읽어보라는 것이었다. 그러면서 오후에 대학원학생의 연구발표회(exposé)에 참석하여 불어를 익힐 겸 내용을 들으라는 것이었다. 발표자는 알제리 출신 학생이었는데 방정식의 수식적 내용을 통하여 연구내용을 약간 이해하였을 뿐 말로서 설명되는 내용은 하나도 알아듣지를 못하였다. 여기서부터 언어의 고통이 시작되는구나 하는 생각이 머리를 스쳤다. 처음부터 이런 고통은 각오를 하고 이곳에 오긴 했지만 가족들에게 이런 속사정을 이야기할 수가 없었다. 왜냐하면 우리 가족 중 그래도 내가 불어를 제일 잘하는 편인데 가족들에게 용기를 주기 위해서라도 나의 고통은 내색하면 안될 것 같았다.

그리고 포켓용 불어사전을 늘 가지고 다니면서 좀 더 적극적으로 언어문제를 극복하기로 마음먹었다. 그리고 마음속으로 '네가 한국 말을 못하는데 내가 프랑스 말을 못하는 것은 너무도 당연한 일이 아닌가?' 하는 생각을 하니까 마음의 위안도 되는 것 같고 어느 정도 자신감 같은 것이 생겼다. 한국에서는 프랑스에 오기 위해서 불어를 공부했지만 이곳에서는 한국에 빨리 돌아가기 위해서 불어를 공부 해야 한다는 것이 나의 큰 목표가 되었다.

집은 두 아들의 학교와 나의 학교를 고려하여 모두 걸어 다닐 수 있는 곳에 얻을 수가 있었다. 이곳은 뻬르뻬뇽의 신계획도시인 물렝 아방(moulin à vent)이란 곳인데 바람이 많이 분다고 하여 붙여진 이름이다. 도시는 남국의 정취가 물씬 풍기는 아름다운 휴양도시로 한 폭의 그림과 같은 거리 모습이 집주위에 즐비하게 펼쳐 있다. 우 리 집은 방 4개(quatre piéces)의 아파트로 꽤 큰 편인데 프랑스 정 부로부터 집세의 90%를 주택수당으로 받게 되었으며 두 아들에 대 한 가족수당(allocations familiales)도 받게 되어 경제적으로 큰 도 움이 되었다.

또 가족에 대한 의료보험료는 1년에 7,900프랑(당시 약 79만원 상 당) 책정되었는데 씨큐어리테 쏘셜(sécurités sociale)의 도움으로 400프랑만 내게 되었다. 우리 집은 가구가 없는 집을 얻었는데 생활 에 필요한 침대 등과 아이들 장난감은 프랑스 자선단체 독지가의 도 움으로 그런대로 구색을 갖추게 되었다. 책상은 나보다 1년 전에 이곳에 와서 태권도 도장을 개업한 강 사범으로부터 얻어서 식탁 겸 쓰게 되었다. 유학 초기에 여러 가지 바쁜 일들을 끝내고나니 프랑스 생활에 필요한 언어는 그런대로 불편을 느끼지 않게 되었다. 이곳에는 태권도 도장의 강 사범과 우리가족이 유일한 한국 사람인데 강 사범도 불어가 신통치 않아서 도장의 어려운 문제가 있을 때 마다 오히려 나를 찾곤 하였다.

도장의 태권도 수련생 중에는 프랑스 고등학교에서 프랑스어를 가르치는 소피라는 아가씨가 있었는데 어려운 일이 있을 때마다 그녀의 도움을 많이 받게 되었다. 아이들의 병원문제를 비롯하여 집안의 궂은일을 가족과 같이 돌봐주었다. 우리 가족은 지금도 그녀가 베푼 고마움을 가끔 이야기 하곤 한다. 그런대로 프랑스 생활에 필요한 준비는 된 것 같았다. 두 아들의 학교 등 · 하교 문제를 비롯하여 모든 집안문제는 아내가 맡기로 하고 나는 공부에만 전념하기로 각자 역할을 분담하여 노력하기로 하였다.

프랑스 대학들은 대부분 1년 학기로 9월에 개학을 한다. 박사 1년차인 예비 과정은 강의와 스타지(stages)과정으로 이루어져 있으며 1년간의 모든 이수과정을 마치게 되면 논문을 발표하여 합격하여야만 박사 본 과정에 진급하게 되어 있다. 박사 본 과정은 대부분 프로젝트에 참여하여 연구를 하게 된다. 그러나 1년차 과정은 프랑스유학의 성패를 가름하는 어려운 과정의 하나이다. 왜냐하면 강의를 6개월간에 걸쳐 집중적으로 하게 되며 출강 교수진도 대학소속 교수들로만 구성된 것이 아니라 CNRS의 책임자급 연구원들이 함께 참여하여 담당하게 된다.

이수에 필요한 과목별 규정시간을 배정하여 담당교수에 따라서는 일주일 만에 집중적으로 강의를 마치게 되는 과목도 있다. 따라서 아침 일찍부터 저녁 늦게까지 불을 켜고 강의하는 경우도 있다. 특히 외국 유학생에게는 유학 초기가 과중한 학업과 언어문제 그리고 이질 문화에서 오는 사회적 충격 등으로 학업을 포기하는 학생도 당연히 있게 마련이다. 그러나 나는 두 아들이 유치원과 초등학교에서 잘 적응하여 공부하는 것을 보고 큰 힘을 얻게 되었으며 특히 그들의 학교생활을 통하여 프랑스의 문화와 역사 등 오히려 내가 많은 것을 배우게 되었다.

그럭저럭 말문이 어느 정도 트이고 나니 이제는 학문의 어려움에 부딪치게 되었다. 내가 연구하는 분야는 건물의 자연에너지 이용시스템개발로 수학과 컴퓨터를 필수적으로 해야 하는 분야이다. 당시 내가 참여한 프로젝트는 EEC로부터 약 140만 프랑의 연구비를 지원 받았다. 우리 실험실은 프랑스 대학 실험실 중에서 꽤 큰 편이었는데 박사학위과정 중인 학생만도 20여 명 있었으며 이들은 대부분 파리와 기타지역 대학에 등록하고 전공을 찾아 모인 학생들로 반 정도가 외국 유학생들이었다. 따라서 이들을 통하여 프랑스 사회보장제도에 관한 것을 비롯하여 생활에 필요한 각종 정보를 쉽게 공유할 수가 있었다.

자주 쓰는 프랑스 말 중에는 싸데빵(ça dépend)이라는 말이 있는데 이 말은 '형편에 따라서 또는 경우에 따라서'라는 말로서 쓰이는 데 당시에 프랑스 국비유학생이 월 2,400프랑을 받았는데 인도네시아에서 온 유학생은 월 3,000프랑을 받는 사람이 있었다. 이유를 물어본 즉 그는 프랑스 교육성장관에게 자기는 도저히 2,400프랑으로 생활할 수 없으니 선처해 달라고 편지를 썼더니 올려주었다는 것이었다. 이럴 때 사용하면 적절한 말로서 일상생활에서도 자주 사용되는 말이다. 따라서 다른 사람이 안 된다고 해서 포기할 것이 아니라 형편에 따라서 좋은 혜택이 돌아올 수도 있으니 끝까지 부딪쳐 보는 것이 프랑스 생활에서는 매우 중요하다. "아는 것이 힘이다" 이 말은 내가 유학생활에서 체험한 값진 삶의 교훈이 되었다. 알면 아는 만큼 모르면 모르는 만큼 손해를 보고 살아야 하는 것이 유학생활이 아닌가 생각된다.

우리 실험실 Directeur이자 지도교수인 다그네 교수는 연구와 학생지도 등 어느 하나 소홀히 하는 분이 아니다. 그간 실험실에서 배출한 박사학위 취득자의 숫자와 그가 유명한 학술지에 발표한 논문을 보더라도 그의 학문에 대한 열의를 감히 짐작케 한다. 우리 실험실은 연구원과 학위과정에 있는 학생들이 많은 편이라 논문발표(exposé)가 꽤 자주 열린다. 이 시간에는 발표자의 주제를 대상으로 교수, 연구원, 박사과정 학생들이 참여하여 열띤 토론을 벌인다. 나의 경우도 수차례에 걸쳐 논문발표를 갖게 되었고 그럭저럭 세월이 지났다.

연구에도 많은 진전을 보게 되어 본격적인 논문작성에 들어가게 되었다. 우리 실험실은 7월부터 8월말까지 공식적으로 여름휴가에 들어가지만 연구원이나 학생들의 연구는 계속된다. 다그네 교수는 약 한 달간 니스의 개인별장에서 휴가를 보내는데 휴가를 떠나면서 정리된 논문을 자기의 휴양지로 보내라고 하면서 주소를 알려 주었다. 이것은 좀처럼 보기 힘든 지도교수께서 나에게 베푼 큰 호의였다. 이것은 11월경 발표할 논문을 휴양지에서 꼬리제(Corriger)를 해주겠다는 것이다. 약 200여 페이지에 달하는 논문을 서신을 통하여 완벽하게 두 번에 걸쳐 수정을 받게 되었으며 나는 지도교수께서 지적한 사항을 보완하느라 여름방학 동안 하루도 쉬지 않고 실험실에서 논문을 정리하였다. 처음에는 지도교수로부터 보내온 수정된 논문을 읽는 것이 여간 힘들지 않았다. 그때마다 중앙아프리카 상공부 국장으로 이곳에서 연수교육을 받고 있던 필립의 도움이 컸다. 지도 교수인 다그네 박사는 수정된 논문을 보내올 때마다 가족의 안부와 늘 용기의 답신을 보내왔다.

당시는 여름 휴가철이라 우리가족의 경우도 씨큐어리테 쏘셜로부터 아이들을 위한 휴가 프로그램과 정부보조 혜택이 많이 답지해 있었으나 모두 포기해야 했다. 지금 생각해보면 마음의 여유를 갖지 못하고 초조하게 보낸 것이 후회가 되기도 하고 다시 돌아오지 않는 기회를 놓쳤다는 생각에 가족들에게 미안한 생각이 들 뿐이다.

개학과 동시에 마지막으로 논문을 발표하여 지도교수로부터 만족스런 평가를 받게 되었다. 지도교수께서는 학위 논문발표(soutenance)에 필요한 수속을 시작하였다. 논문발표 날짜가 결정되고 나니 여러 가지 준비로 매우 바빴다. 논문 인쇄에 들어가기 전에 다그네 교수부인께서 내 논문을 꼬리제 해 주신다고 하셨다. 내가 외국인이라서 지도교수께서 부탁한 것 같았다. 마담 다그네는 대학에서 불문학을 강의하는 분으로 실험실 외국인 유학생 논문은 늘 꼬리제를 해 주시는 분이다.

논문발표를 약 한달 남겨놓고 심사위원에게 보낼 논문이 인쇄되었을 때 기쁜 마음도 있었지만 발표에 대한 걱정이 컸다. 프랑스는 박사학위 수여날짜가 따로 정해져 있지 않다. 지도교수가 주관하여 학위논문 발표날짜와 심사위원단을 구성하고 교육당국(ministre de l'éducation nationale)의 승인을 받으며 논문 발표일이 졸업식 날이 되는 것이다.

나의 논문 주심은 모교 니스대학 엘레강 교수가 맡았으며 7명의 심사위원과 1명의 초청 심사위원 등 모두 9명으로 구성되어 있었다. 그리고 당시 한국 동력자원연구소의 프랑스 연구 분소 이당훈 소장 내외분도 나의 학위 논문발표에 정식으로 초대되었다. 나의 논문발표에 이어 심사위원들의 장시간에 걸친 질문에 대한 답변을 끝내고 심사위원 전원이 퇴장하여 별도 장소에서 학위논문에 대한 심사를 하는데 나에게는 이 시간이 매우 초조하게 느껴질 뿐이었다.

드디어 심사위원장을 비롯한 모든 심사위원들이 입장하여 간단한 학위수여 행사가 시작되었다. 위원장이 최우수(La Mention Très Honorable)성적으로 학위통과 사실을 선포함과 동시에 학위를 수여하는 순간 아무생각도 나지 않았다. 얼마 후에 특별히 마련된 옆방에서 학위취득을 축하하는 아로싸지(arrosage)가 열렸다. 심사위원 모두와 마담 다그네, 이당훈 소장 내외분 등을 비롯하여 많은 초청 인사들이 참석하여 축하해 주었다. 순간 오늘을 위해 달려온 옛 일들이 주마등처럼 머리를 스쳐갔다. 무엇보다도 오늘이 있기까지 멀리 외국에서 우리가족을 지켜주신 하나님께 감사를 드릴 뿐이었다. 그리고 내가 무사히 학업을 마칠 수 있었던 것은 무엇보다도 낯선 이국땅에서 유학생활의 역경을 눈물의 기도로 값진 경력으로 바꿔준 아내의 헌신적인 내조 덕분이다.

그러나 한편으로는 나의 인생여로에서 가장 열정적이고 의욕적인 시기에 오직 한 목표만을 위해 젊음을 받쳐온 것이 순간 허망하게도 느껴졌다. 며칠 후 가족을 데리고 모교인 니스대학교를 방문하여 학위증명서를 받고 니스 해변을 거닐면서 막상 프랑스를 떠난다고 생각하니 그동안 폭넓은 프랑스 생활의 낭만을 가지지 못한 것이 아쉬움으로 남을 뿐이며 내가 좀 더 프랑스 문화와 생활에 여유를 갖고 생활했더라면 이 유학기의 청탁 원고도 충실하게 더 많은 읽을거리를 제공하였을 것이다. 앞으로 많은 후배들이 내가 걸은 길을 걷기를 원한다면 먼저 이 길을 걸어본 선배로서 유학기간은 인생의 황금기인 만큼 목표달성도 중요하지만 이 기간을 더욱 유익하게 보낼 수 있는 넉넉한 마음의 여유를 갖도록 충고하고 싶다. 왜냐하면 이것이 생을 가장 값지고 아름답게 사는 것이 될 것이며 목표를 위한 지름길인지도 모르기 때문이다.

그동안 고맙게 빌려 쓴 나의 프랑스 유학의 꿈과 낭만이 서린 책상 겸 식탁을 강 사범에게 돌려주면서 뻬르뻬뇽의 생활을 정리해야만 했다. 강 사범은 그 책상을 다음에 학위과정을 위해 공부할 학생을 위하여 기다린다고 하였는데 지금쯤 그 책상이 새 주인을 만났는지 삐르삐농이 고향처럼 그립게 여겨진다.

* 개신교양시리즈, 도전에는 영광이,
pp.218-226 충북대출판부, 1992 *

. . .

'허위학력교수'는
대학을 떠나야 한다

이번 학기에도 학생들은 허위학력교수들에게 강의를 들어야 한다. 왜냐하면 지난해 사회적으로 큰 문제가 됐던 허위학력교수를 대학과 관계당국이 철저히 조사해 단호한 조치가 있을 것으로 기대했지만 대부분 공소시효가 지나 처벌할 수 없기 때문이다. 최근에는 법원이 러시아에서 엉터리박사학위를 취득한 교수와 강사들에게 무죄판결을 내려 큰 충격을 주고 있다. 마침내 지난 2월에는 이를 참다못한 인천의 한 시민단체가 나섰는가 하면 지방의 한 대학에서는 허위학력교수에 대한 이해할 수 없는 대학 당국의 조치에 분개하여 동료교수를 검찰에 고발하는 사태도 발생했다.

지금까지 밝혀진 가짜 또는 엉터리박사들의 유형을 보면 「외국에 존재하지도 않는 가공의 대학에서 학위를 취득했다고 한 가짜박사」, 「외국과 학위시스템이 다르다는 이런 저런 이유로 박사라고 주장하는 가짜박사」, 「외국의 비인가 대학에서 학위를 취득한 엉터리박사」, 「소위 학위공장으로 알려진 대학이나 학사운영이 부실한 대학에서 편법으로 학위를 취득한 엉터리박사」 등 4가지 유형으로 분류할 수 있다.

가짜박사의 경우는 있지도 않은 카자흐스탄의 국립과학원에서 취득한 학위 외에도 또 다른 실례로 얼마 전 한 공영방송이 이탈리아의 구학제 라우레아(Laurea)과정 이수자에게 수여되는 학위인 Laurea di Dottore in Architettura(대학입학 5년 과정 이수 후 받는 학위)가 박사인지 이탈리아의 교육당국을 방문해 직접 확인한 결과 박사가 아님을 명확하게 밝힌 바 있다. 라우레아(Laurea di Dottore)학위는 전공에 따라 대학입학 후 4~6년 과정을 마치면 취득하는 이탈리아의 2기 학부과정이다.

기자와 인터뷰한 이탈리아의 밀라노대 교수와 교육당국자는 라우레아과정은 박사학위(Dottorato di Ricerca)과정이 아님을 강조한다. 이런 사실은 이탈리아 MIUR(Ministry of Education, University and Research)의 'Study in Italy'에서 극명한 확인이 가능하다. 2기 라우레아과정 소개에는 박사학위와 혼동하지 말라는 당부의 문구도 있다. 정보의 민주화 시대에 이유 같지도 않은 이유와 엉터리서류를 만들어 박사라고 하는 것은 오직 박사학위 참칭자만의 코미디 같은 주장일 뿐이다(www.study-in-italy.it/study/degrees.html).

또 엉터리박사는 비인가 대학에서 학위를 취득한 경우와 러시아나 필리핀 등의 학사운영이 부실한 대학에서 편법으로 학위를 받은 것을 그 실례로 들 수 있다. 인천시의 조사 자료에 의하면 필리핀 등에서 취득한 9명은 자신이 작성한 논문의 영문제목조차 쓰지 못함은 물론 이들 중 7명은 '당신의 취미는 무엇입니까?(what is your hobby?)' 라는 초보적인 질문에도 전혀 답을 못했다고 한다.

지금도 허위학력자들은 각종 엉터리 서류와 자료 등을 공유하면서 박사라고 주장하고 있다. 이런 허위사실도 놀랍지만 이들이 보인 행태는 양심 있는 교육자로 볼 수 없는 후안무치가 아닐 수 없다. 거짓말은 여러 사람을 일시에 속일 수도 있고 또 한사람을 오랫동안 속일 수는 있어도 결코 영원히 속일 수는 없다. 오늘날 한국경제가 양적으로는 세계 10위권으로 발전했다지만 아직도 질적으로는 OECD 국가 중 최 하위권을 형성하고 있는 것도 허위학력이 판치는 것과 결코 무관할 수는 없다.

크게 염려되는 것은 허위학력교수가 과연 대학교수의 기본 책무인 교육, 연구, 봉사의 사명과 이상적인 민주사회를 창출하고 시범을 보이는 지적행동의 사명을 제대로 수행할 수 있을지 의문이다. 최근 국무위원 후보자가 인사청문회도 하기 전에 스스로 도중 사퇴한 것은 능력이 부족해서가 아니라 인재평가의 핵심키워드인 정직성(integrity) 때문임을 감안할 때 과연 이들이 공소시효가 없는 도덕과 양심으로부터 자유로울 수 없는 정신적 고통을 어떻게 견디고 강단을 지킬지 심히 걱정된다.

　요즘같이 도덕의 가치가 땅에 떨어진 시대에 허위학력교수에게 결코 공적(公敵)인 사회악을 뿌리칠 수 있는 건전한 인재의 양성을 책임지게 할 수 없는 일이다. 그리고 대학이 이들과 끝까지 싸워야 하는 것은 결코 승리를 얻기 위함이 아니라 진리를 지키기 위함이다. 지금이라도 허위학력교수들이 한때 허망된 과욕이 저지른 죄를 깊이 반성하고 대학을 떠난다면 자기를 속인 자기만의 죄의 고통에서도 벗어날 수 있을 것이다. 하지만 학력을 속인 사실보다도 조금도 반성이 없는 후안무치한 그들의 태도로 볼 때 결코 기대할 수 없는 일이다. 무엇보다도 국가경쟁력의 보고가 돼야 할 글로벌대학이 되려면 허위학력자들이 강단을 더럽히지 않게 혁신부터 해야 한다.

* N&Times 2008년 5월 10일 *

．
．
．

기능올림픽 한국기술대표직을 떠나면서

　전국기능경기와 기능올림픽을 사랑하는 모든 관계자 여러분! 안녕하십니까? 저는 이번 제41회 런던국제기능올림픽대회 종합우승을 끝으로 여러분들과 함께 한평생 젊음을 바쳐 열정을 불태웠던 기능올림픽의 기술대표직을 떠나게 돼 이에 감사인사를 올리고자 합니다.

돌이켜보니 제가 1978년 4월 인천지방기능경기대회 배관직종의 심사위원으로 기능경기와 인연을 시작으로 2011년 제41회 런던국제기능올림픽대회 한국기술대표에 이르기까지 어느덧 34년이란 세월이 흘렀습니다. 34년이라는 세월의 모든 것이 저에게는 소중한 추억이지만 그 중에서도 영원히 잊지 못 할 일은 국제기능올림픽대회 국가대표로 만 22년 동안 11번에 걸쳐서 태극마크를 가슴에 달고 자랑스럽게 활동했던 기간입니다.

제가 기술대표로 활동했던 39회 일본 시즈오카대회, 40회 캐나다 캘거리대회 그리고 41회 영국 런던대회에서의 3연패 위업 달성과 매 대회 때마다 최고의 성적을 기록할 수 있었던 것은 모두가 여러분의 한결같은 노력의 덕분입니다. 또한 배관직종 국제심사위원으로 5명의 국제대회 금메달 선수를 육성한 것은 저의 큰 보람이자 자랑이기도 합니다.

특히, 여러분의 열정과 헌신적인 노력에 힘입어 이룩한 제41회 런던기능올림픽에서의 우승과 통산 기능올림픽 17번째 종합우승의 신화창조는 실로 자랑스러운 쾌거이기에 더욱 값진 추억이 될 것입니다. 이는 실력보다 학벌을 중시하는 만연된 기능경시 풍조와 언론에서조차도 별로 관심이 없는 비인기 분야의 설움을 딛고 당당하게 세계를 제패해 국민들에게 희망의 선물을 안긴 값진 국위 선양입니다.

비록 기능인이 제대로 대우받는 사회가 실현되지는 않았지만 기술대표직에 몸담고 있었던 기간 동안 기능인의 위상제고는 물론 실업교육 발전을 위해 함께 지혜를 모았던 노력은 결코 잊을 수 없습니다. 또한 여러분들의 성원에 힘입어 기회가 될 때마다 언론 기고 등을 통해 기능인을 대변한 활동은 커다란 보람이었습니다.

무엇보다도 우리의 현실에서 볼 때 기능인을 위한 새로운 정책도 매우 중요하지만 더 중요한 것은 고질적인 교육정서가 바뀌어야 한다는 신념에서 펜을 들었던 것입니다. 이는 기능강국에서 기능선진국으로 발전을 위한 한결같은 기능인들의 소망을 대변했기에 큰 보람을 느낍니다. 더 이상 메달만 따는 기능강국으로 만족해서는 결코 안 될 것입니다.

참으로 안타깝게 생각하는 것은 국내대회와 국제대회를 치를 때마다 늘 많은 부탁과 책임만을 안겨드렸을 뿐 따뜻한 보은에는 인색할 수밖에 없었던 일이며 이점 늘 마음에 걸렸습니다. 마치 어려운 일과 힘든 일도 제대로 모르는 문외한처럼 여러분에게 때로는 허무함과 때로는 실망만을 안겨드린 점에 대해서는 너그러운 용서를 구할 뿐입니다.

범사에는 다 기한이 있는 것처럼 시작할 때가 있으면 마무리할 때가 있는 법이지요. 저는 이제 34년 동안 여러분과 함께했던 기능올림픽 기술대표직을 떠날 때에 이른 것 같습니다. 새롭게 발전하는 세상을 보면서 부족한 사람이 너무 오래 기술대표에 머물렀다는 생각도 듭니다. 하지만 기술대표로서의 중책을 대과없이 마무리하고 더욱이 기능올림픽의 17회 종합우승이라는 영광을 함께하면서 웃으며 떠날 수 있는 기회를 마련해준 여러분에게 감사를 드릴 따름입니다. 이는 여러분들의 헌신적인 노력과 협조로 만들어준 소중한 기회로 이에 진심으로 감사를 드립니다.

그 동안 국가가 준 사명을 목표대로 수행한 것을 자랑스럽게 생각하면서도 34년을 마무리하는 인사에 접하니 홀가분함과 아쉬움이 교차합니다. 하지만 저에게는 이 기간이 더 없이 행복하고 많은 깨달음을 준 인생 여정의 소중한 배움의 기간이기도 했습니다. 비록 몸이 떠난다고 해서 마음까지 떠나는 것은 결코 아닙니다. 이제는 자유인이 되어 그 동안의 경험을 바탕으로 실력이 제대로 존중되는 기능선진국의 실현을 위해 열심을 다해 성원할 것을 약속합니다. 그리고 여러분과 함께했던 세월은 참으로 보람 있었고 행복했던 추억으로 영원히 간직하겠습니다. 아무쪼록 기능한국의 무궁한 발전과 여러분들의 건승을 기원 드립니다. 대단히 감사합니다.

〈답신〉 대표님, 웹디자인 유승열 인사드립니다.

오늘 뜻밖에 대표님께서 사임하신다는 소식과 직접 작성하신 글을 받아보고 착잡한 마음으로 답장 드립니다. 먼저, 꼭 사임을 하셔야 했는지 안타까운 마음을 전해드립니다. 저 같이 올해 처음으로 국제 심사위원으로 참여한 초보자들의 이름을 일일이 기억해주시고 따뜻하게 대해주셨던 모습에 힘입었던 생각을 하면 대표님의 갑작스런 사임이 무척 당황스러운 일입니다.

도무지 국제대회 심사위원이 무엇을 어떻게 해야 하는지도 모르고 처음 참가한 제가, 그것도 한참 어린 사람이 가볍게 질문을 드려도 항상 진지하게 답해주시고 격려해주시던 덕에 결과에 관계없이 편안하게 임무를 수행 할 수 있었습니다.

제가 참여해보니 과연 대표님처럼 한 직종에서 무려 다섯 번의 금메달을 차지하시고 또 기술대표로서는 3연속 종합우승을 달성한다는 일이 얼마나 어렵고 고통스럽고 위대한 일이었는지 어렴풋이나마 미루어 짐작할 수 있게 되었습니다. 그래서 앞으로도 기회가 된다면 많은 것을 배우고 싶었는데 이렇게 떠나신다니 섭섭한 마음뿐입니다.

대표님께서 작성하신 글을 두 번, 세 번 한 글자도 빼지 않고 읽었습니다. 글을 읽으면서 저도 어떻게 하면 교수님처럼 한 가지 일에 30년 넘게 봉사하시면서 감히 넘볼 수 없는 성과를 이루시고 아름답게 물러나는 인생을 살 수 있을까 하는 질문을 스스로에게 던졌습니다. 대표님께서 기능올림픽에 참여하신 기간과 업적을 보니 우리나라 기능경기의 역사를 몸소 써오셨다고 해도 과언이 아닐 것 같습니다.

그 모든 여정을 뒤로 하시고 이제 자연인으로 남으시겠다는 결정이 이미 결정하신 일이고 돌이킬 수 없다는 것을 잘 알지만 아직 배울 것이 너무 많은 저 같은 소학의 입장에서는 커다란 상실감을 감출 수 없습니다. 런던 대회가 끝나고 산업시찰 중에 대표님께서 버스 안에서 불편한 자세를 견디시며 마이크를 들고 심사위원들에게 "결과에 연연하지 말고 도전 그 자체를 소중히 생각하자"고 하시던 격려의 말씀이 아직도 귓가에 남아 있습니다.

그동안 매 대회마다 끊임없이 새로운 도전을 요구 받아오시면서 우리나라를 누구도 무시하지 못할 기능강국으로 만들어 오신 노고와 업적에 가슴 깊이 감사를 드립니다. 말씀하신대로 몸은 떠나시지만 마음은 떠나시지 않으시고 또 실력이 존중되는 사회를 위해 애써 주시겠다니 그나마 위안이 되고 감사할 따름입니다.

대표님, 교수님 그동안 고생 많으셨습니다. 진심으로 다시 한 번 감사드리며 기회가 된다면 언제 어떤 곳에서라도 꼭 다시 뵙고 편안히 인사드리고 싶습니다. 갑자기 추워지는 날씨에 부디 건강하시기를 간절히 기원합니다.

멀리 청주에서 웹디자인 심사위원 유승열 정중히 올립니다. 감사합니다.

＊ 2012년 1월
국제기능올림픽대회 한국기술대표 이임인사와 답신 ＊

∴

청와대 오찬행사 인사말

방금 소개 받은 국제기능올림픽대회 한국기술대표를 맡고 있는 인하대학교 교수 서승직입니다. 먼저 바쁘신 국정에도 불구하시고 제41회 런던국제기능올림픽대회와 제8회 서울국제장애인기능올림픽

대회 국가대표선수를 비롯하여 제46회 전국기능경기대회 1위 입상자를 이곳 청와대로 친히 초청해 격려오찬을 베풀어주신 이명박 대통령님 내외분께 진심으로 감사의 말씀을 드립니다.

특히 대통령께서는 경기기간 중에 선수단 한 사람 한 사람 모두에게 일일이 격려메시지를 보내주셔서 우승에 활력을 불어넣으셨습니다. 또 종합우승 후에도 축하메시지를 잊지 않고 보내주셨습니다. 이 모두는 대통령님의 예비숙련기술인들에 대한 각별하신 관심과 배려로 깊은 감사를 드립니다.

대한민국의 예비숙련기술인들은 실력보다 학벌을 중시하는 만연된 기능경시 풍조와 언론에서조차도 별로 관심이 없는 비인기 분야의 설움을 딛고 당당하게 세계를 제패해 국민들에게 희망의 선물을 안겨줬습니다. 정말 대견스러운 것은 온갖 역경과 장애의 어려움을 극복하고 선수들의 다짐대로 세계 최고가 돼 국위를 선양하고 국가 브랜드의 가치를 높였습니다.

51개국 949명의 선수가 참여해 경합을 벌인 제41회 런던기능올림픽대회에서 우리 대한민국은 39개 직종 43명의 선수가 출전하여 금메달 13개, 은메달 5개, 동메달 7개 획득을 비롯하여 기능올림픽조직위원회에서 공식 평가하는 참가국 금메달 획득 수, 메달 포인트, 참가선수 평균점수 등 3개 부문에서 모두 1위를 차지해 2위 일본과 3위 스위스의 도전을 물리치고 3연패의 위업달성과 기능올림픽의 역사를 새로 쓰는 통산 17번의 종합 우승이라는 신화를 창조했습니다.

런던의 하늘 아래 시상식 단상 가장 높은 곳에서 13번씩이나 태극기를 휘날리는 장관의 연출을 우리의 예비숙련기술인들이 해낸 것입니다. 특히 한국선수단의 막내로 모바일 로보틱스 직종에 출전한 전북 남원의 용성고등학교 3학년으로 이미 삼성전자에 취업한 배병연 군과 공정표 군이 600점 만점에 588점을 얻어 이번 대회의 최고의 우수선수인 MVP에 선정되어 기능강국의 위상은 더욱 빛났습니다.

또한 40개국 436명의 선수가 참가한 제8회 서울국제장애인기능올림픽대회에서 우리나라는 40개 직종 79명의 선수가 출전하여 월등한 기량으로 대만과 중국을 제치고 5연패를 달성했습니다. 이번 우승의 쾌거는 서울대회의 명예홍보대사인 남아프리카공화국 출신 의족의 스프린터 '오스카 피스토리우스'가 보여준 것처럼 오히려 비장애인보다도 더 뛰어난 숙련된 기술의 역량을 보여줬기 때문입니다.

또 오늘 이 격려의 자리에는 지난 9월 청주에서 열린 제46회 전국기능대회에서 1위로 입상한 43명의 미래의 숙련기술인들을 포함한 대한민국 명장, 후원기업대표 그리고 정부관계자 여러분들께서도 함께하고 계십니다.

이번에 이룩한 예비숙련기능인들의 세계 제패의 원동력은 기능올림픽 입상자에 대한 병역특례제도 유지, 선수들에 대한 장려금 인상과 국제기능진흥센타 건립 추진 등 정부 지원이 크게 확대됐기 때문입니다. 이를 계기로 현대와 삼성 등을 비롯한 후원기업의 적극적인 지원과 지도자의 헌신과 열정이 어우러진 한국위원회가 주도한 합동훈련의 계획된 시스템 운용에서 나온 결실이라고 할 수 있습니다.

오늘날 '기술과 기능'은 세계일류의 명품을 만드는데 필수적으로 갖춰야 할 노하우입니다. 따라서 '기술과 기능'이야말로 앞으로 21세기 글로벌 시대를 주도할 국가 경쟁력의 핵심입니다. 따라서 세계를 제패한 기술의 역량은 반드시 국가산업발전의 성장 동력이 돼야 합니다.

친애하는 국가대표 선수 여러분! 그리고 전국기능대회 입상선수 여러분! 오늘의 최고와 실패는 결코 영원하지 않습니다. 오직 끊임없는 학습과 도전정신으로 더욱 정진하는 자만이 세계최고의 마이스터가 될 수 있습니다. 아무쪼록 최고의 숙련기술인이 되어 국가가 베풀어준 은혜에 더욱 성숙된 헌신으로 보답할 수 있게 되길 기대합니다.

잘 아시는 바와 같이 안타깝게도 대한민국은 아직도 기능선진국의 문턱을 넘지 못하고 있는 기능강국입니다. 기능선진국의 문턱은 학벌보다는 실력이 제대로 대우받는 능력위주의 풍토 조성뿐만 아니라 사회적 약자도 조직의 일원으로 능력을 펼칠 수 있을 때 비로소 넘을 수 있습니다.

끝으로, 이 자리를 빌려 대통령님의 예비숙련기술인에 대한 깊은 배려와 그동안의 정부 지원에 깊은 감사드리며 대한민국이 기능선진국이 되는 그날까지 정부의 지속적인 지원과 관심을 당부 드립니다. 대단히 감사합니다.

* 2011년 10월 21일 숙련기술인 초청행사 *

국보도 못 지키는 국가시스템

　우리는 610년이나 된 대한민국 국보1호 숭례문이 불과 5시간 만에 허망하게 잿더미로 사라지는 참상을 침통하게 지켜봐야만 했다. 비록 화재 원인이 어처구니없는 방화로 밝혀지긴 했지만 세계 10위권의 국력이 무색할 정도의 형편없는 위기대처 능력의 국가시스템은 국민에게 씻을 수 없는 자존심의 상처는 물론 참을 수 없는 분노와 실망을 안겨주었다. 이번 숭례문의 화재 참상을 지켜보면서 국보도 지키지 못한 대한민국의 허술하기 짝이 없는 국가시스템의 문제점을 살펴본다.

　첫째, 안일함과 무능함의 표본인 관계당국의 주먹구구식 문화재 관리 시스템을 지적하지 않을 수 없다. 문화재에 대한 관리 원칙이나 규정조차 제대로 마련되지 않은 상황에서 국보1호와 같은 소중한 문화유산이 그대로 방치되고 있었다는 사실에 새삼 놀라지 않을 수 없다. 이유는 차치하더라도 이번 참상의 책임을 면하기는 어려울 것이다. 더욱이 안전관리대책이나 화재 등에 무방비 상태로 노출된 채로 노숙자들의 쉼터로까지 이용되었다는 사실만 보더라도 문화유산의 진정한 가치를 보존하려는 의지가 얼마나 부족했는가를 짐작할 수 있다. 이와 같은 허술하고 안일한 관리 시스템 속에서 일어난 숭례문의 참상은 이미 충분히 예견된 재난으로 앞으로 닥칠 더 큰 재난에 대한 빙산의 일각을 보는듯하다.

둘째, 이번 화재로부터 숭례문을 지키지 못한 주된 원인 중 하나는 소방시설이 전무했다는 사실이다. 문화재청은 소방시설의 규정이 없어 시설할 수 없었다는 궁색한 변명의 이유를 들고 있지만 그러면 문화재의 경우 소방시설을 설치하면 안 된다는 규정은 있는지 반문하고 싶다. 더욱이 국보급 문화재가 소방시설 없이 지금까지 관리 운영돼 왔다는 사실은 납득이 가지 않는다. 소방차의 접근이 쉽다는 이유하나만으로 화재감지기와 화재경보기 그리고 스프링클러와 같은 자동소화설비 등의 최소한의 자위용 소방시설을 하지 않은 것은 물론 주변에 즐비한 고층 건물의 화재로부터 보호할 수 있는 드렌처(연소방지를 위한 수막시설)설비도 없었다는 사실은 결코 간과할 수 없는 일이다. 이런 설비는 소방당국이 현장에 도착하기 전 초기화재에 대응할 수 있는 최소한의 자위용 필수적 소방시설이다.

셋째, 관계당국의 안일한 대처가 지킬 수도 있었던 대한민국의 자존심을 송두리째 무너트렸다. 화재는 출화(出火)로부터 시작되며 다른 구역으로 연소되기까지는 비록 짧은 시간이긴 하지만 반드시 단계별 과정을 거치게 된다. 따라서 화재진행 단계별 신속한 판단과 대응은 화재진압의 성패를 좌우하는 중요한 핵심이며 화재진압의 기본수칙이다. 더욱이 초기화재의 진압 시기만 놓치지 않았거나 '자나 깨나 불조심 꺼진 불도 다시보자'와 같이 화재의 기본수칙만이라도 제대로 지켰다면 그래도 숭례문을 지킬 수 있지 않았나하는 아쉬움이 남는다. 무엇보다도 위기의 상황에서 문화재를 구해내려는 프로정신의 헌신과 열정은 찾을 수 가 없었다.

이상은 610년 역사의 국보 1호 숭례문을 허망하게 그리고 송두리째 잃게 한 허술하기 짝이 없는 대한민국의 총체적 부실에서 비롯된 국가시스템의 실상이기도 하다. 또 이번 화재를 통해 본 관계당국의 위기대응도 결코 국민으로부터 신뢰받을 수 없는 국가시스템의 운용이었다. 이것이 국민의 세금으로 준비된 국가시스템의 실상이라면 어떻게 더 큰 재난으로부터 국민의 재산과 생명을 보호할지 의문이다.

'간디'의 기념묘소 비문에 새겨져 있다는 7대 사회악인 "원칙 없는 정치, 노동 없는 부(富), 양심 없는 쾌락, 인격 없는 교육, 도덕 없는 상업, 인간성 없는 과학, 희생 없는 종교"는 국보도 지키지 못하는 국가시스템으로 대한민국의 자존심을 크게 상하게 한 책임 있는 사람들이 깊이 새겨야 할 교훈이다. 왜냐하면 지금과 같이 원칙 없는 허술한 국가시스템과 같은 사회악이 계속 존재하는 한 국보의 보존은 물론 결코 국민의 생명과 재산도 보호할 수 없기 때문이다.

3.25%의 소금은 바다를 썩지 않게 하는 역할을 한다. 국가시스템을 갖추는 일이나 운용은 책임 있는 사람에 의해 이루어진다. 그러나 진정한 국민의 자존심을 지킬 수 있는 것은 국가시스템을 움직이는 준비된 자의 헌신과 열정의 프로정신이 살아 있어야 한다는 사실이다. 우리는 비록 소중한 보물을 잃었지만 이번의 참상이 소 잃고 외양간을 고치는 마지막이 될 수 있는 올바른 국가시스템을 갖춰야

한다. 그래도 이 길만이 국가의 자존심을 살리고 국민의 아픈 상처를 치유하는 길이라고 생각되기 때문이다.

* N&Times 2008년 2월 13일 *

품격 있는 기능선진국을 염원하며

2011년 10월 9일 폐막된 제41회 런던국제기능올림픽대회는 최고의 시설을 갖춘 'ExCel London' 경기장에서 58개국 회원국 중 51개국 949명의 선수가 참가한 가운데 열렸다. 이번 대회는 주최국 직종과 시범 직종을 포함하여 모두 46개 직종에서 세계최고를 가리는 4일간의 열띤 경합을 벌였다. 대한민국은 39개 직종 43명의 선수가 참가해 금메달 13개(은메달 5, 동메달 7, 우수상 12), 메달 포인트 91점, 참가선수 평균점수 530.58점 등 기능올림픽대회에서 공식 평가하는 3개 부문에서 모두 1위를 차지해 3연패 위업을 달성했다.

이로써 한국은 기능올림픽의 역사를 또 바꾸는 통산 17번의 종합우승이라는 신화를 창조했다. 이번 대회는 각국의 기술수준 향상과 실력 평준화 속에서 순간의 실수로 입상 메달의 색깔이 바뀌는 박빙의 승부로 동점자도 많이 나왔다. 한국의 우승은 전통적인 기능선진국인 일본을 비롯한 유럽 강호인 스위스, 독일, 프랑스, 영국 등의 거센 도전과 신흥 기능강국으로 급부상한 브라질까지 가세한 집중 견제 속에서 거둔 승리여서 더 값지고 자랑스럽다.

특히 한국선수단 막내로 모바일 로보틱스 직종에 출전한 전북 남원 용성고등학교 3학년 배병연 군과 공정표 군이 600점 만점에 588점을 얻어 이번 대회 최우수선수(MVP)로 선정됐으며 또 화훼장식 직종에 출전해 아시아권 선수로는 최초의 금메달을 획득한 유환 군은 555점을 얻어 'Best of Nation'에 선정되는 등 기능강국의 위상은 더한층 빛났다. 이외에도 참가선수 949명 중 상위 20위까지 수여하는 'Albert Vidal Award'에 한국선수가 4명이 포함돼 대한민국이 명실상부한 최고의 기술강국임을 입증했다.

이번의 세계 제패는 하루아침에 이루어진 것이 결코 아니다. 본격적인 준비는 2009년 캐나다 캘거리대회 이후부터 시작된 2년간의 땀과 노력이 결실을 본 것이다. 무엇보다도 이번 대회 우승의 원동력은 현대, 삼성 등 대기업과 각종 전문가 단체의 지원에서 비롯됐다고 할 수 있다. 기업의 적극적인 지원을 바탕으로 국제심사위원(Expert)을 비롯한 역대 기능올림픽대회 출신 선배와 지도 선생님들의 한결 같은 헌신과 열정이 어우러진 한국위원회가 주도한 합동훈련의 계획된 운용에서 나온 결실이다.

이번 대회에 39명의 국제심사위원 중 12명이 국제대회에 처음으로 참가해 많은 염려도 했지만 오히려 처음으로 참가한 심사위원들이 지도한 직종에서 금메달 4개(용접, CNC선반, 폴리메카닉스, 귀금

속공예), 은메달 2개(웹디자인, 통신망분배기술), 동메달 3개(타일, 가구, 냉동기술)를 획득하는 성과를 올려 종합우승의 견인차가 됐다. 크게 감사할 일은 기능올림픽선수 출신 심사위원의 뛰어난 활약이다. 한국이 획득한 13개의 금메달 중 9개(송선근, 김진우, 배종외, 안동희, 이갑승, 조성문, 권혁률, 소병진, 신충찬 심사위원 등 9명)가 선수 출신 심사위원의 지도로 이룩한 업적이다. 또 13개의 금메달 중 9개(현대중공업 3, 현대자동차 1, 삼성중공업 2, 삼성테크윈 2, 삼성전자 1)가 기업의 지원으로 얻은 결실이다.

참으로 안타까운 직종도 있었다. 금메달 후보로 최고의 기량을 발휘하고도 순간의 작은 실수로 입상하지 못한 통합제조 직종과 철골구조물 직종의 선수와 심사위원들에게 위로와 격려를 보낸다. 마치 얼마 전 대구에서 열린 세계육상선수권대회에서 자메이카 '우사인 볼트' 선수를 연상케 해 못내 아쉽다. 오늘의 성공과 실패는 결코 영원할 수 없으며 이번의 경험으로 심기일전하여 세계최고의 마이스터가 되라고 격려하는 것으로 선수들의 마음을 달래야만 했다. 하지만 선수나 지도위원이 그동안 쏟은 열정은 결코 헛되지 않을 것이다.

화훼장식 분야에서 동양인으로 최초의 금메달 획득과 우리나라 최고 우수선수를 육성한 이화은 심사위원은 시상식 단상 최고 높은 곳에서 선 제자 유환 군을 보고 자신도 모르게 환희의 눈물과 탄성이 절로 쏟아졌다고 한다. 장장 210일 간의 합동훈련에서의 힘들었던 고통이 주마등처럼 스치는 각본 없는 감동의 드라마 그 자체였을 것이다. 이 감동의 표출이야말로 참된 스승의 지도자정신에서 비롯된 값진 승리의 감격이었을 것이다. 짐작컨대 이는 아마도 39명의 모든 심사위원이 한결같이 염원했던 환희였을 것이다. 이 감격과 환희의 국위선양의 현장을 보고도 하나가 될 수 없다면 이는 비단 기능올림픽뿐 아니라 국가관의 올바른 정립을 위해서도 많은 학습이 필요할 뿐이다.

대표 선수들은 실력보다 학벌을 중시하는 기능경시 풍조 속에서 언론에서조차도 별 관심을 기울이지 않는 비인기 분야의 설움을 딛고 당당하게 세계를 제패해 국민들에게 희망을 안겼다. 선수들의 다짐대로 세계 최고가 돼 국위선양과 국가브랜드 가치도 높인 것이다. 런던의 하늘 아래 시상식 단상 가장 높은 곳에서 13번씩이나 태극기를 휘날리는 장관의 연출을 우리의 기능인들이 해 낸 것이다. 기능올림픽의 세계 제패는 참으로 어렵고도 힘든 일이다. 이 힘든 일의 성취를 기능강국으로 만족한다면 그것은 재주만 부리는 곰에 불과할 뿐이다. 이제는 종합우승이라는 쾌거를 단지 정부 포상과 상금을 줘서 격려하고 축하하는 것만으로 끝내서는 안 된다. 더 이상 메달만 따는 기능강국에 머무르지 말고 기능선진국의 문턱을 넘어야 한다.

43명의 국가대표선수 여러분! 여러분의 기능올림픽 세계제패는 국민에게 희망을 준 쾌거일 뿐 아니라 자랑스러운 국위선양입니다. 그리고 세계최고를 만든 39명의 국제심사위원 여러분! 여러분의 헌신과 열정은 대한민국의 무한한 국가경쟁력입니다. 또한 선수단의 귀와 입이 된 39명의 통역 봉사요원 여러분! 여러분의 진정한 봉사와 고귀한 희생정신은 대한민국의 품격을 높이는 가능성의 상징입니다. 이 모든 오늘의 감사는 그 동안 물심양면으로 선수들을 지원한 기업과 기능경기 팀의 헌신적인 노력에서 비롯됐음을 결코 잊어서는 안 된다.

때늦은 감은 있지만 이제라도 기능올림픽의 역사를 수없이 바꾸며 17번 종합 우승한 기능강국이 아직도 기능선진국과 제조업강국이 되지 못한 이유를 곰곰이 살펴봐야 한다. 왜냐하면 그 속에서 품격 있는 기능선진국과 제조업강국으로 발전하는 해답을 찾아야 하기 때문이다. 그리고 품격 있는 기능선진국을 위한 개혁과 혁신은 개혁과 혁신적인 사고에서 비롯됨을 결코 잊어서는 안 된다. 자칫 변질을 개혁으로 착각할 수 있기 때문이다. 아무쪼록 런던기능올림픽을 계기로 이제는 품격 있는 기능선진국으로 거듭나길 간절히 염원한다.

＊ 제41회 런던국제기능올림대회 총평 2011년 10월 9일 ＊

제46회 전국기능경기대회
기술 총평

친애하는 제46회 전국기능경기대회 참가선수 여러분! 늦더위 폭염 속에서 정말 수고 많으셨습니다. 먼저, 생명과 축복의 땅이자 청풍명월의 고장인 충북에서 "꿈을 안고 충북으로, 기술 펼쳐 세계로!"
라는 슬로건 아래 펼친 경합에서 최고의 기량을 발휘해 수상의 영광
을 차지한 선수 여러분에게 진심으로 축하를 드립니다. 또한 애석하
게도 입상은 못했지만 우수한 실력을 인정받은 선수 여러분께도 격
려와 위로의 말씀을 드립니다.

그리고 그동안 헌신과 열정으로 기술인력 양성에 심혈을 기울여
수상의 영광을 차지한 우수선수 육성기관과 시도 단체에게도 진심
으로 축하를 드립니다. 아울러 16개 시·도 1896명의 대표선수와
800여 명의 기술위원을 따뜻하게 환대해주신 158만 충청북도 도민
여러분께 진심으로 감사를 드립니다. 또한 이번 대회에서 선수들이
우수한 기량을 발휘할 수 있도록 경기집행에 최선을 다하신 기술위
원과 대회관계자 그리고 자원봉사자 여러분께도 심심한 감사를 드
립니다.

이번 대회의 새로운 변화는 투명하고 공정한 경기 집행을 위
한 기능대회의 '감찰 전문인 제도'인 스킬 옴부즈맨 시스템(Skills
Ombudsman System) 도입 등을 비롯하여 CCTV를 통한 48개 전 직
종의 경기상황을 실시간으로 제공하였습니다. 그리고 일부 직종을
제외하고는 경기 과제의 완전 사전공개와 심사채점결과도 공개했습
니다. 그리고 부대행사의 일환으로 미래의 주역인 청소년을 위한 기
술 체험행사는 물론 도민과 함께하는 각종 이벤트 행사 등을 동시에
실시하였습니다.

또한 우수선수의 대기업 취업지원과 참가선수의 사후 관리 제도

를 도입하였습니다. 이 모두는 기능강국에서 기능선진국으로의 발전을 위한 본질적인 혁신입니다. 그러나 최선을 다한 경기 결과에 승복하는 문화의 정착 없이는 결코 기능선진국이 될 수 없다는 것도 잊어서는 안 될 것입니다. 그러나 무엇보다도 아쉽고 안타까웠던 것은 기존교육 시설을 효율적으로 활용한 관계로 48개 전 직종이 열린 경기를 하지 못한 것과 일부의 야외 직종의 경기장은 늦더위 폭염에 대처할 수 없었던 점을 들 수 있습니다.

기능대회는 운동경기에서 결코 볼 수 없는 여러 날 동안 치열한 기술과 기능의 경쟁을 벌려야 하는 경기입니다. 이번 대회는 늦더위 폭염을 극복하고 우승을 향한 선수들의 성실하고도 진지한 경기 태도와 지도 선생님들의 열정은 참관 도민들에게 큰 감동을 준 대회였다고 할 수 있습니다. 바라는 것은 이번 대회에서 보여주었던 기술과 열정이 아무쪼록 21세기 새로운 지식기반 사회를 선도할 기술 인력을 키우는데 큰 활력이 되고 학벌만능주의를 타파하는 희망으로 이어지기를 기대합니다.

또한 이번 대회는 2013년 독일의 라이프치히에서 개최되는 제42회 국제기능올림픽대회국가대표 선수를 선발하는 경기이기도 했습니다. 아무쪼록 이번 대회에서 입상한 선수가 대한민국대표로 최종 선발되어 2013년 독일대회에서 국위를 선양할 수 있도록 여러분들의 아낌없는 관심과 성원을 당부 드립니다.

잘 아시는 바와 같이 대한민국의 청소년들은 국제기능올림픽에서 16번씩이나 종합 우승하여 국위선양과 국가브랜드 가치를 크게 높였습니다. 이는 경제발전의 핵심성장 동력으로 '학벌이 아닌 실력'으로 이룩한 진정한 국가경쟁력입니다. 그러나 아이러니하게도 기능인이 제대로 대우받는 명실상부한 기능선진국과 제조업강국은 아직도 실현되지 못했습니다. 품격 있는 공정한 사회와 공생발전은 학벌보다는 실력을 제대로 대우할 때 가능한 것입니다.

친애하는 선수 여러분! 그리고 직업교육의 모든 관계자 여러분! '기술과 기능'은 세계 일류의 명품을 만드는 데 필수적으로 갖춰야 하는 차별화된 노하우입니다. 따라서 '기술과 기능'이야말로 앞으로 21세기 글로벌 시대를 주도할 국가 경쟁력의 핵심입니다. 따라서 말뿐인 기능인 우대(優待)보다는 기능인을 제대로 대우(待遇)하는 시스템 구축과 고질적인 학벌만능의 사회풍토가 하루 빨리 타파되기를 기원합니다.

친애하는 입상선수 여러분! 그리고 관계자 여러분! 오늘의 최고와 감동은 결코 영원할 수 없습니다. 앞으로도 끊임없는 학습과 도전정신으로 더욱 정진하여 세계일류의 마이스터가 되어 기술선진국을 이루는 초석이 될 것을 당부 드립니다.

끝으로, 이번 대회의 성공적 개최를 위해 오랜 기간 동안 휴일도 잊은 채 헌신한 기능경기 팀의 모두에게 진심으로 감사드립니다. 아무쪼록 이번 경기에서 얻은 소중한 경험들이 결코 헛되지 않고 기능선진국으로 발전하는 데 밑거름이 되기를 바랍니다. 감사합니다.

* 2011년 9월 5일 *

입대한 아들의 기도 편지

군에 입대하는 아들(주안교회 대학부 서주현)로부터 받은 기도 편지 내용의 요지이다.

'천하에 범사가 기한이 있고 모든 목적이 이룰 때가 있나니…'〈이하 생략〉(전도서 3:1-8).

"주님이 계획하신 때에 군에 입대하게 되어 주님께 감사와 영광을 돌립니다. 군에 있는 2년의 시간동안 생각나실 때마다 군 생활 잘 할 수 있도록 기도 부탁드립니다. 저도 가족을 위해 기도하겠습니다. 아버지, 어머니, 형 너무나 사랑하고 축복합니다." 로 시작된 아들의 기도 편지에는 군 생활을 위한 기도, 가족을 위한 기도, 미래의 배우자를 위한 기도 그리고 섬기는 교회를 위한 기도를 비롯하여 구체적으로 45개 항목의 기도의 내용이 들어 있었다.

그리고 '내가 궁핍하므로 말하는 것이 아니라… 〈중략〉 내게 능력 주시는 자 안에서 내가 모든 것을 할 수 있느니라(빌립보서 4:11-13), 나의 가는 길은 오직 그가 아시나니 그가 나를 단련하신 후에는 내가 정금 같이 나오리라'(욥기 23:10)로 끝을 맺는다.

신앙의 동반자

나는 이 편지를 읽으면서 아들이 진정한 크리스천으로서의 신앙심을 갖고 있음을 발견하고 너무나도 가슴 벅찬 감동을 느낄 수 있었다. 그리고는 만감이 교차하는 옛날을 회상하지 않을 수가 없었다. 우리는 힘들었지만 아름다웠던 가족만의 추억을 가지고 있다. 지난 80년대 초 프랑스 유학시절 우리는 아내의 인도로 늘 가족 예배를 드리곤 했다. 그때 유치원생이었던 작은 아들은 개구쟁이였지만 하나님에 대한 생각은 어린 아이의 순진함 그 자체였다. 어쩌다가 기도라도 시키면 더듬더듬 하던 아들의 기도말 속에서 우리 가족은 크게 은혜를 받곤 하였다.

하나님은 이때부터 예비하신 삶을 통하여 아들의 모든 것을 주장하고 계셨음은 실로 놀라운 일이 아닐 수 없다. 그래서 그런지 영적으로 뿐만 아니라 바른 신앙인으로 성장한 아들은 입대하기 전까지 늘 곁에서 나를 이끌어준 훌륭한 신앙의 동반자 역할을 하였다.

작년은 정말 우리 가족에게는 엄청난 시련과 고통을 겪어야 했던 악몽의 한 해였다. 아버님의 별세에 이어, 새 천년의 문턱에서 바른 스승의 길로 나섰다가 이 시대의 어지러운 교단 폭력의 폭풍우에 휘말려 죽음으로 밖에 항변할 수 없었던 형님의 사건과 개인적인 삶의 시련 등을 모두 겪어야 했기 때문이다. 이 일이 있고 난 후, 아들은 문자 메시지를 통하여 하나님께 의지하여야만 하는 이유를 통해서 늘 나를 위로했다.

나는 이 메시지를 통하여 하나님께 의지하는 믿음의 삶을 살아야 함을 더욱 깨닫게 되었다. 그리고 믿음이란 전능하신 하나님께 의탁하는 것이므로 아무리 작은 믿음이라도 엄청난 위력이 있다는 사실도 체험하게 되었다. 한번은 아들이 IVP에서 출판되는 '시냇가에 심은 나무'를 선물하면서 대학생들이 즐겨 읽는 묵상지라고 소개하였다. 그리고 대학생들을 전도하는 방법과 4영리에 대하여 이야기 하면서 자기가 왜 시간을 투자하면서까지 하나님을 믿는 이유를 설명하는 것이었다.

아버지께서는 학문적으로 훌륭한 교수로서 뿐만 아니라, 복음을 전하는 교수가 되게 기도한다는 것이었다. 한편으로는 부끄럽기도 했지만, 무엇보다도 완전한 신앙인으로 성장한 아들이 대견스러웠다. 한번은 아들의 입대가 얼마 남지 않은 시점에서 아내인 이지연 권사는 나에게 이런 말을 했다. "당신 선생님이 입대하면 섭섭하겠네요" 라고 농담을 하는 것이었다. 사실은 아들을 군에 보내는 섭섭함보다도, 선생님을 떠나보내야 하는 아쉬움이 매우 컸다. 아들은 신앙에 관한 한 나의 스승이기 때문이다.

예비하신 하나님의 은혜

아들이 이토록 훌륭한 신앙인으로 성장할 수 있었던 것은 무엇보다도 아내의 기도를 응답하신 하나님의 크신 은혜를 빼놓을 수 없으며, 대학 입시의 2번에 걸친 실패가 그에게는 하나님의 사람으로 만들기 위한 예비하신 놀라운 계획이었다는 사실이다. 초·중·고 때만 하여도 늘 반장으로써 리더십뿐만 아니라 항상 최우수상을 독차지하였던 사실에 아내는 지금도 아들의 교만을 다스리기 위한 하나님의 연단이었다고 말한다. 특히, 나에게는 아들을 위한 기도를 할 때면 색다른 하나님의 은혜를 체험하게 된다.

아버지를 위하여 눈물로 기도했던 아들의 조건 없는 사랑에 빚 진 자로서의 은혜를 갚는다는 것이 더 큰 기쁨이기 때문이다. 지금은 100일 휴가를 앞둔 시점이지만 아들은 수많은 신앙 간증 거리가 있다고 편지 때마다 빼곡히 소식을 전해온다.

그러나 무엇보다도 대한민국의 막강 최정예 부대에서 최첨단 무기를 운용하는 전투 요원으로 배속되어 신성한 국방의 의무를 하게 하신 하나님의 놀라운 은혜에 깊은 감사를 드린다. 그리고 하나님의 예비하신 계획에 따라 단련되어 큰 그릇이 되어 나올 것을 확신한다. 왜냐하면 지금의 나는 무엇보다도 믿음에 근거한 확실한 비전(vision)을 갖고 있기 때문이다.

* 선교문화신문 2004년 4월 26일 *

2012 WorldSkills General Assembly Proposal to Jeju in Korea
(2012년 국제기능올림픽총회 제주 유치 제안)

「이 내용은 2010년 10월 자메이카 킹스턴에서 개최된 국제기능올림픽총회에서 2012년 국제기능올림픽총회의 제주 유치를 위해 제안한 필자의 발표 내용이다. 한국은 총회 유치단을 파견하여 활발한 활동을 벌였으며, 그 결과 회원국의 절대적인 지지를 받아 제주 총회 유치에 성공했다. 한국은 자타가 인정하는 세계 최고의 기능강국이지만 국제기능올림픽총회를 유치한 것은 처음이다. 2010 WorldSkills General Assembly, Kingston, Jamaica」

Good morning, ladies and gentlemen. My name is Seung Jik Suh Technical Delegate from Korea and I'm here today representing worldskills Korea. Since 2001 Seoul WorldSkills Competition, Korea has been looking for an opportunity to invite such distinguished delegates from member countries once again. Therefore It is a great honor for me to be the person to stand here and present the proposal for 2012 WorldSkills General Assembly, Jeju, Korea.

Today I am going to start with a brief introduction of WorldSkills

Korea. Then, I move on to the main contents of proposal and the introduction of venue. I believe many of you still remember what the venue and services are like in 2001 WorldSkills competition. I am sure your expectation comes from that experience will be satisfied with the more upgraded proposal than ever.

Korea Committee of WorldSkills Competition established in 1966. Then the Prime Minister, Kim Jong Pil was inspired that how valuable and important WorldSkills Competition is to encourage young people to learn skills during his visit to Europe in 1965. He convinced Korea government and dispatched observers to 1966 Netherlands WorldSkills Competition with support of ex-President Park Jung Hee who was most interested in the development of national industry. The government confirmed the positive influence of WorldSkills Competition into industry and decided to join as a WorldSkills member.

Since then, Korea has steadily participated in WorldSkills Competitions and still gives a significant meaning to WorldSkills Competition. As an expression of our interest, Korea hosted WorldSkills Competition twice in 1978 Busan and 2001 Seoul. Now, to take one step further toward WorldSkills family, we would like to host 2012 General Assembly.

Please, take a look at this chart. This is the structure of

WorldSkills Korea. I think most member countries have similar organizational structures. In my opinion, a characteristic part is that WorldSkills Korea has 16 regional committee and they have their own responsibility to host Local Skills Competition. Mayor of cities and provinces become chairmen of regional skills competition. This stimulates regional officers to concern on the development of skills within their region.

In Korea, there are Local and National Skills Competition. Each Competition takes place in every year with more and more participants. Medalists of Local Skills are qualified for National Skills Competition and winners of National Skills Competition compete against each other to be a representative for WorldSkills Competition.

Next, I will cover the main part of this presentation. WorldSkills Korea proposes Jeju, Korea as the host city for 2012 GA from May 13 to May 20.

Korea, traditionally known as the Land of the Morning Calm, is now a modern, bustling hub of East Asia. Korea has its own distinctive culture that has been developed during its 5,000 year history. Incheon International Airport in Korea is one of the largest transport hubs in Asia. Its security facilities and medical inspection equipment is the most advanced, that is why Incheon International

Airport is awarded Asia's best airport 5 years in a row.

As one of the world's most sought-after convention destinations, Korea has proven its ability to successfully hold major international events, such as the FIFA World Cup and Asian Games in 2002, and APEC in 2005.

The success of international conventions is guaranteed with a variety of our world-class elegant convention experts. In addition, Korea is well-known for rich historical heritage and cutting-edge technologies.

Proposed Program will change in the lead-up to the event and package pricing will be released on approval by WorldSkills International.

The proposed city, Jeju is the heart of Northeast Asia, located on the southern coast of the Korea. Jeju allows Visa Free Entry for 180 Countries and is famous for World Natural Heritage Site designated by UNESCO in 2007. Besides, Jeju is ranked 6th convention city in Asia as to it is now the most adequate place to host a congress. In addition, Jeju is renowned for resort island and popular tourist destination.

For successful congress, many things are required. I will introduce you what Jeju could offer for successful congress. First element is accessibility.

At Incheon International Airport, there are international flights from all over the world and frequent domestic flights to Jeju. In addition, in Jeju about 250 direct international flights arrive every day.

Accommodation is one of the key elements for successful congress as well. There are 5 hotels included the proposed venue, Shilla Hotel in Jungmun resort complex. During the 2012 GA, hotels offer shuttle bus, free in-outdoor swimming pool, gym, etc. and premium activities.

The proposed congress venue is Shilla Jeju Hotel. Located on a hill facing the Pacific Ocean in the southern part of Jeju, Shilla Hotel is one of Korea's best resorts. There are various type meeting rooms, restaurants, library bar, casino, Jacuzzi, business center, spa & fitness, souvenir shop, etc. Especially, the beautiful garden can also refresh you during the meeting.

As I mentioned, Jeju is renowned for resort island and popular tourist destination. World Natural Heritage sites, various leisure sports included water sports, golf, and olle, oreum trekking give you unforgettable experiences in Jeju.

Korea with world class infrastructure, strong enthusiasm, sought-after destination in perfect harmony will make 2012 WorldSkills General Assembly a great success. In Closing we are going to show short video clip about 3 minutes that we prepared. Please give us a chance to prove that we are the best partner for a successful 2012 WorldSkills General Assembly. Thank you for your attentions

＊ Kingston, Jamaica, 2010년 10월 9일 ＊

‘Réponse S'il Vous Plaît!’

작은 것으로 큰 것을 얻는 마중물 역할의 소중함은 아무리 강조해도 지나침이 없다. 필자의 오피니언 논집은 우리나라가 위대한 선진 국가로 발전하기를 바라는 염원에서 시작된 기고문을 모은 것이다. 비록 마중물보다도 못한 작은 목소리에 불과하지만 우리 모두를 위한 조국 대한민국에게 올바른 발전과 변화를 강청(強請 ; persistence)한 글이기도 하다. 이제는 정부가 움직이고 응답해야 한다. ‘응답하라!’는 이유에서 에필로그의 주제를 ‘Réponse S'il Vous Plaît!(헤뽕스 씰부 뿔레-응답하라!)로 정한 것이다. RSVP(Réponse S'il Vous Plaît)는 불어에서 편지 말미에 답장을 요청하는 뜻으로 통상 쓰이는 말이다.

우리나라는 전쟁의 폐허를 딛고 산업화의 기반을 확고하게 다져서 가난을 가장 빠르게 극복한 국가다. 또한 원조를 받던 나라에서 원조하는 나라가 된 경이로운 국가다. 우리나라는 지금 세계에서 가장 높은 건물도 짓고, 세계에서 가장 큰 배도 건조하고, 세계에서 가장 얇은 TV도 만들고, 기능올림픽에서 18번씩이나 세계를 제패한 전대미문의 국가로 경쟁력이 표출되고 있다.

그러나 1인당 국민 소득 3만 달러 시대를 목적에 두고 있지만 사회의 각 분야를 조금만 주의 깊게 살펴보면 무사안일의 불법 · 무법 · 탈법이 판치는 국가시스템의 총체적 난맥에서 비롯된 감춰진 인재(人災)가 우리의 삶을 위협하고 있다. 이러한 국가시스템의 부실을 혁신하지 못한다면 결코 선진국의 반열에 오르지 못할 것이다. 비록 오피니언 논집 『마중물』은 지나간 한 시대의 여론과 발언을 담은 글일 뿐이다. 하지만 필자의 외침은 선진국을 이루기 위한 작은 보탬으로 생각되며 여전히 국민 모두의 한결같은 바람이다. 따라서 꼭 실현돼야 할 난제임에는 틀림이 없지만 지금도 필자의 외침은 유효하고 또 변함없다. 무엇보다도 이 작은 외침의 실현을 갈망하며 핵심을 요약한다.

첫째, 능력중심사회 실현 : 숙련기술인 육성 삼위일체시스템 구축을 비롯하여 말뿐인 기능인 우대보다는 가슴에서 우러나는 기능인 대우 풍토가 조성돼야 능력중심사회가 실현될 수 있으며 기능강국에서 기능선진국의 반열에 오를 수 있다.

둘째, 국가경쟁력인 글로벌대학 육성 : 대학의 경쟁력이 곧 국가의 경쟁력인 시대인 만큼 대학을 대학답게 만들어야 한다. 또한 교육의 모든 것이 대학으로 통하는 학벌만능주의를 타파해야 직업교육의 정체성이 회복될 수 있다.

셋째, 에너지사용강국 실현 : 저탄소 녹색성장 실현과 덜 쓰고 덜 배출하는 건물시스템을 구축해야 한다. 에너지효율증진과 에너지절약의 문화 정착도 절실하다.

넷째, 품격에 어울리는 국가시스템 구축 : 국민 소득 3만 달러의 명실상부한 선진국이 되기 위한 잘못된 국가시스템을 바로잡아야 한다.

대장간의 화덕에서 달구어진 쇠는 식기 전에 두드려야 원하는 제품을 제대로 만들 수 있다. 교육자, 연구자, 봉사자로서의 대학교수라는 삶 속에서 공의를 위한 헌신의 기회와 시간도 많았다. 하지만 달구어진 쇠를 식기 전에 최선을 다해 두드리지 못한 것처럼 게으름을 크게 뉘우치면서 그래도 언론을 통한 기고가 각 분야의 마중물이 되기를 바랄뿐이다. "구경꾼에게는 역사가 없다"는 명언에 감명을 받아 시작된 작은 목소리였지만 결국은 역사가 없는 '구경꾼의 삶'이었음을 새삼 느낀다.

끝으로, 대학 교수라는 삶 속에서 조금은 특이하게 다양한 장르를 넘나들면서 공의를 위한 신념의 글을 쓸 수 있었던 것은 늘 곁에서 내조한 나의 반쪽인 이지연권사의 하나님을 전적으로 신뢰하는 든든한 기도의 덕분이며 지면을 통해 무한한 사랑의 마음을 전한다. 아울러 2014년 미국에서 새 가정을 꾸민 큰아들 창현과 자부 은경, 작은아들 주현과 자부 지원이가 성원한 한결같은 기도에도 감사한다. 그리고 금년 3월 좋은날 세상의 빛을 보게 될 손주 사랑이도 마중물과 같은 유익함을 주는 꼭 필요한 사람이 되길 소망한다. 또한 어려운 여건 속에서도 흔쾌히 마중물의 출판을 허락해 주신 일진사 이정일 사장님과 편집부 여러분께도 심심한 감사를 드린다.

I can do all things through Him who strengthens me
(Philippians 4:13)